27	I **asked Tom to wait** a minute.	私はトムに少し待ってくれるように頼みました。
28	Please **let me go**.	どうか私に行かせてください。
29	I **helped her find** her doll.	私は彼女が人形を見つけるのを手伝ってあげました。
30	I don't know **how to play** the game.	私はそのゲームの遊び方を知りません。
31	I don't know **what to do** first.	私は最初に何をすればよいかわかりません。
32	Could you **tell** me **what to do** next?	次に何をしたらよいか，私に教えていただけますか。
33	**It is** important **to study** English.	英語を勉強することは大切です。
34	**It is** hard **for him to write** in Japanese.	日本語で書くことは彼にとって難しいです。
35	I'm **too** busy **to help** you now.	私は今，忙しすぎてあなたを手伝うことができません。
36	It's **too** cold **for me to eat** ice cream.	あまりに寒すぎて，私はアイスクリームを食べることができません。
37	The story is short **enough to read** in an hour.	その物語は十分に短いので，1時間で読むことができます。

38	You will **become** a good pianist.	あなたはよいピアニストになるでしょう。
39	This cake **looks** good.	このケーキはおいしそうです[おいしく見えます]。
40	Let's go home before it **gets** dark.	暗くなる前に家に帰りましょう。
41	My father **gave** me a watch.	父は私に腕時計を
42	I **gave** the book **to** my brother.	
43	He **told** me **that** he did his best.	
44	We **call** her Kathy.	ます。
45	The news will **make** him happy.	う。

JN022689

46	I don't know **who he is**.	私は彼がだれなのか知りません。
47	Can you guess **what is** in this box?	この箱の中に何が入っているか，あなたは当てられますか。
48	Do you know **where she is** from?	あなたは彼女がどこの出身か知っていますか。
49	Do you remember **how** much **it was**?	あなたはそれがいくらだったか覚えていますか。
50	I will tell her **where you live**.	私は彼女に，あなたがどこに住んでいるかを教えましょう。
51	**Aren't** you tired?	あなたは疲れていないのですか。
	—— Yes, I am. / No, I'm not.	——いいえ，疲れています。 / はい，疲れていません。
52	**Don't** you remember?	あなたは覚えていないのですか。
	—— Yes, I do. / No, I don't.	——いいえ，覚えています。/ はい，覚えていません。
53	You are tired, **aren't you?**	あなたは疲れていますね。
54	You love books, **don't you?**	あなたは本が大好きですね。
55	It isn't yours, **is it?**	それはあなたのではないですよね。

56	Look at the boy **playing** the guitar.	ギターを弾いている男の子を見なさい。
57	That cloud looks like a **smiling** face.	あの雲は笑っている顔のように見えます。
58	I got a letter **written** in English.	私は英語で書かれた手紙を受け取りました。
59	Be careful with the **broken** glass.	割れた[割られた]ガラスに気をつけてください。

考える力。
それは「明日」に立ち向かう力。

あらゆるものが進化し、世界中で昨日まで予想もしなかったことが起こる今。
たとえ便利なインターネットを使っても、「明日」は検索できない。

チャート式は、君の「考える力」をのばしたい。
どんな明日がきても、この本で身につけた「考えぬく力」で、
身のまわりのどんな問題も君らしく解いて、夢に向かって前進してほしい。

チャート式が大切にする5つの言葉とともに、
いっしょに「新しい冒険」をはじめよう。

1 　地図を広げて、ゴールを定めよう。

1年後、どんな目標を達成したいだろう？
10年後、どんな大人になっていたいだろう？
ゴールが決まると、たどり着くまでに必要な力や道のりが見えてくるはず。
大きな地図を広げて、チャート式と出発しよう。
これからはじまる冒険の先には、たくさんのチャンスが待っている。

2 　好奇心の船に乗ろう。「知りたい」は強い。

君を本当に強くするのは、覚えた公式や単語の数よりも、
「知りたい」「わかりたい」というその姿勢のはず。
最初から、100点を目指さなくていい。
まわりみたいに、上手に解けなくていい。
その前向きな心が、君をどんどん成長させてくれる。

3 味方がいると、見方が変わる。

どんなに強いライバルが現れても、
信頼できる仲間がいれば、自然と自信がわいてくる。
勉強もきっと同じ。
この本で学んだ時間が増えるほど、
どんなに難しい問題だって、見方が変わってくるはず。
チャート式は、挑戦する君の味方になる。

4 越えた波の数だけ、強くなれる。

昨日解けた問題も、今日は解けないかもしれない。
今日できないことも、明日にはできるようになるかもしれない。
失敗をこわがらずに挑戦して、くり返し考え、くり返し見直してほしい。
たとえゴールまで時間がかかっても、
人一倍考えることが「本当の力」になるから。
越えた波の数だけ、君は強くなれる。

5 一歩ずつでいい。
でも、毎日進み続けよう。

がんばりすぎたと思ったら、立ち止まって深呼吸しよう。
わからないと思ったら、進んできた道をふり返ってみよう。
大切なのは、どんな課題にぶつかってもあきらめずに、
コツコツ、少しずつ、前に進むこと。

チャート式はどんなときも
ゴールに向かって走る君の背中を押し続ける

本書の特色と使い方

> ぼく，数犬チャ太郎。
> いっしょに勉強しよう！

デジタルコンテンツを活用しよう！

解説動画

- つまずきやすい文法項目については，解説動画に QR コードからアクセスできます。※1，※2
- 理解が不安なときは動画を確認してから解説を読みましょう。※3

講義・動画制作
ベリタス・アカデミー

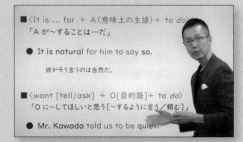

発音練習（アプリ「発音マスター」）

- 「会話でチェック！」の会話中で，黄色い線が引いてある英文は，アプリ「発音マスター」を使って，英文の発音・流ちょうさのスコア（お手本音声との一致度）を確認できます。
- 使い方は↓にアクセスして見ることができます。

復習テスト

- 「要点のまとめ」にある QR コードから，一問一答形式の復習テストにアクセスできます。学んだ文法項目の習得度をチェックできます。

各章の流れ

1 導入

- 各章で学ぶ項目を一覧できるので，予習・復習時に見たいページをすぐに開くことができます。

解説動画
解説動画に QR コードからアクセスできます。

2 解説

- 本文では，学習内容をわかりやすい文章でていねいに解説しています。

- 側注では，本文をより深く理解するための補足的な内容を扱っています。

音声再生

🎧で示された英文の音声にアクセスできます。何度も聞いて，耳で覚えましょう。

例文

この単元で学習する文法項目が使われた英文です。巻頭・巻末のリストを利用して覚えると良いでしょう。

ポイント

文法項目の重要部分をわかりやすく解説しています。

会話でチェック！

上で出てきた例文が会話の中で使われています。また，QRコードから，アプリ「発音マスター」にアクセスできます。

解説や側注で使われている主なアイコンや表記

⚠	:注意が必要な項目を取り上げています。
➕α (プラスアルファ)	:文法項目の理解に役立つ発展的な項目を取り上げています。
復習	:すでに学習した項目を取り上げています。
発音	:発音に関する項目を取り上げています。
会話表現	:会話表現に関する項目を取り上げています。

参照	:本文に関連のある，参照してほしいページを載せています。
[ ]	:前の語と置き換えることができることを示しています。 例）He [She] is a student. （彼は [彼女は] 生徒です。）

3 要点のまとめ

- 重要な文法項目の解説や用語を簡潔にまとめています。

復習テスト QRコードから，復習テストにアクセスできます。

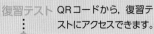

4 定期試験対策問題

- 必ずおさえておきたい内容を出題しています。

入試対策編

入試対策問題

- 入試で出題された，思考力・判断力・表現力が試される問題を取り上げています。※4

解き方のポイントがわかる

解き方のヒント で，問題を解く際に着目するところ，考え方の道すじなどを示しています。実力を試したいときは，ここを見ないで挑戦してみましょう。

※1 QRコードは㈱デンソーウェーブの登録商標です。　※2 各種デジタルコンテンツの通信料はお客様のご負担となります。Wi-Fi環境での利用をお勧めいたします。また，初回使用時には利用規約を必ずお読みいただき，ご同意いただいた上でご使用ください。　※3 解説動画では一部本書と文法項目の解説の順序などが異なる場合があります。　※4 県名が記載されていない入試問題は，弊社で制作した問題です。また，県名に＊がついている場合は，改題したことを示しています。イラストについてはすべて弊社で制作しています。

チャート式シリーズ

中学英語　3年

もくじ

「音声・解説動画・復習テスト」コンテンツ一覧 ➡
PCからは https://cds.chart.co.jp/books/bit54npdkn

「発音マスター」コンテンツ一覧 ➡

中学1〜3年で学ぶ
内容を，しっかり身
につけよう。

6

現在の文

▶ 現在のことは動詞の現在形で表す。be動詞や3単現のsなどの形に注意しよう。

❶ be動詞 [肯定文]

I **am** Emi. This **is** my friend Nancy.

私はエミです。こちらは私の友達のナンシーです。

▶ be動詞は「～である」「～にある [いる]」の2つの意味を表す。

They **are** happy. (彼らは [彼女らは] 幸せです。)

Our school **is** near the station.

(私たちの学校は駅の近くにあります。)

▶ be動詞は主語によって次のように形を使い分ける。

	主語	be動詞	短縮形
1人称	単数 I (私は)	am	I'm
	複数 we (私たちは)	are	we're
2人称	単数 you (あなたは)	are	you're
	複数 you (あなたたちは)	are	you're
3人称	単数 he (彼は) / she (彼女は) it (それは) など	is	he's / she's it's
	複数 they (彼ら / 彼女ら / それらは) など	are	they're

短縮形も覚えておこう。

❷ be動詞 [疑問文・否定文]

Is that your ball?
—— Yes, it **is**. / No, it **isn't**.

あれはあなたのボールですか。 —— はい，そうです。/ いいえ，ちがいます。

Mary and I **aren't** sisters.

メアリーと私は姉妹ではありません。

▶「〜ですか」「〜にありますか」などとたずねるときは，be動詞を主語の前に出す。答えの文では，主語に代名詞 I / we / you / he / she / it / they を用いる。

▶「〜ではありません」と否定するときは，be動詞のあとに not を置く。短縮形が使われることも多い。

確認問題 ①　　解答➡p.208

日本文に合うように，(　　)に適する語を入れよう。
1. 私たちは中学生です。
   (　　　　　　　) (　　　　　　　　　) junior high school (　　　　　　　).
2. ジョンはあなたに親切ですか。—— はい，親切です。
   (　　　　　　　) John kind to you? —— Yes, (　　　　　　) (　　　　　　　).
3. 私の両親は今，日本にいません。
   My parents (　　　　　　) (　　　　　　　) in Japan now.

（短縮形）
are not → aren't
is not → isn't
※ am not の短縮形はない。

❸ 一般動詞［肯定文］

·······································

We **like** music very much.
私たちは音楽がとても好きです。

My brother **goes** to school by bike.
私の兄は自転車で学校へ行きます。

·······································

▶ be動詞以外の動詞を一般動詞という。

▶ 主語が3人称（I / you 以外）の単数（1つ，1人）で，現在のことを言う文を3人称単数現在の文という。3人称単数現在の文では，一般動詞の語尾に s / es をつける。

▶ 3人称単数現在の文では，have は has になる。

（用語）このs / esを
3単現のsという。また，s / esのつかない動詞のもとの形を原形という。

◆3人称単数現在の s / es のつけ方

ふつうの動詞 →sをつける	like (好む) → like**s** know (知っている) → know**s**
s / x / sh / ch / o で終わる動詞 →esをつける	wash (洗う) → wash**es** do (する) → do**es**
〈子音字＋y〉で終わる動詞 →yをiに変えてesをつける	study (学ぶ) → stud**ies** try (試す) → tr**ies**

解答➡p.208

日本文に合うように，（　　）に適する語を入れよう。

1. スミス夫妻はあの家に住んでいます。

   Mr. and Mrs. Smith (　　　　　　　) in that house.

2. 彼女はとてもすてきなかばんを持っています。

   She (　　　　　　) a very nice bag.

3. 私の父は夕食後にテレビを見ます。

   My father (　　　　　　　) TV after dinner.

❹ 一般動詞［疑問文・否定文］

Does Kate **have** a racket?

—— Yes, she **does**. / No, she **doesn't**.

ケイトはラケットを持っていますか。—— はい，持っています。/ いいえ，持っていません。

We **don't have** any food now.

今，私たちは少しも食べ物を持っていません。

▶ 一般動詞の文を疑問文にするときは，〈Do＋主語＋動詞の原形 ～?〉の形にする。ただし，3単現のsがついた一般動詞の文の疑問文は，〈Does＋主語＋動詞の原形～?〉の形にする。答えるときは，主語に応じてdo / doesを使い分ける。

▶ 一般動詞の文を否定文にするときは，主語に応じて動詞の前にdo not [don't] またはdoes not [doesn't] を置き，〈主語＋do not [don't] ＋動詞の原形～.〉または〈主語＋does not [doesn't] ＋動詞の原形～.〉の形にする。

解答➡p.208

日本文に合うように，（　　）に適する語を入れよう。

1. あなたは新しいセーターがほしいですか。—— はい，ほしいです。

   (　　　　　) you (　　　　　) a new sweater? —— Yes, I (　　　　　).

2. トムは熱心に勉強しますか。—— いいえ，しません。

   (　　　　　) Tom (　　　　　) hard? —— No, (　　　　　) (　　　　　).

3. 彼女は野菜が好きではありません。

   She (　　　　　) (　　　　　) vegetables.

過去の文

▶ 過去のことを言うときは動詞の過去形を使う。不規則変化などの形に注意しよう。

❶ be動詞［肯定文］

. . . .

It **was** sunny yesterday.

昨日は晴れていました。

. . . .

▶ 「～だった」のようにbe動詞で過去のことを表すときは，be動詞の過去形was / were を使う。

主語がIまたは3人称単数 → was

　I **was** sick last week.（私は先週，病気でした。）

主語がyouまたは複数 → were

　You **were** very kind to her.

　（あなたは彼女にとてもやさしかったです。）

　My parents **were** classmates in junior high school.

　（私の両親は中学校でクラスメイトでした。）

❷ be動詞［疑問文・否定文］

. . . .

Were you busy last night?
── Yes, I **was**. / No, I **wasn't**.

あなたは昨夜，忙しかったですか。── はい，忙しかったです。/ いいえ，忙しくありませんでした。

The soup **wasn't** hot.

スープは熱くありませんでした。

. . . .

▶ 「～でしたか」「～にいました［ありました］か」という疑問文は，〈Was [Were] ＋主語～?〉の形で表す。

▶ 「～ではなかった」「～にいなかった」などの否定文は，was / wereのあとにnotを置いて，was not [wasn't] ～ / were not [weren't]～で表す。

> 疑問文・否定文の作り方は，現在形の文と同じだね。

✎ **確認問題 ①**　解答➡p.208

日本文に合うように，（　　　）に適する語を入れよう。

1. 私たちはそのとき，キッチンにいました。

（　　　　　　）（　　　　　　　　　）in the kitchen then.

2. 彼女は昨日，疲れていましたか。── はい，疲れていました。

（　　　　　　）（　　　　　　　　　）tired yesterday? ── Yes, she（　　　　　　　　）.

3. あなたは今朝，遅刻しませんでした。

（　　　　　　）（　　　　　　　　　）late this morning.

❸ 一般動詞［肯定文］

I **played** tennis yesterday.

私は昨日，テニスをしました。

I **went** to a pet shop last week.

私は先週，ペットショップへ行きました。

▶ 一般動詞の過去形は，多くの場合，語尾にedまたはdをつけて作る。
主語が何であっても，過去形の形は変わらない。

◆動詞の過去形の作り方

ふつうの動詞 →edをつける	play（遊ぶ）→ play**ed** walk（歩く）→ walk**ed**
eで終わる動詞 →dをつける	like（好む）→ like**d** use（使う）→ use**d**
〈子音字+y〉で終わる動詞 →yをiに変えてedをつける	study（学ぶ）→ stud**ied** try（やってみる）→ tr**ied**
〈短母音+子音字〉で終わる動詞 →最後の文字を重ねてedをつける	stop（止まる）→ stop**ped** plan（計画する）→ plan**ned**

▶ 過去形になるとき，edやdがつくのではなく，go → wentのように不規則に変化する動詞もある（>>p.171）。

go（行く）→ **went**　　　　see（見る）→ **saw**

do（する）→ **did**　　　　have（持っている）→ **had**

come（来る）→ **came**　　get（得る）→ **got**

cut（切る）→ **cut**　　　　put（置く）→ **put**

（用語）

edやdがついて過去形になる動詞を**規則動詞**，不規則に変化する動詞を**不規則動詞**という。

解答⇒p.208

確認問題 ❷

日本文に合うように，[　]の動詞を正しい形にして（　）に入れよう。

1. 私は今朝，長野駅に着きました。　[arrive]

   I (　　　　　　　　) at Nagano Station this morning.

2. マイクはその大きな箱を運びました。　[carry]

   Mike (　　　　　　　) the big box.

3. ブラウンさんはそのベンチに座りました。　[sit]

   Mr. Brown (　　　　　　　) on the bench.

4. 私たちは彼女の電話番号を知っていました。　[know]

   We (　　　　　　) her phone number.

❹　一般動詞［疑問文・否定文］

Did you **use** my eraser?
　—— Yes, I **did**. / No, I **didn't**.

あなたは私の消しゴムを使いましたか。—— はい，使いました。/ いいえ，使いませんでした。

I didn't eat breakfast this morning.

私は今朝，朝食を食べませんでした。

▶ 「～しましたか」と過去のことをたずねる疑問文は，主語の前に Did を置き，〈Did＋主語＋動詞の原形～？〉の形で表す。答えるときも did を使って，Yes, ～ did. / No, ～ didn't. のように答える。

▶ 「～しなかった」という過去の否定文は，動詞の前に did not [didn't] を置き，〈did not [didn't] ＋動詞の原形～〉の形で表す。動詞は必ず原形になることに注意。

> 疑問文・否定文のときは，動詞は原形だよ。

解答⇒p.208

確認問題 ❸

日本文に合うように，[　]の動詞を正しい形にして（　）に入れよう。

1. あなたはそのゲームをやってみましたか。—— はい，やってみました。　[try]

   (　　　　　　) you (　　　　　　) the game? —— Yes, I (　　　　　　).

2. メグはここに来ましたか。—— いいえ，来ませんでした。　[come]

   (　　　　　) Meg (　　　　　) here? —— No, (　　　　　) (　　　　　).

3. 私は昨夜，宿題をしませんでした。　[do]

   I (　　　　　) (　　　　　) my homework last night.

未来の文

▶ 未来のことを言うときは，be going to や will を動詞の前に置いて表す。

❶ be going to［肯定文］

I'm going to visit my aunt tomorrow.
私は明日，おばを訪ねるつもりです。

It's going to rain soon.
もうすぐ雨が降りそうです。

▶ 〈be going to＋動詞の原形〉は「～するつもり［予定］だ」（意志・予定）や，「（今にも）～しそうだ」（予測）を表す。

▶ be動詞は主語によって am / is / are を使い分ける。

▶ 未来の文では，未来を表す語句が用いられることが多い。
　　next week（来週）/ next year（来年）
　　tomorrow（明日）/ tomorrow afternoon（明日の午後）など

【短縮形】
be動詞は I'm, you're, she's などの短縮形にすることも多い。

✎ 確認問題 ❶　解答➡p.208
日本文に合うように，（　　）に適する語を入れよう。

1. 私は来週この本を読むつもりです。
　（　　　　　　）（　　　　　　　　）to read this book next week.

2. バスがもうすぐ出発しそうです。
　The bus（　　　　　　）（　　　　　　　　）to leave soon.

❷ be going to［疑問文・否定文］

Are you going to take a bus?
—— Yes, I am. / No, I'm not.
あなたはバスに乗るつもりですか。—— はい，乗るつもりです。/ いいえ，乗るつもりはありません。

I'm not going to buy it.
私はそれを買うつもりはありません。

▶「～するつもり［予定］ですか」などと未来のことをたずねるときは，be動詞を主語の前に出して，〈be動詞＋主語＋going to＋動詞の原形～？〉の形で表す。

▶「～するつもり［予定］はない」という意味を表すbe going toの否定文は，be動詞のあとにnotを置いて，〈be動詞＋not going to＋動詞の原形〉の形になる。

+α 現在進行形〈be動詞＋動詞のing形〉で，「～する予定だ」という近い未来の確定した予定・計画を表すこともある。この用法では「行く」「来る」などの意味の動詞がよく使われる。

My grandmother **is coming** tomorrow.
（祖母が明日，来る予定です。）

よく使われる動詞：
go（行く）
come（来る）
leave（出発する）
arrive（到着する）

✎ 確認問題 ❷   解答➡p.208

日本文に合うように，（　）に適する語を入れよう。
1. あなたは今晩，宿題をするつもりですか。
　（　　　　　）（　　　　　　　）（　　　　　　　　　）to do your homework tonight?
2. 私はそのケーキを食べるつもりはありません。
　I'm（　　　　　　）（　　　　　　）（　　　　　　）eat the cake.

❸ will［肯定文］

I**'ll** e-mail her later.
私はあとで彼女にメールを書きます。

He**'ll** be here soon.
彼はもうすぐここに来るでしょう。

▶〈will＋動詞の原形〉で「～する（つもりだ）」（意志・予定）や「～するだろう」（予想）を表す。willは主語が何であっても形は変わらない。また，willのあとには必ず動詞の原形がくる。

✎ 確認問題 ❸   解答➡p.208

日本文に合うように，（　）に適する語を入れよう。
1. 次回はもっと注意します。
　I（　　　　　　）（　　　　　　　　）more careful next time.
2. 明日は大雨が降るでしょう。
　It（　　　　　　）（　　　　　　　　）hard tomorrow.

❹ will ［疑問文・否定文］

Will it be sunny tomorrow?
—— Yes, it **will**. / No, it **will not [won't]**.

明日は晴れるでしょうか。—— はい，晴れるでしょう。/ いいえ，晴れないでしょう。

I **won't** be late again.

私は二度と遅刻しません。

▶「～するでしょうか」とwillを使って未来のことをたずねるときは，willを主語の前に出して，〈Will＋主語＋動詞の原形～？〉の形で表す。

▶「～するつもりはない」「～しないだろう」というwillの否定文は，willのあとにnotを置いて，〈will not＋動詞の原形〉の形とする。will notはwon'tと短縮されることが多い。

（発音）
won'tは[wount ウォウント]と発音する。

+α Will you ～?で「～してくれますか」と依頼を表すこともある。
   Will you open the window?
   （窓を開けてくれますか。）
   —— All right.（わかりました。）/ Sure.（いいですよ。）
      Sorry, I can't.（ごめんなさい，できません。）

（参照）
詳しくは 》p.186

✎ **確認問題 ❹** 解答➡p.208

日本文に合うように，（　　）に適する語を入れよう。

1. メアリーは明日，学校へ来るでしょうか。—— はい，来るでしょう。

   (　　　　　　　) Mary (　　　　　　　　) to school tomorrow?

   —— Yes, (　　　　　　) (　　　　　　).

2. 私たちはあなたのことを忘れないでしょう。

   We (　　　　　) (　　　　　　　) you.

+α 意志・予定を表す場合，be going toは「すでに決めていること」，willは「その場で決めたこと」を表すという違いがある。
   My mother is sick.　**I'm going to** make dinner tonight.
   （母は具合が悪いです。今夜は私が夕食を作るつもりです。）
   The phone is ringing. ——OK, **I'll** answer it.
   （電話が鳴っています。——わかりました，私が出ます。）
   また，今の状況から確実に「～しそうだ」と予想するときはbe going toを使う（》p.13）。

少し違いがあるんだね。

進行形の文

▶「進行中の動作」を表す〈be動詞＋動詞のing形〉の形をおさらいしよう。

❶ 現在進行形・過去進行形［肯定文］

:::

He **is cooking** lunch now.
彼は今，お昼ご飯を作っているところです。

I **was taking** a bath then.
私はそのとき，お風呂に入っていました。

:::

▶「～しているところだ」「～している」という進行中の動作は現在進行形〈be動詞＋動詞のing形〉で表す。

    I **am watching** TV now.

    （私は今，テレビを見ています。）

▶「～しているところだった」「～していた」のように，過去のあるときに行われている最中だった動作は，過去進行形〈was[were]＋動詞のing形〉で表す。

    Tom **was looking** for you a few minutes ago.

    （数分前にトムがあなたを探していました。）

> ⚠ 次のような「状態を表す動詞」は進行形にはならない。
>   I **like** flowers.（私は花が好きです。）
>   She **knows** my name.（彼女は私の名前を知っています。）
>   The man **had** two sons.（その男性には息子が2人いました。）

◆動詞のing形の作り方

ふつうの動詞 →そのままingをつける	play（遊ぶ）→ play**ing** sing（歌う）→ sing**ing**
eで終わる動詞 →eをとってingをつける	use（使う）→ us**ing** make（作る）→ mak**ing**
〈短母音+子音字〉で終わる動詞 →最後の文字を重ねてingをつける	run（走る）→ run**ning** swim（泳ぐ）→ swim**ming**

──────────

［短縮形］

現在進行形のbe動詞はHe's, I'mなどの短縮形にすることも多い。

haveは，「食べる」「過ごす」の意味なら進行形にできる。

確認問題 ❶ 解答➡p.208

日本文に合うように, ( )に適する語を入れよう。

1. 父と私はいっしょにイヌ小屋を作っています。

　My father and I (　　　　　　) (　　　　　　) a doghouse together.

2. そのときリカは公園で走っていました。

　Rika (　　　　　) (　　　　　　) in the park at that time.

❷ 現在進行形・過去進行形［疑問文・否定文］

Are you **listening** to music?
—— Yes, I **am**. / No, I**'m not**.

あなたは音楽を聞いているところですか。—— はい, 聞いています。 / いいえ, 聞いていません。

The train **was not running**.

電車は走っていませんでした。

▶ 現在進行形・過去進行形の疑問文は, be動詞を主語の前に出して, 〈be動詞＋主語＋動詞のing形〜?〉の形で表す。答えるときも, 〈Yes, 主語＋be動詞. / No, 主語＋be動詞＋not.〉とbe動詞を使う。

　Were you **sleeping**? —— Yes, I **was**. / No, I **wasn't**.

　（あなたは眠っていたのですか。—— はい, 眠っていました。 / いいえ, 眠っていませんでした。）

▶ 現在進行形・過去進行形の否定文は, be動詞のあとにnotを置いて, 〈be動詞＋not＋動詞のing形〉で表す。

　I **am not watching** TV.

　（私はテレビを見ているところではありません。）

答えるとき, ×Yes, I do. / ×No, I don't. などと言わないように注意しよう!

確認問題 ❷ 解答➡p.208

日本文に合うように, ( )に適する語を入れよう。

1. あなたは手紙を書いているのですか。—— いいえ, 書いていません。

　(　　　　　) you (　　　　　) a letter? —— No, (　　　　　) (　　　　　).

2. 彼はほほえんでいたのですか。—— はい, ほほえんでいました。

　(　　　　　) he (　　　　　)? —— Yes, he (　　　　　).

3. 昨日の朝は雨が降っていませんでした。

　It (　　　　　) raining yesterday morning.

助動詞

▶ 助動詞は動詞の前に置いて，可能・義務・許可などさまざまな意味をつけ加える。

❶ can「～できる」

He **can** cook curry.
彼はカレーを料理することができます。

▶「～できる」と能力・可能の意味を表すときは，〈can＋動詞の原形〉を使う。疑問文は〈Can＋主語＋動詞の原形～?〉，否定文は〈can't [cannot]＋動詞の原形〉で表す。

　Can you play the piano? —— Yes, I **can**. / No, I **can't**.

　（あなたはピアノが弾けますか。—— はい，弾けます。/ いいえ，弾けません。）

　They **can't** speak Chinese.（彼らは中国語を話すことができません。）

▶ can の過去形は could で，「～できた」という意味を表す。

　I **could** swim at three.（私は3歳で泳ぐことができました。）

> 「～できる」はbe able to でも表すことができる。

> **会話表現**
> Can I ～? = 「～してもいいですか」（許可を求める）
> Can you ～? = 「～してくれませんか」（依頼する）

✎ **確認問題 ❶**　解答➡p.208

日本文に合うように，（　　）に適する語を入れよう。

1. あなたは一輪車に乗れますか。—— いいえ，乗れません。
　（　　　　　）（　　　　　　　）ride a unicycle? —— No, I（　　　　　）.
2. 私はその質問に答えることができませんでした。
　I（　　　　　）（　　　　　　　）the question.

❷ May I ～?「～してもよろしいですか」

May I sit here? —— Of course.
ここに座ってもよろしいですか。——もちろんです。

▶〈May I＋動詞の原形～?〉は「～してもよろしいですか」と相手にていねいに許可を求める表現。答えるときは，Of course.（もちろんです。）/ I'm afraid not.（残念ながらだめです。）などを用いる。

> You may ～.（～してもよい。）は，目上の人から許可を与える表現。

▶ may には「〜かもしれない」という推量の意味もある。

　　It **may** rain soon.（もうすぐ雨が降るかもしれません。）

確認問題 ②　　解答➡p.208

日本文に合うように，（　　）に適する語を入れよう。

1. このドアを開けてもよろしいですか。―― 残念ながらだめです。

　（　　　　　　）（　　　　　　）open this door? ―― I'm afraid（　　　　　　）.

2. このぼうしは彼女のものではないかもしれません。

　This hat（　　　　　）（　　　　　　）be hers.

❸　must / have to / should「〜しなければならない」「〜したほうがいい」

I **must** study Chinese hard.
私は中国語を一生懸命に勉強しなければなりません。

I **have to** go home now.
私はもう家に帰らなければなりません。

You **should** eat vegetables.
あなたは野菜を食べたほうがいいですよ。

▶〈must＋動詞の原形〉〈have to＋動詞の原形〉は「〜しなければならない」という義務の意味を表す。

> 主語が3人称単数であればhave toはhas toになる。

▶ mustの否定形〈must not＋動詞の原形〉は「〜してはいけない」という〈強い禁止〉を表す。have toの否定形〈do [does] not have to＋動詞の原形〉は「〜しなくてもよい」「〜する必要はない」という〈不必要〉の意味になる。

　　You **mustn't** run here.（あなたはここで走ってはいけません。）
　　You **don't have to** run.（走る必要はありませんよ。）

（短縮形）

must not → mustn't
do [does] not have to → don't [doesn't] have to

▶ mustには「〜にちがいない」という強い推量の意味もある。

　　You **must** be sick.

　　（あなたは病気にちがいありません。）

▶〈should＋動詞の原形〉で「〜したほうがいい」「〜すべきだ」という義務・助言の意味を表す。

🖊 **確認問題 ③**　解答➡p.208

日本文に合うように，（　）に適する語を入れよう。

1. あなたはこのコンピュータを使ってはいけません。

   You （　　　　　） （　　　　　　　　） use this computer.

2. あなたは支払う必要はありません。

   You （　　　　　） （　　　　　　　） （　　　　　　　） pay.

3. 今夜は外へ行かないほうがいいですよ。

   You （　　　　　） （　　　　　　　　） out tonight.

❹ 依頼・勧誘・提案の表現

Could you take me to the station? —— All right.

私を駅へ連れて行っていただけませんか。—— わかりました。

Would you like some tea? —— Yes, thank you.

お茶はいかがですか。—— はい，ありがとうございます。

Shall I open the door? —— Yes, please.

ドアを開けましょうか。—— はい，お願いします。

▶ 〈Could [Would] you＋動詞の原形〜?〉は「〜していただけませんか」と相手にていねいに依頼する表現。

▶ Would you like 〜?は「〜はいかがですか」と相手に何かを勧める表現。

▶ 〈Shall I＋動詞の原形〜?〉は「(私が)〜しましょうか」と相手に申し出たり，提案したりする表現。

▶ 〈Shall we＋動詞の原形〜?〉は「(いっしょに)〜しましょうか」と相手を誘う表現。

> Shall we 〜?は Let's 〜.とほぼ同じ意味だよ。

🖊 **確認問題 ④**　解答➡p.208

日本文に合うように，（　）に適する語を入れよう。

1. 数分間待っていただけませんか。—— わかりました。

   （　　　　　） （　　　　　　　　） wait a few minutes? —— All right.

2. 窓側の席はいかがですか。—— はい，ありがとうございます。

   （　　　　　） you （　　　　　　　） a window seat? —— Yes, thank you.

3. 明日，駅で会いましょうか。—— はい，そうしましょう。

   （　　　　　） （　　　　　　　　） meet at the station tomorrow? —— Yes, let's.

There is ～.の文

▶〈There ＋ be 動詞～.〉の語順と，「～」が単数・複数のどちらかに注意しよう。

❶ There＋be動詞～. [肯定文]

There is a box on the table.

テーブルの上に箱があります。

▶〈There ＋ be 動詞～.〉で「～がある」「～がいる」の意味を表す。「～」が単数か複数か，現在の文か過去の文によってbe 動詞は is / are / was / were を使い分ける。

短縮形
there is → there's
there are → there're

❷ There＋be動詞～. [疑問文・否定文]

Are there any people in the room?
—— Yes, **there are**. / No, **there aren't**.

部屋には人がいますか。—— はい，います。/ いいえ，いません。

There wasn't an answer from her.

彼女から返事はありませんでした。

▶疑問文は〈be 動詞＋ there ～?〉，否定文は〈There ＋ be 動詞 ＋ not ～.〉の形になる。

確認問題 ❶   解答 ➡ p.208

日本文に合うように，（　　）に適する語を入れよう。
1. 体育館にはたくさんの生徒がいました。
   (　　　　　) (　　　　　　　　) a lot of students in the gym.
2. このあたりにタクシーはありますか。
   (　　　　　) (　　　　　　　　) taxis around here?
3. 8月には授業がありません。
   (　　　　　) (　　　　　　　　) any classes in August.

疑問詞の文

▶ 疑問詞で始まる疑問文の語順と，さまざまな疑問詞の使い分けをおさらいしよう。

❶ what / which

What do you **do** after school? —— I play tennis.

あなたは放課後に何をしますか。—— テニスをします。

Which do you like, pork **or** chicken? —— I like chicken.

ポークとチキンではあなたはどちらが好きですか。—— チキンが好きです。

▶ whatは「何」「何の〜」の意味を表す。

What's your favorite subject? —— It's English.

（あなたのいちばん好きな教科は何ですか。—— 英語です。）

What color did you use? —— I used red.

（あなたは何色を使いましたか。—— 赤を使いました。）

What time did you get up? —— I got up at six.

（あなたは何時に起きましたか。—— 6時に起きました。）

What day is it today? —— It's Friday.

（今日は何曜日ですか。—— 金曜日です。）

What is the date today? —— It's May 1.

（今日は何月何日ですか。——5月1日です。）

> 短縮形
> what is → what's

▶ whichは「どれ，どちら」「どの〜，どちらの〜」の意味を表す。

Which bus did you take? —— I took the red one.

（あなたはどのバスに乗りましたか。—— 赤いのに乗りました。）

> whatは範囲を決めずに「何」とたずねる場合，whichは決まった範囲から「どちら，どれ」とたずねる場合に用いる。

確認問題 ❶ 解答➡p.208

日本文に合うように，（　）に適する語を入れよう。

1. あなたは何の動物が好きですか。—— 私はライオンが好きです。

   （　　　　　　）（　　　　　　　　　） do you like? ——I like lions.

2. 私は何を買ったらいいですか。—— オレンジを買うといいですよ。

   （　　　　　　） should I （　　　　　　　）? —— You should buy oranges.

3. どれがあなたの自転車ですか。—— これが私のです。

   （　　　　　　）（　　　　　　　　　） your bike? —— This is mine.

❷ who / whose

Who lives in that house? —— Mr. Brown does.
あの家にはだれが住んでいますか。—— ブラウン先生が住んでいます。

Whose guitar is this? —— It's my mother's.
これはだれのギターですか。—— 私の母のです。

▶ who は「だれ」の意味を表す。「だれが〜しますか」と主語をたずねるときは〈Who ＋動詞〜?〉とし，〈主語＋does [do].〉の形で答える。

▶ whose は「だれの〜」「だれのもの」の意味を表す。
Whose is this bag? —— It's mine.
（このかばんはだれのものですか。—— 私のです。）

who は3人称単数扱いなので, Who lives 〜?のように動詞に3単現のsがつく。

（短縮形）
who is → who's

🖊 確認問題 ❷ 解答➡p.208
日本文に合うように，（　　）に適する語を入れよう。
1. だれがこの写真を撮りましたか。—— ジョージです。
　（　　　　　　）（　　　　　　　） this picture? —— George（　　　　　　　）.
2. これらはだれの本ですか。—— 私の兄のです。
　（　　　　　　） books（　　　　　　） these? —— They are my brother's.

❸ where / when / why

Where do you live? —— I live in Yokohama.
あなたはどこに住んでいますか。—— 私は横浜に住んでいます。

When do you study at home? —— I study after dinner.
あなたは家でいつ勉強しますか。—— 私は夕食後に勉強します。

Why do you like her? —— Because she's kind.
あなたはなぜ彼女が好きなのですか。—— なぜなら彼女は親切だからです。

▶ 疑問詞 where / when / why の意味をまとめよう。

where	どこに，どこで，どこへ
when	いつ
why	なぜ

（短縮形）
where is → where's
when is → when's

▶ whyへの答えには〈to＋動詞の原形〉(～するために)も使える。

Why did you go to Canada? —— **To study** English.

(なぜカナダへ行ったのですか。—— 英語を勉強するためです。)

参照　不定詞の副詞
的用法 >> p.28

✎ **確認問題 ③**　解答 ➡ p.208

日本文に合うように，(　)に適する語を入れよう。

1. ヘレンはどこの出身ですか。—— オーストラリア出身です。

(　　　　　　　) is Helen (　　　　　　)? —— She's (　　　　　) Australia.

2. バスはいつ到着しますか。—— 10時40分です。

(　　　　　　　) will the bus (　　　　　)? —— At ten forty.

3. あなたはなぜここにいるのですか。—— トムに会うためです。

(　　　　　) (　　　　　　) you here? —— (　　　　　) meet Tom.

❹ **how**

How did you come to my house? —— I walked.

あなたはどうやって私の家に来ましたか。—— 私は歩いて来ました。

▶ 疑問詞howのさまざまな使い方を確認しよう。

How's the weather there? —— It's sunny.

(そちらでは天気はどうですか。—— 晴れています。)

How about this yellow shirt? —— Nice.

(この黄色いシャツはどうですか。—— いいですね。)

How much is this doll? —— It's five thousand yen.

(この人形はいくらですか。—— 5,000円です。)

How old are you? —— I'm thirteen years old.

(あなたは何歳ですか。—— 13歳です。)

how (どれくらい～) を使
う他の表現:

how long [長さ]
how tall [高さ]
how far [距離]
how many [数]

✎ **確認問題 ④**　解答 ➡ p.208

日本文に合うように，(　)に適する語を入れよう。

1. あなたのご両親はお元気ですか。—— 元気です。ありがとうございます。

(　　　　　) (　　　　　　) your parents? —— They are fine, thank you.

2. コーヒーを1杯いかがですか。—— はい，お願いします。

(　　　　　) (　　　　　) a cup of coffee? —— Yes, please.

3. この橋はどれくらいの長さですか。—— 100メートルです。

(　　　　　) (　　　　　) is this bridge? —— It's 100 meters.

接続詞

▶ 語句と語句や文と文を結びつける接続詞の働きを確認しよう。

❶ and / but / or / so

I took a bath **and** went to bed.

私はお風呂に入って，寝ました。

I talked to her, **but** she didn't answer.

私は彼女に話しかけましたが，彼女は答えませんでした。

I want to play soccer **or** basketball today.

私は今日，サッカーかバスケットボールがしたいです。

It was raining hard, **so** I stayed at home.

雨が激しく降っていたので，私は家にいました。

▶ 接続詞and / but / or / soの意味をまとめよう。

and	～と…，～そして…
but	～しかし…，～だが…
or	～か…，～または…
so	～だから…，～それで…

▶ 「AとBとC」のように3つ以上のものを結びつけるときは，ふつう最後のCの前にandを置き，〈A, B, and C〉とする。

Tom, Kumi, **and** Mike go to school together.

（トムとクミとマイクはいっしょに学校へ行きます。）

> この場合，andの直前のコンマは省略してもよい。

▶ 次のような表現も覚えておこう。

Study hard, **and** you'll pass the test.

（一生懸命に勉強しなさい。そうすればテストに合格するでしょう。）

Get up at once, **or** you'll be late for school.

（すぐに起きなさい。そうしないと学校に遅刻しますよ。）

I ate **both** Japanese food **and** Chinese food.

（私は和食と中華料理の両方とも食べました。）

> 命令文, and .... 「～しなさい, そうすれば…。」
> 命令文, or .... 「～しなさい, そうしないと…。」
> **both A and B** 「AとBの両方とも」

解答 ➡ p.208

確認問題 ①

日本文に合うように，（　）に適する語を入れよう。

1. ボブと私はクラスメイトです。

   Bob (　　　　　　) I (　　　　　　　) classmates.

2. 春と秋のどちらのほうが好きですか。

   (　　　　　　) do you like better, spring (　　　　　　) fall?

3. 暗くなったので，彼らは家に帰りました。

   It got dark, (　　　　　　) they went home.

4. 私は彼に電話をしましたが，彼は出ませんでした。

   I called him, (　　　　　　) he didn't answer.

❷ when / if / because など

When I came home, you were sleeping.

私が家に帰ってきたとき，あなたは眠っていました。

Please come to my house **if** you have time.

もし時間があるなら，私の家に来てください。

Because it was raining, we stayed home.

雨が降っていたので，私たちは家にいました。

▶ when / if / because などの接続詞の意味をまとめよう。

when	～するとき
while	～する間に
before	～する前に
after	～したあとに
until	～するまで（ずっと）
if	もし～なら
because	～なので，～だから

〈接続詞 A , B .〉と〈 B 接続詞 A .〉のどちらの語順も可能な場合が多い。

▶ when や if などに続く〈主語＋動詞〉の動詞は，未来のことでも現在形を使う。

　　We will start the party **when** she **comes**.　[comes＝現在形]

　　（彼女が来たら，私たちはパーティーを始めます。）

× ... when she will come.

　　If it **is** fine tomorrow, we will go to the park.　[is＝現在形]

　　（もし明日晴れなら，私たちは公園へ行きます。）

× If it will be fine tomorrow, ...

解答➡p.208

✎ 確認問題 ②

日本文に合うように，（　）に適する語を入れよう。

1. 眠たかったので，彼女は勉強できませんでした。
   She couldn't study (　　　　　　) she was sleepy.
2. 私が起きたときには，晴れていました。
   (　　　　　　) I got up, it was sunny.
3. 私たちは走れば遅刻しないでしょう。
   We won't be late (　　　　) we (　　　　).

❸ that「〜ということ」

I **think that** he has a cold.

私は彼がかぜをひいていると思います。

▶ 接続詞thatは「〜ということ」の意味で，あとには文が続く。

▶〈think that 〜〉〈tell＋人＋that 〜〉〈感情を表す形容詞 ＋ that 〜〉などの形で使われる。

　Please **tell** her **that** I will come again.

　（私はまた来ると彼女に伝えてください。）

　I'm **glad that** you like it.

　（私はあなたがそれを気に入ってくれてうれしいです。）

▶ これらの用法のthatは省略されることが多い。

▶ I thought that 〜.のようにthatの前の動詞が過去形のときは，thatのあとの動詞も過去形にする。これを時制の一致という。

　I **thought** that you **were** angry.

　（私はあなたが怒っていると思いました。）

〈that＋主語＋動詞〜〉の全体で，目的語の働きをする。

thatが省略された形：
I think he has a cold.
Please tell her I will come again.
I'm glad you like it.

✎ 確認問題 ③

解答➡p.208

日本文に合うように，（　）に適する語を入れよう。

1. 私はあなたが正しいということを知っています。
   I (　　　　) (　　　　　　) you are right.
2. 私は幸せだと私は彼女に伝えました。
   I told (　　　　) (　　　　　　) I was happy.
3. 私たちは彼が立ち止まったことに驚きました。
   We were (　　　　　) (　　　　　　) he stopped.

不定詞と動名詞

▶「～すること」「～するために」「～するための」などの意味の表現を確認しよう。

❶ 不定詞（to＋動詞の原形）［名詞的用法］

....

I **want to drink** some water.

私は水を飲みたいです。

....

▶〈to＋動詞の原形〉を不定詞という。不定詞には名詞的用法・副詞的用法・形容詞的用法の３つの用法がある。

▶ 不定詞の名詞的用法は「～すること」という意味を表す。

My dream is **to become** a dancer.

（私の夢はダンサーになることです。）

よく使われる表現：
like to ～（～するのが好きだ）
start [begin] to ～（～し始める）
try to ～（～しようとする）

❷ 不定詞（to＋動詞の原形）［副詞的用法］

....

He came to Japan **to study** Japanese.

彼は日本語を勉強するために日本に来ました。

I'm **glad to see** you again.

私はまたあなたに会えてうれしいです。

....

▶ 不定詞の副詞的用法は「～するために」「～しに」という目的を表す。また，感情を表す形容詞のあとに不定詞がきて，「～してうれしい［悲しい］」など感情の原因や理由を表す。

ほかの感情を表す形容詞：
happy（うれしい）
sad（悲しい）
sorry（残念だ）

❸ 不定詞（to＋動詞の原形）［形容詞的用法］

....

I have some books **to read**.

私は読むべき本を何冊か持っています。

....

▶ 不定詞の形容詞的用法は「～するための」「～すべき」という意味で名詞を後ろから修飾する。

Please give me **something to drink**.

（私に何か飲むものをください。）

確認問題 ① 解答➡p.208

日本文に合うように，（　）に適する語を入れよう。

1. 彼は立ち上がろうとしました。

   He (　　　　　) (　　　　　　　) (　　　　　　　) up.

2. 私たちはテニスをするために公園へ行きました。

   We went to the park (　　　　　　) (　　　　　) tennis.

3. 私はその事故のことを聞いて残念でした。

   I was (　　　　　) (　　　　　) (　　　　　) about the accident.

4. 日本には訪れるべき場所がたくさんあります。

   There are many (　　　　　) (　　　　　) (　　　　　) in Japan.

❹ 動名詞（〜ing）

I **enjoyed talking** with her.

私は彼女と話して楽しかったです。

▶ 動詞のing形で「〜すること」という意味を表す。このing形を動名詞という。動名詞は名詞と同じ働きをする。

I'm good at playing the piano.

（私はピアノを弾くのが得意です。）

Taking pictures is a lot of fun.

（写真を撮るのはとても楽しいです。）

How about going for a walk with me?

（私といっしょに散歩に行くのはいかがですか。）

よく使われる表現：
like 〜ing（〜するのが好きだ）
start [begin] 〜ing（〜し始める）
finish 〜ing（〜し終える）
stop 〜ing（〜するのをやめる）

確認問題 ② 解答➡p.208

日本文に合うように，（　）に適する語を入れよう。

1. 彼女はすぐにレポートを書き終えました。

   She (　　　　　) (　　　　　　) the report quickly.

2. 私の仕事は英語を教えることです。

   My job (　　　　　) (　　　　　　) English.

比較の文

▶「…よりも～だ」「いちばん［最も］～だ」などの意味を表すさまざまな表現を整理しよう。

❶ 比較級・最上級の形

▶ 2つのものを比べて「より～だ」というときは比較級を用いる。3つ以上の中で「いちばん［最も］～だ」というときは最上級を用いる。

> **用語** 「比較級」「最上級」に対して, もとの形を「原級」という。

▶ 比較級・最上級の作り方には, 形容詞・副詞に er / est をつける形と, 前に more / most を置く形がある。

◆er / est をつける形

多くの語 →er / est をつける	cold (寒い) — colder — coldest long (長い) — longer — longest
e で終わる語 →r / st だけつける	large (大きい) — larger — largest nice (すてきな) — nicer — nicest
〈子音字＋y〉で終わる語 →y を i に変えて er / est をつける	busy (忙しい) — busier — busiest early (早い, 早く) — earlier — earliest
〈短母音＋子音字〉で終わる語 →最後の文字を重ねて er / est をつける	big (大きい) — bigger — biggest hot (熱い, 暑い) — hotter — hottest

◆前に more / most を置く形 (比較的つづりの長い語)

beautiful (美しい) — more beautiful — most beautiful
difficult (難しい) — more difficult — most difficult

◆不規則変化

good (よい) / well (よく) — better — best
many / much (多くの) — more — most

✎ **確認問題 ❶**　解答➡p.208

次の語の比較級・最上級を書こう。

1. wide (広い) 　　— (　　　　　　) — (　　　　　　)
2. easy (簡単な) 　— (　　　　　　) — (　　　　　　)
3. important (重要な) — (　　　　　) — (　　　　　　)

❷ 比較級＋than ... 「…よりも～だ」

My little brother is **taller than** my father.
私の弟は父よりも背が高いです。

Kanji is **more difficult than** *hiragana*.
漢字はひらがなより難しいです。

Your idea is **better than** mine.
あなたのアイデアは私のよりもいいです。

▶ 2つのものを比べて「より～だ」というときは，比較級を用いる。
「…よりも」の意味は than ... で表す。

参照 比較級・最上
級の作り方 ≫p.169

▶ 2つのものを比べて「AとBではどちらがより～ですか」とた
ずねるときは，〈Which is ＋比較級, A or B?〉の形を使う。
Which is smaller, Japan **or** New Zealand?
（日本とニュージーランドではどちらが小さいですか。）

✎ 確認問題 ❷　解答➡p.208

日本文に合うように，（　）に適する語を入れよう。
1. 今日は昨日よりも暑いです。
　Today is (　　　　　) (　　　　　) yesterday.
2. この本はあれよりもおもしろかったです。
　This book was (　　　　　) (　　　　　) (　　　　　) that one.
3. 私は肉よりも魚のほうが好きです。
　I like fish (　　　　　) (　　　　　) meat.

❸ 最上級「いちばん［最も］～だ」

Ann is **the youngest of** the three.
アンは3人の中でいちばん若い［年下］です。

She is **the most famous** singer **in** China.
彼女は中国でいちばん有名な歌手です。

Which season do you **like the best**?
どの季節がいちばん好きですか。

▶ 3つ以上の中で「いちばん［最も］～だ」というときは，最上級
を用いて〈the ＋最上級〉の形で表す。

▶「複数の人やものの中で」は〈of＋複数を表す語句〉,「ある場所や範囲の中で」は〈in＋場所・範囲を表す語句〉で表す。

of the three（3人［3つ］の中で）

of us all（私たちみんなの中で）

in Japan（日本の中で）

in this house（この家の中で）

inとofの使い分けに注意しよう。

確認問題 ❸　解答➡p.208

日本文に合うように,（　　）に適する語を入れよう。

1. あなたの家族の中でだれがいちばん早く起きますか。

   Who gets up (　　　　　) (　　　　　) (　　　　　) your family?

2. 彼女は選手全員の中でいちばん人気があります。

   She is (　　　　　) (　　　　　) popular (　　　　　) all the players.

3. ジェーンは学校の中でいちばんじょうずに踊ります。

   Jane dances (　　　　　) (　　　　　) (　　　　　) her school.

❹　as ～ as ... 「…と同じくらい～だ」

Dogs are **as cute as** cats.

イヌはネコと同じくらいかわいいです。

Osaka is **not as big as** Tokyo.

大阪は東京ほど大きくありません。

▶2つのものを比べて「…と同じくらい～だ」というときは,〈as＋原級＋as ...〉の形で表す。

原級はもとの形のことだったね。

▶〈as＋原級＋as ...〉の否定の形は〈not as＋原級＋as ...〉となり,「…ほど～ではない」という意味になる。

確認問題 ❹　解答➡p.208

日本文に合うように,（　　）に適する語を入れよう。

1. 私はマックスと同じくらい速く泳げます。

   I can swim (　　　　　) (　　　　　) (　　　　　) Max.

2. この絵はあなたの絵ほど美しくありません。

   This picture (　　　　　) (　　　　　) (　　　　　) as yours.

受け身の文

受け身の文（≫p.34 〜）の解説動画を確認しよう！

解説動画

受け身の形と意味

be動詞＋過去分詞「～される」

1 am [is, are]＋過去分詞「～される」「～されている」

●受け身の文の形と，その意味を学習しよう。

例文
The book is published in many countries.
その本は多くの国で出版されています。

▶「使う」「作る」のような「～する」という言い方ではなく，「使われる」「作られる」のような「～される」「～されている」の意味を表す文を受け身［受動態］の文という。

用語 「受動態」に対して，「～する」を表す文を「能動態」の文という。

▶受け身は〈be動詞＋過去分詞〉で表す。be動詞は，現在の文ならam [is, are]を使う。過去分詞とは動詞の形の一種で，例文のpublishedはpublish（出版する）の過去分詞。

Those doors **are closed** at ten every day.
（それらのドアは毎日10時に閉められます。）

ポイント

publish the book（その本を出版する）
〈be動詞＋過去分詞〉に　　　目的語→主語に
The book **is published** in many countries.
その本は　　　出版されている

◆過去分詞の作り方

［規則動詞］　過去形と同じく動詞に（e）dをつける。

publish → published　　close → closed
play → played　　　　　love → loved
study → studied　　　　visit → visited

［不規則動詞］　1語1語異なる変化をする。

make → made　　　speak → spoken
write → written　　read → read
build → built　　　　break → broken

動詞の過去形・過去分詞の作り方 >> p.170, p.171

発音 readの過去分詞は原形と同じ形だが，発音は原形 [ri:d リード]，過去分詞 [red レッド]と異なるので注意。

会話でチェック! →『星の王子さま』という物語について話しています。

Do you know *The Little Prince*?

あなたは『星の王子さま』を知っていますか。

Yes, that's my favorite story.

はい、私のいちばん好きなお話です。

I love it, too. The book **is published** in many countries. Many people read it.

私も大好きです。その本は多くの国で出版されています。多くの人がそれを読みます。

確認問題 ❶ 解答➡p.208

[　]の語句を参考にして，日本文に合うように，(　)に適する語を入れよう。

1. これらのゲームは世界中でプレーされています。　[play these games]

These games (　　　　　) (　　　　　　) all over the world.

2. その車はドイツで作られています。　[make the car]

The car (　　　　　) (　　　　　　) in Germany.

2 be動詞＋過去分詞＋by ... 「…によって～される」

● 受け身の文で使われるby ...（…によって）の使い方を学習しよう。

例文

His songs **are loved by** young people.

彼の歌は若い人たちに愛されています。

▶「だれによって～されるのか」を言いたいときは，〈be動詞＋過去分詞〉のあとにby ...（…によって）を置く。

Nikko **is visited by** many people every year.

（日光は毎年，多くの人々によって訪れられます。）

実際には，受け身の文ではby ...がつかないことが多い。

会話でチェック! →テレビでだれかが歌っています。

Do you know this singer?

あなたはこの歌手を知っていますか。

Yes. He is very popular. His songs **are loved by** young people.

はい。彼はとても人気があります。彼の歌は若い人たちに愛されています。

 確認問題 ❷ 解答➡p.208

日本文に合うように，(　)に適する語を入れよう。

1. 彼女はクラスメイトから好かれています。

She (　　　　　) (　　　　　) (　　　　　) her classmates.

35

3 was [were]＋過去分詞「～された」「～されていた」

●過去を表す受け身の文の形を覚えよう。

例文
That picture **was painted** in the 14th century.
あの絵は14世紀に描かれました。

▶「～された」「～されていた」と過去のことを表す受け身の文は，be動詞を過去形にして，〈was [were]＋過去分詞〉となる。

I **was loved** by my grandfather.
（私は祖父に愛されていました。）

Those doors **were closed** at eight last night.
（それらのドアは昨夜8時に閉められました。）

be動詞を過去形に
すればいいんだね。

会話でチェック! →展覧会を楽しんでいます。

< Oh, that picture looks old.　　　　　ああ，あの絵は古そうですね。

It **was painted** in the 14th century. 🔈　それは14世紀に描かれました。

< It's very beautiful.　　　　　とても美しいです。

< Yes. I want to look at it all day long.　はい。私は1日中見ていたいです。

確認問題 ③　解答➡p.208

[　]の語句を参考にして，日本文に合うように，（　）に適する語を入れよう。

1. この本は村上春樹によって書かれました。 [write this book]

This book （　　　　　）（　　　　　） by Murakami Haruki.

2. これらのクッキーは今日の午後に作られました。 [make these cookies]

These cookies （　　　　　）（　　　　　） this afternoon.

4 will be＋過去分詞「～されるだろう」

●未来を表す受け身の文の形を覚えよう。

例文
That restaurant **will be closed** at nine.
あのレストランは9時に閉店する［閉められる］でしょう。

▶「〜されるだろう」「〜される予定だ」と未来のことを表す受け身の文は，〈will be ＋過去分詞〉または〈be going to be ＋過去分詞〉となる。

A new library **is going to be built** here.
（ここに新しい図書館が建てられる予定です。）

> canなどの助動詞を含む文の受け身は〈助動詞＋be ＋過去分詞〉になる。
> Mt. Fuji **can be seen** from here.（ここから富士山が見えます。）

会話でチェック! →晩ご飯を作る時間がありませんでした。

 I didn't have time to make dinner.
晩ご飯を作る時間がありませんでした。

 How about eating at ABC restaurant?
ABCレストランで食べるのはどうですか。

 It's already eight. That restaurant **will be closed** at nine.
もう8時です。あのレストランは9時に閉店ですよ。

 Yes. Let's go right now.
ええ。すぐに行きましょう。

🎤 **確認問題 ❹**　解答➡p.208

[　]の語句を参考にして，日本文に合うように，（　）に適する語を入れよう。

1. 英語はもっと多くの人々によって話されるでしょう。 [will speak English]

　English (　　　　　) (　　　　　) (　　　　　) by more people.

2. その美しい湖がこの部屋から見えます。 [can see the beautiful lake]

　The beautiful lake (　　　　　) (　　　　　) (　　　　　) from this room.

◆**受け身の文の作り方**

ふつうの文(能動態)から受け身の文(受動態)を作る手順を確認しよう。

 Young people **love** his songs.

（若い人たちは彼の歌を愛しています。）

① ② ③

 His songs **are loved by** young people.

（彼の歌は若い人たちに愛されています。）

① 能動態の文の目的語を受け身の文の主語にする。

　His songs ...

② 動詞の部分を〈be 動詞＋過去分詞〉の形にする。

　His songs **are loved** ...

③ 能動態の文の主語を by ...の形にして最後に置く。

　His songs are loved **by young people**.

> 能動態が過去の文のときは，受け身の文ではbe動詞をwas [were]にするよ。

受け身の疑問文 / 否定文

「～されますか」/「～されない」

5 **be動詞＋主語＋過去分詞～?** 「～されますか」「～されていますか」

● 受け身の文の疑問文の作り方と，その答え方を学習しよう。

> 例文
> **Is** Spanish **spoken** in your country?
> —— Yes, it **is**. / No, it **isn't**.
>
> あなたの国ではスペイン語が話されていますか。—— はい，話されています。/ いいえ，話されていません。

▶ 受け身の文の疑問文は，be動詞（am [is, are] / was [were]）を主語の前に出し，〈be動詞＋主語＋過去分詞～?〉の形にする。

▶ 答えの文でも，am [is, are] / was [were] を使う。

Were these books **written** by Murakami Haruki?
—— Yes, they **were**. / No, they **weren't**.

（これらの本は村上春樹によって書かれましたか。
—— はい，書かれました。/ いいえ，書かれませんでした。）

> ⚠ 「～されるでしょうか」という未来の受け身の疑問文は，will を主語の前に出し，〈Will＋主語＋be＋過去分詞～?〉の形になる。
> **Will** that restaurant **be closed** at nine?
> —— Yes, it **will**. / No, it **won't**.
> （あのレストランは9時に閉店するでしょうか。
> —— はい，閉店するでしょう。/ いいえ，閉店しないでしょう。）

×Does English used ～?としないように注意しよう。

助動詞を含む受け身の疑問文は〈助動詞＋主語＋be＋過去分詞～?〉の形になる。

会話でチェック! →外国の人と知り合いになりました。

発音練習

| Where are you from? | あなたはどこの出身ですか。 |

| I'm from Peru. | 私はペルー出身です。 |

| **Is** Spanish **spoken** in your country? | あなたの国ではスペイン語が話されていますか。 |

| Yes, it **is**. And some other languages are spoken in Peru, too. | はい，話されています。それにペルーではほかの言語もいくつか話されています。 |

確認問題 ⑤ 解答➡p.208

次の英文を受け身の疑問文に書きかえて，答えの文も完成させよう。

1. These rooms are cleaned every day.

　→ (　　　　　　) these rooms (　　　　　　) every day?

　　—— No, (　　　　　) (　　　　　　).

2. You were invited to the party.

　→ (　　　　　　) you (　　　　　　) to the party?

　　—— Yes, I (　　　　　　).

6　When / Where など＋be動詞＋主語＋過去分詞～?

● 疑問詞で始まる受け身の疑問文の形を学習しよう。

例文

When was this photo **taken**?
　—— It was taken ten years ago.

この写真はいつ撮られましたか。——10年前に撮られました。

▶ 疑問詞（when / where など）を使った受け身の疑問文は，疑問詞を文の最初に置き，そのあとに受け身の疑問文の形を続ける。

Where are these smartphones **made**?
　—— They are made in China.

（これらのスマートフォンはどこで作られていますか。
　—— 中国で作られています。）

語順に注意しよう。

▶ 主語をたずねるときには，次のような語順になる。

What language **is spoken** in Australia?
　　　　主語　　　〈be動詞＋過去分詞〉

　—— English is.

（オーストラリアでは何語が話されていますか。—— 英語が話されています。）

English is. = English is spoken in Australia.

会話でチェック!　→友達に写真を見せています。

Look! I found a photo of my family and me yesterday.

見て！　昨日，私の家族と私の写真を見つけたよ。

When was it **taken**? ☕

それはいつ撮られたの。

It was taken ten years ago. I was five years old then.

10年前に撮られたんだ。私はそのとき5歳だったよ。

発音練習

下線部をたずねる疑問文を完成させよう。

1. The concert was held <u>last Saturday</u>. (コンサートはこの前の土曜日に行われました。)

→ (　　　　　) (　　　　　　) the concert (　　　　　)?

2. <u>Baseball</u> is played in this stadium. (このスタジアムでは野球が行われます。)

→ (　　　　　) sport (　　　　　) (　　　　　　) in this stadium?

7 be動詞＋not＋過去分詞「〜されない」「〜されていない」

●受け身の文の否定文の作り方を学習しよう。

例文
Eggs **aren't sold** at that store.
あの店では卵は売られていません。

▶ 受け身の文の否定文は，be動詞のあとにnotを置き，〈be動詞＋not＋過去分詞〉の形にする。

He **was not invited** to the meeting.

(彼はその会合に招かれませんでした。)

⚠ 未来の受け身の否定文は，〈will not be＋過去分詞〉の形にする。

This book **won't be read** by young people.

(この本は若い人たちには読まれないでしょう。)

助動詞を含む受け身の文の否定文は〈助動詞＋not be＋過去分詞〉の形にする。

会話でチェック!　→料理の準備をしています。

発音練習

Oh, we don't have eggs.

ああ，卵がありません。

I'll go and buy some at the convenience store.

私がコンビニでいくつか買ってきましょう。

Eggs **aren't sold** at that store. 🎤

あの店では卵は売られていません。

I'll go to the supermarket, then.

では，スーパーへ行きます。

[ ]の語句を参考にして，日本文に合う受け身の否定文を完成させよう。

1. These cups [not wash] yesterday. (これらのカップは昨日は洗われませんでした。)

→ These cups (　　　　　) (　　　　　　) yesterday.

2. Sugar [not use] in this cake. (このケーキに砂糖は使われていません。)

→ Sugar (　　　　) (　　　　　) (　　　　　　) in this cake.

注意すべき受け身

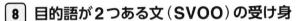

SVOOの文 / SVOCの文 / by以外の前置詞

 音声

8 目的語が2つある文（SVOO）の受け身

● 目的語が2つある文の受け身の作り方を学習しよう。

> 例文
>
> ## I **was given** a chance by my parents.
>
> 私は両親からチャンスを与えられました。

▶ giveやteachなどのあとに目的語が2つある文（SVOO）では，それぞれの目的語を主語にした2通りの受け身の文が作れる。

My parents **gave** <u>me</u> a chance.
（両親が私にチャンスを与えました。）

→ (1) I **was given** a chance by my parents.
　　（私は両親からチャンスを与えられました。）

(2) A chance **was given** (to) me by my parents.
　　（両親から私にチャンスが与えられました。）

Mike **sent** <u>her</u> an e-mail.
（マイクは彼女にメールを送りました。）

→ (1) She **was sent** an e-mail by Mike.
　　（彼女はマイクによってメールを送られました。）

(2) An e-mail **was sent** (to) her by Mike.
　　（マイクによって彼女にメールが送られました。）

> 参照 SVOOの文
> ≫ p.99
> SVOOで用いられる動詞：
> give（与える），teach（教える），send（送る），tell（話す）など
>
> (2) の形の文では，toをつけることが多いが，代名詞の場合はtoをつけないこともある。

> ポイント
>
>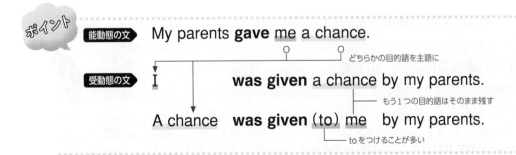

＋α make（…に～を作ってあげる）などの文では，「もの」を主語にした受け身の文しかできない。また，「人」の前には for が必要となる。

She **made** her daughter the dress.
（彼女は娘にそのドレスを作ってあげました。）
→ The dress **was made for** her daughter.
（そのドレスは彼女の娘のために作られました。）

この例で Her daughter was made ～とすると「彼女の娘が作られた」の意味になってしまうので，この形は避けられる。

参照 「人」の前に to / for のどちらを用いるかは動詞によって異なる。
≫p.100

会話でチェック！ →アメリカに留学することになりました。 🎧

発音練習

I'm going to study abroad next year.
ぼくは来年，海外で勉強する予定です。

That's great!
すばらしいですね！

I **was given** a chance by my parents. 🎙 I'll do my best there.
ぼくは両親からチャンスをもらいました。そこでベストを尽くします。

I think you have good parents.
あなたはいい両親を持っていると思います。

✎ 確認問題 ⑧ 解答➡p.208

[ ]の語句を参考にして，日本文に合うように，（ ）に適する語を入れよう。

1. 私たちは今朝，その知らせを告げられました。　[tell us the news]
　（　　　　　）（　　　　　）（　　　　　　　　） the news this morning.
2. その知らせは今朝，私たちに告げられました。　[tell us the news]
　（　　　　　）（　　　　　）（　　　）（　　　　　　　　） to us this morning.
3. 彼らはスミス先生に英語を教えてもらっています。　[teach them English]
　They （　　　　　）（　　　　　）（　　　　　　） by Mr. Smith.

---

9 「～を…と呼ぶ」などの文（SVOC）の受け身

● SVOCの文の受け身の作り方を学習しよう。

例文
He **is called** Prince by his fans.
彼はファンからプリンスと呼ばれています。
🎧

▶ call（～を…と呼ぶ）のような文（SVOC）では，目的語を主語にした受け身の文が作れる。C（補語）はそのまま〈be 動詞＋過去分詞〉のあとに置かれる。

The baby **was named** Sora.（その赤ん坊はソラと名づけられました。）

参照 SVOCの文
≫p.102
SVOCで用いられる動詞：
name（～を…と名づける），
call（～を…と呼ぶ）など

ポイント

能動態の文 His fans **call** him Prince.（彼のファンは彼をプリンスと呼びます。）
O C

目的語を主語に
受動態の文 He **is called** Prince by his fans.
そのまま残す

会話でチェック! →友達が好きな歌手の写真を見せてくれました。

This is my favorite singer. | これは私の好きな歌手だよ。

What's his name? | 彼の名前は何?

His name is Kenji, but he **is called** Prince by his fans. | 名前はケンジだけど, ファンからはプリンスと呼ばれているよ。

I see. He looks like a prince. | なるほど。彼は王子様のように見えるね。

発音練習

 確認問題 9 解答➡p.208

[ ]の語句を参考にして, 日本文に合うように, ( )に適する語を入れよう。

1. 私は家族から「ジュニア」と呼ばれています。 [call me "junior"]

I ( ) ( ) "junior" by my family.

2. その列車はのぞみと名づけられました。 [name the train Nozomi]

The train ( ) ( ) ( ).

10 by 以外の前置詞があとに続く受け身

● by 以外の前置詞を使う受け身を表現として覚えよう。

例文
I **am interested in** Japanese culture.
私は日本の文化に興味があります。

▶〈be動詞＋過去分詞〉という受け身の形のあとに, by 以外の前置詞が続く場合がある。be interested in ～「～に興味がある」のように, 日本語では受け身の意味にならないことも多い。

▶受け身のあとに by 以外の前置詞が続くほかの表現を覚えよう。

be surprised at ～「～に驚く」

We **were surprised at** the news.（私たちはその知らせに驚きました。）

interestは「興味を持たせる」という意味の動詞で, be interestedは「興味を持たされる」がもとの意味。

be pleased with ～「～が気に入っている」

She **is pleased with** his present.

（彼女は彼のプレゼントが気に入っています。）

be excited about ～「～でわくわくしている」

The boy **was excited about** Christmas.

（男の子はクリスマスのことでわくわくしていました。）

be made from ～「～から作られる」

Cheese **is made from** milk. （チーズは牛乳から作られます。）

be known to ～「～に知られている」

He **is known to** everyone in this school.

（彼はこの学校の全員に知られています。）

be covered with ～「～でおおわれている」

The garden **was covered with** snow.

（庭は雪でおおわれていました。）

be filled with ～「～でいっぱいである」

The street **was filled with** people. （通りは人でいっぱいでした。）

be made from ～は原料の質が変わる場合に用いる。材料がそのままわかる場合は，be made of ～（～でできている）を使う。
The table **is made of** wood.（そのテーブルは木でできています。）

⚠ 受け身の形を使う，次のような表現も覚えておこう。

I **was born** in Sapporo. （私は札幌で生まれました。）

He **was injured** in an accident. （彼は事故でけがをしました。）

会話でチェック！ →外国人の友達が日本に遊びに来ます。

Where do you want to go? あなたはどこへ行きたい？

I don't know, but **I'm interested in** Japanese culture. 🔊 わからないけど，ぼくは日本の文化に興味があるんだ。

You should go to Kyoto, then. それなら京都へ行くべきだね。

That's a good idea. それはいい考えだね。

✏ **確認問題 ⑩** 解答➡p.208

日本文に合うように，（ ）に適する語を入れよう。

1. あなたは音楽に興味がありますか。

( ) you ( ) ( ) music?

2. その袋は紙でできています。

The bag is ( ) ( ) paper.

3. 私は父の質問に驚きました。

I ( ) ( ) ( ) my father's question.

受け身の形と意味　　　be動詞＋過去分詞「～される」

☑ **1 am [is, are]＋過去分詞**　「～される」「～されている」

> The book **is published** in many countries.
> （その本は多くの国で出版されています。）

▶「使う」「作る」のような「～する」という言い方ではなく，「使われる」「作られる」のような「～される」「～されている」の意味を表す文を受け身［受動態］の文という。

▶受け身は〈be動詞＋過去分詞〉で表す。be動詞は，現在の文ならam [is, are]を使う。

☑ **2 be動詞＋過去分詞＋by ...**　「…によって～される」

> His songs **are loved by** young people.
> （彼の歌は若い人たちに愛されています。）

▶「だれによって～されるのか」を言いたいときは，〈be動詞＋過去分詞〉のあとにby ...（…によって）を置く。

☑ **3 was [were]＋過去分詞**　「～された」「～されていた」

> That picture **was painted** in the 14th century.
> （あの絵は14世紀に描かれました。）

▶「～された」「～されていた」と過去のことを表す受け身の文は，be動詞を過去形にして，〈was [were]＋過去分詞〉となる。

☑ **4 will be＋過去分詞**　「～されるだろう」

> That restaurant **will be closed** at nine.
> （あのレストランは9時に閉店する［閉められる］でしょう。）

▶「～されるだろう」「～される予定だ」と未来のことを表す受け身の文は，〈will be＋過去分詞〉または〈be going to be＋過去分詞〉となる。

受け身の疑問文 / 否定文　　　　　「～されますか」/「～されない」

☑ **5 be動詞＋主語＋過去分詞～?**　「～されますか」「～されていますか」

> **Is** Spanish **spoken** in your country?
> ── Yes, it **is**. / No, it **isn't**.
> （あなたの国ではスペイン語が話されていますか。── はい, 話されています。/ いいえ, 話されていません。）

▶ 受け身の文の疑問文は, be動詞（am [is, are] / was [were]）を主語の前に出し, 〈be動詞＋主語＋過去分詞～?〉の形にする。

☑ **6 When / Whereなど＋be動詞＋主語＋過去分詞～?**

> **When was** this photo **taken**?
> ── It was taken ten years ago.
> （この写真はいつ撮られましたか。── 10年前に撮られました。）

▶ 疑問詞（when / whereなど）を使った受け身の疑問文は, 疑問詞を文の最初に置き, そのあとに受け身の疑問文の形を続ける。

▶ 主語をたずねるときには, 〈疑問詞（＋名詞）＋be動詞＋過去分詞～?〉の語順になる。

☑ **7 be動詞＋not＋過去分詞**　「～されない」「～されていない」

> Eggs **aren't sold** at that store.
> （あの店では卵は売られていません。）

▶ 受け身の文の否定文は, be動詞のあとにnotを置き, 〈be動詞＋not＋過去分詞〉の形にする。

注意すべき受け身 | SVOOの文 / SVOCの文 / by以外の前置詞

⑧ 目的語が２つある文（SVOO）の受け身

> I **was given** a chance by my parents.
> （私は両親からチャンスを与えられました。）

▶ give や teach などのあとに目的語が２つある文（SVOO）では，それぞれの目的語を主語にした２通りの受け身の文が作れる。

　A chance **was given** (to) me by my parents. ［ものを主語にする文］
　（両親から私にチャンスが与えられました。）

⑨ 「～を…と呼ぶ」などの文（SVOC）の受け身

> He **is called** Prince by his fans.
> （彼はファンからプリンスと呼ばれています。）

▶ call（～を…と呼ぶ）のような文（SVOC）では，目的語を主語にした受け身の文が作れる。C（補語）はそのまま〈be動詞＋過去分詞〉のあとに置かれる。

⑩ by 以外の前置詞があとに続く受け身

> I **am interested in** Japanese culture.
> （私は日本の文化に興味があります。）

▶ 〈be動詞＋過去分詞〉という受け身の形のあとに，by以外の前置詞が続く場合がある。be interested in ～「～に興味がある」のように，日本語では受け身の意味にならないことも多いので，注意しよう。

受け身の文では「～される」人やものが主語になるのが基本だよ。

定期試験対策問題　解答 → p.211

1 次の（　）内から適する語句を選びなさい。

(1) English is （uses, using, used） all over the world. ＿＿＿＿＿＿

(2) A lot of students are （work, working, worked） on the beach. ＿＿＿＿＿＿

(3) This building （is, are, was, were） built fifty years ago. ＿＿＿＿＿＿

(4) （Is, Do, Does, Did） this room cleaned every day? ＿＿＿＿＿＿

2 次の＿＿に，（　）内の語を適する受け身の形にして書きなさい。

(1) This book ＿＿＿＿＿＿ by young people now. （read）

(2) The package will ＿＿＿＿＿＿ tomorrow. （send）

(3) This CD ＿＿＿＿＿＿ to me by my sister last month. （give）

(4) Many good things ＿＿＿＿＿＿ at that store these days. （sell）

(5) This tool will ＿＿＿＿＿＿ by a lot of students. （use）

3 次の英文を，（　）内の指示にしたがって書きかえなさい。

(1) The car is washed every Sunday. （下線部を last に変えて）

_____

(2) Yumi is loved by her teammates. （疑問文と，それに Yes で答える文に）

_____

(3) Mai will be invited to the meeting. （下線部をたずねる文に）

_____

(4) These pictures were drawn yesterday. （下線部をたずねる文に）

_____

(5) Japanese is allowed in our English class. （否定文に）

_____

(6) Spanish is spoken in Mexico. （下線部をたずねる文に）

_____

4 次の英文を, （　　）で示された語句を主語にして書きかえなさい。

(1) Many children like this TV program. （this TV program）

_____

(2) Ms. Sato teaches the students math. （the students）

_____

(3) People speak English and French in Canada. （English and French）

_____

(4) His friends call him Ken. （he）

_____

(5) Someone broke this window last night. （this window）

_____

(6) My father gave me this guitar. （this guitar）

_____

(7) Our school will hold the contest on Friday. （the contest）

_____

5 ___に適する語を入れて, 対話文を完成させなさい。

(1) Are these stamps collected by Paul? —— No, _____ _____.

(2) Was our school built eighty years ago? —— Yes, _____ _____.

(3) Is that house going to be sold? —— Yes, _____ _____.

(4) Will the concert be cancelled? —— No, _____ _____.

6 次の___に適する語を, 右の □ から選んで書きなさい。

(1) This boat is made _____ paper.

(2) Bob is interested _____ Japanese history.

(3) We were excited _____ your performance.

(4) The novel is known _____ a lot of people.

(5) Two people were injured _____ the accident.

(6) The cup is filled _____ milk.

(7) The desk was covered _____ dust.

in
to
of
with
about

7 次の日本文の意味を表す英文を，（　　）内の語句を並べかえて作りなさい。

(1) 京都は多くの外国人が訪れます。

(many / Kyoto / by / foreign / is / people / visited).

_____

(2) 彼女の車は日本製ではありませんでした。

(in / was / car / Japan / made / her / not).

_____

(3) ボブは何の歌を歌いましたか。

(sung / what / by / was / song / Bob)?

_____

(4) 私はおばからこの人形をもらいました。

(my aunt / doll / by / given / I / this / was).

_____

(5) このイヌは私の姉によって「豆助」と名づけられました。

("Mamesuke" / dog / by / named / my sister / was / this).

_____

(6) 若者たちはそのニュースに驚きました。

(at / people / surprised / the news / were / young).

_____

(7) 毎年，多くの木が切り倒されているのですか。

(a lot of / are / every year / cut / trees / down)?

_____

8 次の日本文に合うように，____に適する語を入れなさい。

(1) その手紙は英語で書かれていました。

The letter _____ _____ _____ English.

(2) その新しい競技場はいつ建てられるでしょうか。

_____ _____ the new stadium _____ built?

(3) 母は私の髪型が気に入っていません。

My mother _____ _____ _____ with my hairstyle.

第2章

現在完了形

現在完了形（≫ p.52 〜）の解説動画を確認しよう！

「完了」を表す現在完了

11 have just＋過去分詞「ちょうど〜したところだ」

● 現在完了の形と，「完了」を表す用法を学習しよう。

> 例文
> ## I **have just eaten** breakfast.
> 私はちょうど朝ご飯を食べたところです。

▶ 〈have＋過去分詞〉の形を現在完了形という。主語が3人称単数なら，〈has＋過去分詞〉となる。

She has just eaten breakfast.
（彼女はちょうど朝ご飯を食べたところです。）

▶ 現在完了形は，過去の動作や状態が現在と関連していることを表す形で，「完了」「経験」「継続」の3つの用法がある。

▶ 〈have [has] just＋過去分詞〉は「ちょうど〜したところだ」の意味。「完了」の用法で，過去に始まった動作がちょうど終わったところであることを表す。

My father has just come home.
（父はちょうど家に帰ってきたところです。）

過去分詞の作り方
≫ p.170, p.171

（短縮形）
I have → I've
She has → She's など

ポイント

現在の文 I **eat** breakfast at seven every day.
（私は毎日，7時に朝ご飯を食べます。）
→毎日の習慣。今この時点の状態とは関係ない（今が夜でも言える）。

過去の文 I **ate** breakfast three hours ago.
（私は3時間前に朝ご飯を食べました。）
→過去に終わった動作。

現在完了の文 I **have just eaten** breakfast.（私はちょうど朝ご飯を食べたところです。）
→現在と関連のある動作。「食べたところだから現在は満腹」などの含みがある。

会話でチェック！ →日曜日の朝，友達と街で落ち合いました。

 What shall we do first? ──── まず何をしようか。

 How about eating something? I didn't have time to eat breakfast. ──── 何か食べるのはどう？　朝ご飯を食べる時間がなかったんだ。

発音練習

I'm sorry. I **have just eaten** breakfast. ──── ごめん。朝ご飯を食べたばかりだよ。

 OK. I'll wait until lunch. ──── わかった。お昼ご飯まで待つよ。

確認問題 ❶　　解答➡p.208

［　］の動詞を参考にして，日本文に合うように，（　　）に適する語を入れよう。

1. 列車はちょうど駅を出発したところです。　[leave]

　The train (　　　　　　) just (　　　　　　　) the station.

2. 私はちょうど宿題を終えたところです。　　[finish]

　I (　　　　　) (　　　　　　) (　　　　　　　) my homework.

12 have already＋過去分詞「すでに〜してしまった」

● already が使われる「完了」を表す文を学習しよう。

例文

I've already cleaned my room.

私はすでに部屋を掃除してしまいました。

▶ 〈have [has] already ＋過去分詞〉は「すでに〜してしまった」「もう〜してしまった」の意味。これも「完了」の用法で，過去に始まった動作が，今すでに終わっていることを表す。

She **has already written** her Christmas cards.
（彼女はもうクリスマスカードを書いてしまいました。）

⚠ 例文 は「すでに掃除をしたから，今は部屋がきれいだ」という現在の状況を表している。それに対して過去の文は，現在の状況とは無関係。
　I **cleaned** my room yesterday.（私は昨日，部屋を掃除しました。）
　→今はまだ散らかっているかもしれない。［今の状況と無関係］

➕α 現在完了形は現在の状況を表す表現なので，過去の時点を表す語句といっしょに使うことはできない。
　×I **have cleaned** my room yesterday.
　（私は昨日，部屋を掃除してしまいました。）

現在完了形は，過去の出来事が現在と関連していることを表す言い方なんだね。

過去の時点を表す語句：
yesterday（昨日）
last year（去年）
ten days ago（10日前）
など

会話 でチェック！ →家の大掃除をしています。

発音練習

I can help you, Dad. **I've already cleaned** my room.

手伝えるよ，お父さん。もう自分の部屋は掃除したから。

Will you clean the kitchen?

台所を掃除してくれるかな？

OK. I can make our lunch, too.

わかった。お昼ご飯も作れるよ。

確認問題 ② 解答➡p.209

[ ]の動詞を参考にして，日本文に合うように，( )に適する語を入れよう。

1. ジェーンはもうその本を読んでしまいました。 [read]

Jane ( ) already ( ) the book.

2. 私はすでに切符を買いました。 [buy]

I ( ) ( ) ( ) the ticket.

13 Have＋主語＋過去分詞〜 yet?「もう〜してしまいましたか」

● 「完了」の用法の疑問文の形と意味を学習しよう。

例文

Has the taxi arrived yet?
—— Yes, it has. / No, it hasn't.

タクシーはもう到着しましたか。 —— はい，到着しました。／ いいえ，到着していません。

▶ 現在完了形の疑問文は，have [has] を主語の前に出す。

▶ 「もう〜してしまいましたか」とたずねる場合は，文末に yet を置いて〈Have [Has]＋主語＋過去分詞〜 yet?〉とする。

▶ 答えるときは，have [has] / haven't [hasn't] を使って答える。「いいえ，まだです」は，No, not yet. と言ってもよい。

Have you **eaten** breakfast **yet**? —— No, **not yet**.

（あなたはもう朝ご飯を食べましたか。 —— いいえ，まだです。）

「すでに」「もう」の意味は，肯定文では already，疑問文では yet で表す。文中の位置の違いにも注意しよう。

会話 でチェック！ →お母さんと出かける準備をしているのですが…。

発音練習

What are you doing, Mom?

何をしているの，お母さん。

Wait a minute. **Has** the taxi **arrived yet**?

少し待って。タクシーはもう来た？

Yes, it **has**. It's waiting at the gate.

うん，来たよ。門のところで待っているよ。

54

解答➡p.209

確認問題 ❸

[ ]の動詞を参考にして，日本文に合うように，( )に適する語を入れよう。

1. あなたはもうその本を読みましたか。── はい，読みました。 [read]

( ) you ( ) the book ( )?
── Yes, ( ) ( ).

2. パーティーはもう始まってしまいましたか。── いいえ，まだです。 [start]

( ) the party ( ) ( )?
── No, not ( ).

---

14 have not＋過去分詞〜 yet 「まだ〜していない」

● 「完了」の用法の否定文の形と意味を学習しよう。

> 例文
> # I **haven't opened** his present **yet**.
> 私はまだ彼のプレゼントを開けていません。

▶ 現在完了形の否定文は，have [has] のあとに not を置く。

▶ 「まだ〜していない」という意味は，文末に yet を置いて〈have [has] not ＋過去分詞〜 yet〉の形で表す。

The snow **has not** stopped **yet**. (雪はまだやんでいません。)

短縮形

have not → haven't
has not → hasn't

yet は，疑問文では「もう」，否定文では「まだ(〜ない)」の意味になる。

会話でチェック! →誕生日パーティーが終わりました。

It was a great party.
すばらしいパーティーでした。

What did John give you?
ジョンは何をくれましたか。

I **haven't opened** his present **yet**.
私はまだ彼のプレゼントを開けていません。

Let's open it now.
今開けましょうよ。

発音練習

解答➡p.209

確認問題 ❹

[ ]の動詞を参考にして，日本文に合うように，( )に適する語を入れよう。

1. 私はまだ宿題をしていません。 [do]

I ( ) ( ) my homework ( ).

2. ケンタはまだ顔を洗っていません。 [wash]

Kenta ( ) ( ) his face ( ).

「経験」を表す現在完了

音声

have＋過去分詞「〜したことがある」

15 **have＋過去分詞**「〜したことがある」

●過去の事柄を「経験」として伝える現在完了の用法を学習しよう。

> 例文
> ## I **have seen** the movie **three times**.
> 私はその映画を3回見たことがあります。
>
>

▶ 〈have [has] ＋過去分詞〉の形で「(今までに)〜したことがある」という「経験」の意味を表す。

▶ 「経験」を表す現在完了形の文では，回数・頻度などを表す語句が用いられることが多い。

[回数・頻度などを表す語句]

once(1回)，twice(2回)，three times(3回)，
many times(何回も)　[3回以上は 〜 times で表す]
before(以前に)
often(しばしば)，sometimes(ときどき)

I **have heard** this song **before**.
(私はこの歌を以前に聞いたことがあります。)
She **has often visited** Kyoto.
(彼女はしばしば京都を訪れたことがあります。)

> oftenや
> sometimesは，
> have [has]と過去
> 分詞の間に置くよ。

ポイント

> **過去の文** I **saw** the movie last night. (私は昨夜，その映画を見ました。)
> →過去に終わった動作。「いつ見たか」を伝える場合。
>
> **現在完了の文** I **have seen** the movie three times.
> (私はその映画を(今までに)3回見たことがあります。)
> →「今まで」の経験。「いつ見たか」は関係ない。
>
> ※現在完了形はyesterday, last year, ten days agoなど過去の決まった時点を表す語句といっしょに使うことはできない。

56

会話でチェック！ →映画のことを話しています。

 I saw the movie *Supercat* yesterday.

映画『スーパーキャット』を昨日見ました。

 I love that movie. **I've seen** it **three times**.

私はあの映画が大好きです。3回見たことがあります。

 確認問題⑤ 解答➡p.209

日本文に合うように，（　）に適する語を入れよう。

1. ボブは彼女と2回会ったことがあります。

Bob (　　　　　) met her (　　　　　).

2. 私はイタリア料理を何回も食べたことがあります。

(　　　　　)(　　　　　) Italian food many (　　　　　).

---

16 **have been to ～「～へ行ったことがある」**

● have been to ～は表現として覚えよう。

例文 **I have been to** that restaurant before.

私は以前にそのレストランへ行ったことがあります。

▶「（今までに）～へ行ったことがある」はhave [has] been to ～で表す。

⚠ 「そこへ行ったことがある」は，to ～の代わりにthereを使う。

She **has been there** once.

（彼女はそこへ1回行ったことがあります。）

have beenと have goneの違いに注意しよう。

➕α goの過去分詞goneを使ったhave [has] gone to ～は，「～へ行ったことがある」の意味を表すこともあるが，ふつうは「～へ行ってしまった（今はここにいない）」という「完了」の意味で使われる。

He **has gone to** India.（彼はインドへ行ってしまいました。）

会話でチェック！ →いいレストランがあるようです。

 Let's go to the restaurant near your house.

あなたの家の近くのレストランへ行きましょう。

 Yes, let's. **I've been to** that restaurant before, and the food was good.

はい，そうしましょう。以前にそのレストランへ行ったことがあって，食べ物がおいしかったです。

✐ 確認問題 ⑥　解答➡p.209

日本文に合うように，（　　）に適する語を入れよう。

1. 私は東京ディズニーランドへ10回行ったことがあります。

   I've (　　　　　　) (　　　　　　) Tokyo Disneyland ten times.

[17] Have＋主語＋ever＋過去分詞～？「今までに～したことがありますか」

● 「経験」の用法の疑問文の形とeverの使い方を学習しよう。

> 例文
>
> ## Have you ever played this game?
> ## —— Yes, I have. / No, I haven't.
>
> あなたは今までにこのゲームをしたことがありますか。—— はい, あります。/ いいえ, ありません。

▶ 「今までに～したことがありますか」とたずねる場合は，過去分詞の前にeverを置いて〈Have [Has]＋主語＋ever＋過去分詞～?〉とする。

> ever（今までに）は疑問文で使うんだね。

▶ 答えるときは，have [has] / haven't [hasn't] を使って答える。

Has Ken **ever been** to a foreign country?

—— No, he **hasn't**.

（ケンは今までに外国へ行ったことがありますか。—— いいえ, ありません。）

会話でチェック!　→友達は何をしているのでしょうか。

発音練習

> What are you doing?

何をしてるの?

> I'm playing a new video game. **Have** you **ever played** this game?

新しいテレビゲームをしてるよ。今までにこのゲームをしたことはある?

> No, I **haven't**. Can I try it?

いや, ないよ。やってみてもいいかな。

> Sure. It's exciting.

もちろん。わくわくするよ。

✐ 確認問題 ⑦　解答➡p.209

日本文に合うように，（　　）に適する語を入れよう。

1. あなたは今までにイルカを見たことがありますか。—— はい, あります。

   Have you (　　　　　) (　　　　　　) a dolphin? —— Yes, I (　　　　　　).

2. 彼女は今までにコンピューターを使ったことがありますか。—— いいえ, ありません。

   (　　　　　) she (　　　　　) used a computer? —— No, she (　　　　　　).

58

18 How many times 〜? 「何度〜したことがありますか」

● 「経験」の回数のたずね方と，その答え方を学習しよう。

例文

How many times have you been there?
—— Only **once**.

あなたはそこへ何回行ったことがありますか。——1回だけです。

▶ 「何回，何度」とたずねる場合は，How many times か How often で疑問文を始める。

▶ 回数を答えるときは，once, twice, 〜 times などを使う。

How often have you seen a doctor? —— **Twice** a year.

（医者の診察を何回受けたことがありますか。——年に2回です。）

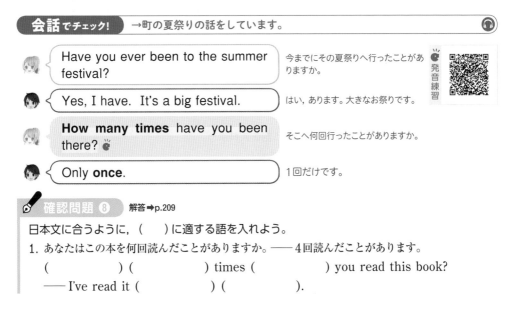

会話 でチェック! →町の夏祭りの話をしています。

Have you ever been to the summer festival?

今までにその夏祭りへ行ったことがありますか。

Yes, I have. It's a big festival.

はい，あります。大きなお祭りです。

How many times have you been there?

そこへ何回行ったことがありますか。

Only **once**.

1回だけです。

確認問題 8 解答➡p.209

日本文に合うように，（　　）に適する語を入れよう。

1. あなたはこの本を何回読んだことがありますか。—— 4回読んだことがあります。

（　　　　　　）（　　　　　　　　） times （　　　　　　　　） you read this book?
—— I've read it （　　　　　　）（　　　　　　　　）.

19 have never＋過去分詞 「一度も〜したことがない」

● never を使った「経験」の用法の否定文の形と意味を学ぼう。

例文

I **have never talked** to him.

私は一度も彼と話したことがありません。

▶「経験」の用法の否定文は,〈have [has] not＋過去分詞〉でもよいが,「一度も～ない」という意味のneverを用いて〈have [has] never＋過去分詞〉の形がよく使われる。

neverはnotよりも強い否定を表すんだ。

He **hasn't had** kiwi before. (彼は今までにキウイを食べたことがありません。)
He **has never had** kiwi. (彼は一度もキウイを食べたことがありません。)

⚠ neverは「経験」をたずねる疑問文への答えにもよく使われる。
Have you ever tried Korean food? ── No, **never**.
(あなたは韓国料理を食べてみたことがありますか。
──いいえ，一度もありません。)

会話でチェック！ →向こうに見える男の子が気になります。

 発音練習

Look at that boy. Who is he? — あの男の子を見て。彼はだれですか。

That's Takuya. He's in Class 1. — あれはタクヤです。彼は1組です。

What is he like? — 彼はどんな人ですか。

I don't know. I know his name, but **I've never talked** to him. — わかりません。名前は知っていますが，彼とは一度も話したことがありません。

✎ **確認問題 ❾** 解答➡p.209

日本文に合うように，（　）に適する語を入れよう。
1. 私は今までに海で泳いだことがありません。
　 I (　　　　　) (　　　　　　　) in the sea before.
2. ルーシーは一度も横浜へ行ったことがありません。
　 Lucy (　　　　　) (　　　　　　) (　　　　　　) to Yokohama.

まとめておこう

「完了」と「経験」の用法

[完了] I **have just read** this book. (私はこの本をちょうど読んだところです。)
　　　 I **have already read** this book. (私はこの本をもう読みました。)
　　　 Have you **read** this book **yet**? (あなたはこの本をもう読みましたか。)
　　　 I **haven't read** this book **yet**. (私はまだこの本を読んでいません。)
[経験] I **have read** this book **before**. (私は以前にこの本を読んだことがあります。)
　　　 Have you **ever read** this book? (あなたは今までにこの本を読んだことがありますか。)
　　　 I **have never read** this book. (私は一度もこの本を読んだことがありません。)

「継続」を表す現在完了

have＋過去分詞「（ずっと）〜している」

 音声

20 have＋過去分詞「（ずっと）〜している」

● 過去のある時点からの「継続」を表す現在完了の用法を学習しよう。

> **例文** I **have lived** here **for** ten years.
> 私は10年間（ずっと）ここに住んでいます。

▶ 〈have [has] ＋過去分詞〉の形で「（今までずっと）〜している」「（今までずっと）〜である」という「継続」の意味を表す。

▶ 過去に始まった動作や状態が今も続いていることを表し，継続期間を表すfor 〜（〜の間）や，始まった時点を表すsince 〜（〜以来，〜からずっと）とともに使われることが多い。

> sinceは前置詞（since ＋名詞）としても，接続詞（since ＋主語＋動詞）としても使える。

 ポイント

現在の文 I **live** here.（私はここに住んでいます。）

→「今ここに住んでいる」という現在の状態だけを表す。

過去の文 I **lived** here ten years ago.（私は10年前にここに住んでいました。）

→「10年前に住んでいた」という過去の状態を表す。

現在完了の文 I **have lived** here **for** ten years.

（私は10年間（ずっと）ここに住んでいます。）

→「10年前から今までずっと」という状態の継続を表す。今もここに住んでいる。

We **have known** him **for** a long time.
（私たちは彼を長い間ずっと知っています。）
[We **know** him.（私たちは（今）彼を知っています。）]
She **has been** busy **since** last month.
（彼女は先月からずっと忙しいです。）
[She **is** busy.（彼女は（今）忙しいです。）]

> 「〜から」はfromではなくsinceを使うよ。

会話でチェック! →ジェーンがアメリカから遊びに来ました。

発音練習

Where should I go sightseeing?

どこへ観光に行けばよいでしょうか。

I'll show you around. **I've lived** here **for** ten years, so I know a lot about this town.

私があなたを案内しましょう。私はここに10年間ずっと住んでいるので,この町のことをよく知っています。

Thank you. That will be fun.

ありがとう。楽しくなりそうです。

確認問題 ⑩ 解答➡p.209

[ ]の文を参考にして,日本文に合うように,( )に適する語を入れよう。

1. 私たちは10年間ずっと友達です。 [We are friends.]

We ( ) ( ) friends ( ) ten years.

2. 彼は5歳のときからこの家に住んでいます。 [He lives in this house.]

He ( ) ( ) in this house ( ) he was five.

21 Have＋主語＋過去分詞～? 「(ずっと)～していますか」

● 「継続」の用法の疑問文の形を学習しよう。

例文

Has she **been** busy since then?
── Yes, she **has**. / No, she **hasn't**.

彼女はそのときからずっと忙しいのですか。── はい,忙しいです。/ いいえ,忙しくありません。

▶ 「(ずっと)～していますか」とたずねる場合は,〈Have [Has] ＋主語＋過去分詞～?〉とする。

▶ 答えるときは,have [has] / haven't [hasn't]を使って答える。

Have you **lived** here for ten years? ── Yes, I **have**.

(あなたはここに10年間住んでいるのですか。── はい,住んでいます。)

会話でチェック! →友達のお母さんの話をしています。

発音練習

My mother is very busy now. She opened a web store last month.

私の母は今とても忙しいんだ。先月,ウェブストアをオープンしたんだ。

Has she **been** busy since then?

それからずっと忙しいの?

Yes, she **has**. She has a lot of customers.

うん,そうなんだ。お客さんがたくさんいるんだ。

✎ 確認問題 ⑪　解答➡p.209

[　]の文を参考にして，日本文に合うように，（　）に適する語を入れよう。

1. 彼女は長い間ずっと日本にいるのですか。　[Is she in Japan?]

（　　　　　） she （　　　　　　　） in Japan （　　　　　　　） a long time?

2. あなたは2010年から彼を知っているのですか。　[Do you know him?]

（　　　　　） you （　　　　　　） him （　　　　　） 2010?

22 How long 〜? 「どのくらい〜していますか」

● 「継続」の期間のたずね方と，その答え方を学習しよう。

例文

How long have you been in Japan?
—— For a year.

あなたはどのくらい日本にいますか。—— 1 年間です。

▶ 「どのくらい（長く）〜していますか」とたずねる場合は，how long を使って，〈How long have [has]＋主語＋過去分詞〜?〉とする。

▶ 答えるときは，for 〜や since 〜を使う。

How long has Yumi known him?

—— She has known him **since** she was ten.

（ユミはどのくらいの間，彼を知っていますか。—— 10歳のときから知っています。）

会話でチェック!　→イギリス人のメイと知り合いになりました。

Nice to meet you, May.　　はじめまして，メイ。

Nice to meet you, too.　　はじめまして。

How long have you been in Japan? 🔊　あなたはどのくらい日本にいるのですか。

For a year. It's been a wonderful year.　1 年です。すばらしい 1 年でした。

発音練習

✎ 確認問題 ⑫　解答➡p.209

日本文に合うように，（　）に適する語を入れよう。

1. あなたはどのくらいここに住んでいますか。—— 10年間住んでいます。

（　　　　　）（　　　　　　） have you （　　　　　　） here?

—— I've lived here （　　　　　） ten years.

23 have not＋過去分詞「（ずっと）～していない」

● 「継続」の用法の否定文の形と意味を学習しよう。

例文

I **haven't seen** him **for** a long time.

私は長い間，彼に会っていません。

▶「（今までずっと）～していない」という「継続」の用法の否定文は，〈have [has] not＋過去分詞〉で表す。

It **hasn't rained** since last Sunday.
（この前の日曜日からずっと雨が降っていません。）

> 「継続」の用法の否定文は，for ～やsince ～とともに使われることが多い。

会話でチェック！ →海外からクリスマスカードが届きました。

発音練習

Who is this Christmas card from?
> このクリスマスカードはだれからですか。

From Shinji, my best friend.
> 親友のシンジからです。

Does he live abroad?
> 彼は外国に住んでいるのですか。

Yes, he lives in America. I **haven't seen** him **for** a long time.
> はい，アメリカに住んでいます。ぼくは長い間，彼に会っていません。

✎ **確認問題 ⑬** 解答➡p.209

日本文に合うように，（ ）に適する語を入れよう。

1. 私は去年の8月からおばの家に行っていません。

   I (   ) (   ) to my aunt's house (   ) last August.

2. 彼女は3年間，ピアノを弾いていません。

   She (   ) (   ) the piano (   ) three years.

まとめておこう

「継続」の用法

- I **have lived** here **for** ten years. （私は10年間ここに住んでいます。）
- I **have lived** here **since** 2020. （私は2020年からここに住んでいます。）
- **Have** you **lived** here **for** a long time? （あなたは長い間ここに住んでいますか。）
- **How long have** you **lived** here? （あなたはどのくらいここに住んでいますか。）
- I **haven't lived** here **since** I was five. （私は5歳のときからここには住んでいません。）

現在完了進行形

have been 〜ing「(ずっと)〜している」

24 have been＋動詞のing形「(ずっと)〜している」(現在完了進行形)
● 現在完了形と進行形が組み合わさった形と, その意味を学習しよう。

例文
> It **has been raining** since last night.
>
> 昨夜から(ずっと)雨が降っています。

▶ 現在進行形で表されるような動作が, 過去から現在までずっと継続していることを表すのが現在完了進行形。〈have [has] been＋動詞のing形〉の形で「(今までずっと)〜している」の意味になる。

▶ 継続期間を表す for 〜(〜の間)や, 始まった時点を表す since 〜(〜以来, 〜からずっと)とともに使われることが多い。

> 「現在進行形＋現在完了形」で「現在完了進行形」と考えればよい。

 ポイント

現在進行形の文 It **is raining** now. (今, 雨が降っています。)

→「今, 雨が降っている」という現在の動作だけを表す。

〈have [has]＋過去分詞〉＝現在完了形

現在完了進行形の文 It **has been raining** since last night.

〈be動詞＋動詞のing形〉＝進行形

(昨夜から(ずっと)雨が降っています。)

→「昨夜降り始めて, 今も降っている」という動作が続いていることを表す。

They **have been playing** soccer for two hours.
(彼らは2時間ずっとサッカーをしています。)
[They **are playing soccer**. (彼らはサッカーをしています。)]
I've **been waiting** for the bus for a long time.
(私は長い間バスを待っています。)
[I'm **waiting** for the bus. (私はバスを待っています。)]

 復習 現在進行形
≫ p.16

⚠ 現在完了形の「継続」の用法も, 「(ずっと)〜している」という意味を表すが, 現在完了形の「継続」の場合は状態を表す動詞が主に用いられる。一方, 現在完了進行形では動作を表す動詞が用いられる。

状態を表す動詞:
know(知っている), live(住んでいる), want(ほしい)など

▶ 疑問文は〈Have [Has]＋主語＋been＋動詞のing形～?〉。

Has it **been raining** since last night?

（昨夜からずっと雨が降っているのですか。）

How long **have** you **been waiting**?（あなたはどのくらい待っていますか。）

> 否定文は〈have [has] not been＋動詞のing形〉という形になる。

会話でチェック! →ニューヨークの天気はどうでしょうか。

How's the weather in New York today? | 今日のニューヨークの天気はどうですか。

It's still raining hard. | 雨がまだ激しく降っています。

Oh, it**'s been raining** since last night. | ああ、昨夜からずっと雨が降っているんですね。

Yes. I hope it'll stop soon. | はい。すぐやむといいのですが。

確認問題 ⑭ 解答➡p.209

[ ]の文を参考にして，日本文に合うように，（ ）に適する語を入れよう。

1. 私は5時間ずっと勉強しています。 [I am studying.]

   I (   ) (   ) (   ) for five hours.

2. その赤ちゃんは正午からずっと眠っています。 [The baby is sleeping.]

   The baby (   ) (   ) (   ) since noon.

まとめておこう

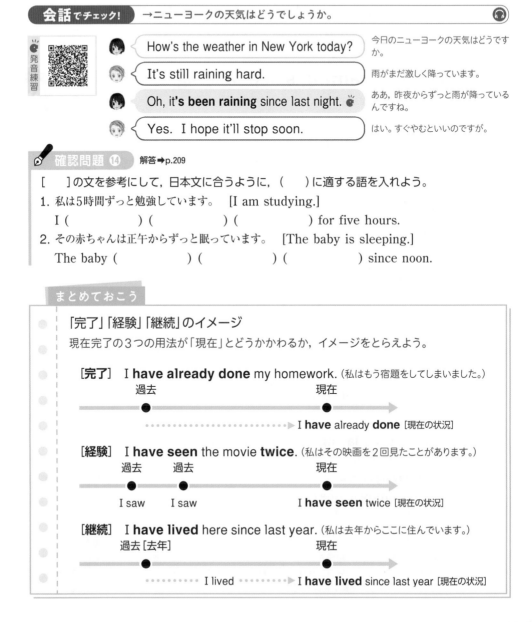

「完了」「経験」「継続」のイメージ

現在完了の3つの用法が「現在」とどうかかわるか，イメージをとらえよう。

[完了] I **have already done** my homework.（私はもう宿題をしてしまいました。）

過去　　　　　　　　　　　　　　　現在

➡ I **have** already **done** [現在の状況]

[経験] I **have seen** the movie **twice**.（私はその映画を2回見たことがあります。）

過去　　　過去　　　　　　　　　　現在

I saw　 I saw　　　　　　　 I **have seen** twice [現在の状況]

[継続] I **have lived** here since last year.（私は去年からここに住んでいます。）

過去[去年]　　　　　　　　　　　　現在

I lived ➡ I **have lived** since last year [現在の状況]

「完了」を表す現在完了 have＋過去分詞「〜したところだ」「〜してしまった」

☑ ⑪ **have just ＋過去分詞**　「ちょうど〜したところだ」

> I **have just eaten** breakfast.　　（私はちょうど朝ご飯を食べたところです。）

▶ 〈have ＋過去分詞〉の形を現在完了形という。主語が3人称単数なら，〈has ＋過去分詞〉となる。現在完了形は，過去の動作や状態が現在と関連していることを表す形で，「完了」「経験」「継続」の3つの用法がある。

▶ 〈have [has] just ＋過去分詞〉は「ちょうど〜したところだ」の意味。「完了」の用法で，過去に始まった動作がちょうど終わったところであることを表す。

▶ 〈have [has] already ＋過去分詞〉は「すでに〜してしまった」の意味。これも「完了」の用法で，過去に始まった動作が，今すでに終わっていることを表す。
> ⑫　I've **already cleaned** my room.（私はすでに部屋を掃除してしまいました。）

☑ ⑬ **Have ＋主語＋過去分詞〜 yet?**　「もう〜してしまいましたか」

> **Has** the taxi **arrived yet**?
> —— Yes, it **has**. / No, it **hasn't**.
> （タクシーはもう到着しましたか。—— はい，到着しました。/ いいえ，到着していません。）

▶ 現在完了形の疑問文は，have [has] を主語の前に出す。

▶ 「もう〜してしまいましたか」とたずねる場合は，文末に yet を置いて〈Have [Has]＋主語＋過去分詞〜 yet?〉とする。

☑ ⑭ **have not ＋過去分詞〜 yet**　「まだ〜していない」

> I **haven't opened** his present **yet**.
> （私はまだ彼のプレゼントを開けていません。）

▶ 現在完了形の否定文は，have [has] のあとに not を置く。

▶ 「まだ〜していない」という意味は，文末に yet を置いて〈have [has] not ＋過去分詞〜 yet〉の形で表す。

第2章 現在完了形

☑ ⑮ **have ＋過去分詞**　「〜したことがある」

> I **have seen** the movie **three times**.
> （私はその映画を3回見たことがあります。）

▶ 〈have [has] ＋過去分詞〉の形で「（今までに）〜したことがある」という「経験」の意味を表す。この用法では，回数・頻度などを表す語句が用いられることが多い。

▶ 「（今までに）〜へ行ったことがある」はhave [has] been to 〜で表す。
　⑯　I **have been to** that restaurant before.
　　　（私は以前にそのレストランへ行ったことがあります。）

▶ 「今までに〜したことがありますか」とたずねる場合は，過去分詞の前にeverを置いて〈Have [Has] ＋主語＋ ever ＋過去分詞〜?〉とする。
　⑰　**Have** you **ever played** this game? —— Yes, I **have**. / No, I **haven't**.
　　　（あなたは今までにこのゲームをしたことがありますか。—— はい，あります。/ いいえ，ありません。）

☑ ⑱ **How many times 〜?**　「何度〜したことがありますか」

> **How many times** have you been there?
> —— Only **once**.
> （あなたはそこへ何回行ったことがありますか。—— 1回だけです。）

▶ 「何回，何度」とたずねる場合は，How many timesかHow oftenで疑問文を始める。

▶ 回数を答えるときは，once, twice, 〜 timesなどを使う。

☑ ⑲ **have never ＋過去分詞**　「一度も〜したことがない」

> I **have never talked** to him.　　　　　（私は一度も彼と話したことがありません。）

▶ 「経験」の用法の否定文は，〈have [has] not ＋過去分詞〉でもよいが，「一度も〜ない」という意味のneverを用いて〈have [has] never ＋過去分詞〉の形がよく使われる。

「継続」を表す現在完了　　　have＋過去分詞「(ずっと)〜している」

☑ ⑳ **have ＋過去分詞**　「(ずっと)〜している」

> I **have lived** here **for** ten years.
> （私は10年間（ずっと）ここに住んでいます。）

▶ 〈have [has] ＋過去分詞〉の形で「（今までずっと）〜している」「（今までずっと）〜である」という「継続」の意味を表す。

▶ 過去に始まった動作や状態が今も続いていることを表し，継続期間を表すfor 〜（〜の間）や，始まった時点を表すsince 〜（〜以来，〜からずっと）とともに使われることが多い。

▶ 「（ずっと）〜していますか」とたずねる場合は，〈Have [Has]＋主語＋過去分詞〜?〉とする。
　　㉑ **Has** she **been** busy since then? —— Yes, she **has**. / No, she **hasn't**.
　　　（彼女はそのときからずっと忙しいのですか。—— はい，忙しいです。/ いいえ，忙しくありません。）

▶ 「どのくらい（長く）〜していますか」とたずねる場合は，〈How long have [has]＋主語＋過去分詞〜?〉とする。答えるときは，for 〜やsince 〜を使う。
　　㉒ **How long** have you been in Japan? —— **For** a year.
　　　（あなたはどのくらい日本にいますか。—— 1年間です。）

▶ 「（今までずっと）〜していない」という「継続」の用法の否定文は，〈have [has] not＋過去分詞〉で表す。for 〜やsince 〜とともに使われることが多い。
　　㉓ I **haven't seen** him **for** a long time. （私は長い間，彼に会っていません。）

現在完了進行形　　　have been 〜ing「(ずっと) 〜している」

☑ ㉔ **have been ＋動詞のing形**　「(ずっと)〜している」(現在完了進行形)

> It **has been raining** since last night.
> （昨夜から（ずっと）雨が降っています。）

▶ 現在進行形で表されるような動作が，過去から現在までずっと継続していることを表すのが現在完了進行形。〈have [has] been ＋動詞のing形〉で「（今までずっと）〜している」を表す。

▶ 継続期間を表すfor 〜（〜の間）や，始まった時点を表すsince 〜（〜以来，〜からずっと）とともに使われることが多い。疑問文は，have [has] を主語の前に出して作る。

第2章 現在完了形

1　次の現在完了形と用法が同じものを，ア～ウから1つずつ選びなさい。

(1) Tom has just finished his homework.　_____

(2) We have lived in Kobe for many years.　_____

(3) She has never played a video game.　_____

　　ア　The train hasn't arrived yet.
　　イ　Have you ever used this room?
　　ウ　Kumi has been busy since yesterday.

2　次の問いに対する答えとして適するものを，ア～エから1つずつ選びなさい。ただし，同じものを2度は使えません。

(1) Have you ever been to Sydney?　_____

(2) Has everyone arrived yet?　_____

(3) Has Tom been sick since then?　_____

(4) How many times have you seen this movie?　_____

　　ア　Yes, he has. He has stayed in a hospital for three days.
　　イ　Not yet. We're waiting for Sayaka and Max.
　　ウ　Many times! I'm a big fan of it.
　　エ　No, I've never been to Australia.

3　次の英文を，（　　）内の指示にしたがって書きかえなさい。

(1) Mike has already left home.　（疑問文に）

_____

(2) Ami has already washed the dishes.　（否定文に）

_____

(3) You have heard this news before.　（聞いたことがあるかをたずねる文に）

_____

(4) You've had a cold <u>for a week</u>.　（下線部をたずねる文に）

_____

(5) They are playing video games.　（since threeを使って「ずっと～している」という意味の文に）

_____

(6) Tom has been to Hiroshima <u>twice</u>.　（下線部をたずねる文に）

_____

(7) I listened to this song.　（「何度も聞いたことがある」という意味の文に）

_____

4　次の日本文の意味を表す英文を，（　　）内の語句を並べかえて作りなさい。ただし，下線の語は適する形に変えること。

(1) 私たちは10年来の親友です。

(friends / years / for / <u>are</u> / ten / we / good / have).

_____

(2) おひさしぶりです。

(<u>see</u> / for / time / I / you / long / haven't / a).

_____

(3) 彼は子どものころから変わっていません。

(a child / has / was / not / since / <u>change</u> / he / he).

_____

5　次の英文を，＿＿に適する語を入れて現在完了形の文で言いかえなさい。

(1) Mark came to Japan in 2000.　He still lives in Japan.

→ Mark _____ _____ in Japan _____ 2000.

(2) Lisa went to the U.S. in 2015, 2017, and 2020.

→ Lisa _____ been _____ the U.S. _____ times.

(3) That girl started running an hour ago.　She is still running.

→ That girl has _____ _____ _____ an hour.

(4) Hiroshi went to Yokohama.　He is not here now.

→ Hiroshi _____ _____ _____ Yokohama.

6 次の英文を日本語になおしなさい。

(1) I have never been to a foreign country.

_____

(2) My sister has lived in New York since she graduated from high school.

_____

(3) Have you known Sota for a long time?

_____

(4) My father has not returned from Europe yet.

_____

7 次の日本文に合うように，____に適する語を入れなさい。

(1) 彼らはちょうど駅に着いたところです。

They _____ _____ _____ at the station.

(2) 私はもう昼食を食べ終えました。

_____ _____ _____ lunch.

(3) 彼はそのときからずっと相撲ファンです。

He _____ _____ a _sumo_ fan _____ then.

(4) あなたは今までにヨーロッパに行ったことがありますか。

_____ you _____ _____ to Europe?

8 次の日本文を英語になおしなさい。

(1) グリーン先生(Ms. Green)はこの町にどのくらい滞在しているのですか。

_____

(2) あなたはもうトムに手紙を書いてしまいましたか。

_____

(3) あなたは今までにこのテレビ番組(TV program)を見たことがありますか。

_____

(4) 彼女は何回この本を読んだことがありますか。

_____

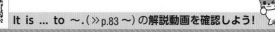

第**3**章

不定詞を用いた文

wantなど＋人＋to ～（≫p.74 ～），疑問詞＋to～（≫p.80 ～）の解説動画を確認しよう！

It is ... to ～.（≫p.83 ～）の解説動画を確認しよう！

「(人)に〜してもらいたい」などの文

wantなど＋人＋to 〜

25 want＋人＋to 〜「(人)に〜してもらいたい」

● wantのあとに〈目的語(O)＋不定詞〉がくる形を学習しよう。

> 例文
> ## I **want Sayaka to play** the piano.
> 私はサヤカにピアノを弾いてもらいたいです。

▶ 〈want to ＋動詞の原形〉は「(自分が)〜したい」の意味だが，〈want ＋人＋to ＋動詞の原形〉の形は「(人)に〜してもらいたい」の意味になる。

My father **wants me to learn** cooking.
(父は私に料理を習ってほしいと思っています。)

▶ wantの目的語である「人」と，そのあとの〈to ＋動詞の原形〉の間には，「(人)が〜する」という主語と動詞の関係がある。

参照 〈to ＋動詞の原形〉を不定詞という。基本的な用法については >> p.28

用語 この場合の「人」を，不定詞の意味上の主語という。

I **want** **to play** the piano.
└──「私が弾く」(I play)の関係

(私は，ピアノを弾くことを望む。→私はピアノを弾きたい。)

I **want Sayaka to play** the piano.
└──「サヤカが弾く」(Sayaka plays)の関係

(私は，サヤカがピアノを弾くことを望む。→私はサヤカにピアノを弾いてもらいたい。)

⚠ Do you want me to 〜?は「〜しましょうか」と提案する表現として使われる。
Do you **want me to help** you?
(あなたは私に手伝ってもらいたいですか[お手伝いしましょうか]。)

➕α 〈want＋人＋to 〜〉よりもていねいな表現として，〈would like ＋人＋to 〜〉((人)に〜してもらいたいのですが)もよく使われる。
I'd like you to meet Bob.
(私はあなたに，ボブに会ってもらいたいのですが。)

短縮形 wouldはI would→I'dなどと短縮形になることが多い。

会話でチェック！ →伴奏のピアノをだれが弾くか，相談しています。

> Do you want to play the piano?

あなたはピアノを弾きたいですか。

> No. I **want Sayaka to play** the piano. 🎤

いいえ。私はサヤカにピアノを弾いてもらいたいです。

> Why do you say that?

なぜそう言うのですか。

> She can play the piano better than I.

彼女は私よりうまくピアノを弾けるからです。

確認問題 ❶ 解答➡p.209

[ ]の文を参考にして，日本文に合うように，(   )に適する語を入れよう。

1. 私はあなたに，この本を読んでもらいたいです。　[You read this book.]

　I want (　　　　　) to (　　　　　　) this book.

---

26 tell＋人＋to ～「(人)に～するように言う」

● tellのあとに〈目的語(O)＋不定詞〉がくる形を学習しよう。

例文

My mother **told me to come** home early.

母は私に早く家に帰るように言いました。🎧

▶〈tell＋人＋to＋動詞の原形〉の形で「(人)に～するように言う」の意味を表す。

Please tell her to call me this evening.

（今夜私に電話するように，彼女に言ってください。）

> このtellは，単に「言う」だけでなく，「命令する」という意味合いがある。

会話でチェック！ →友達がそろそろ帰ると言っています。

> I have to leave now.

ぼくはもう行かなければならないよ。

> It's earlier than usual.

いつもより早いね。

> Yes. My mother **told me to come** home early today. 🎤

うん。母がぼくに，今日は早く家に帰るように言ったんだ。

確認問題 ❷ 解答➡p.209

[ ]の文を参考にして，日本文に合うように，(   )に適する語を入れよう。

1. 先生は私たちに熱心に勉強するように言います。　[We study hard.]

　Our teacher tells (　　　　　) to (　　　　　) hard.

27 ask＋人＋to 〜「(人)に〜するように頼む」

● askのあとに〈目的語(O)＋不定詞〉がくる形を学習しよう。

例文
I asked Tom to wait a minute.
私はトムに少し待ってくれるように頼みました。

▶ 〈ask＋人＋to＋動詞の原形〉の形で「(人)に〜するように頼む」の意味を表す。

I'll ask someone to call a taxi.

(私はだれかにタクシーを呼んでくれるように頼みます。)

> このaskは、「たずねる, 質問する」ではなく、「頼む, 依頼する」という意味。

＋α 「〜しないように」の意味は, notをtoの前に置いて, 〈not to＋動詞の原形〉の形で表す。

She asked me not to open the door.

(彼女は私にそのドアを開けないように頼みました。)

会話でチェック! →トムが見当たりません。

発音練習

Where is Tom? | トムはどこですか。

He has already left. **I asked him to wait** a minute, but .... | もう出発しました。私は彼に, 少し待ってくれるように頼んだのですが…。

I know. He doesn't like waiting. | 知っています。彼は待つのが好きではありません。

✎ **確認問題 ❸** 解答➡p.209

[1] [ ]の文を参考にして, 日本文に合うように, ( )に適する語を入れよう。

1. 彼女は私に窓を閉めるように頼みました。 [I close the window.]

   She asked ( ) to ( ) the window.

2. あなたは彼に手伝ってくれるように頼みましたか。 [He helps you.]

   Did you ask ( ) ( ) ( ) you?

[2] 日本文に合うように, ( )内の語句を並べかえて, 全文を書こう。

1. 彼の両親は彼に, 医者になってほしいと思っています。

   His parents (to / him / be / want) a doctor.

   _____

2. 父は私に部屋を掃除するように言いました。

   My father (me / clean / told / to) my room.

   _____

「(人)に～させる」などの文

letなど＋人＋動詞の原形［原形不定詞］

28 let＋人＋動詞の原形「(人)に～させる」

● letのあとに〈目的語(O)＋動詞の原形〉がくる形を学習しよう。

> 例文
> ## Please **let me go**.
> どうか私に行かせてください。

▶〈let＋人＋動詞の原形〉の形で「(人)に～させる，(人)が～するのを許す」の意味を表す。「したいことをさせてあげる」といった〈許可〉の意味になる。

▶〈want / tell / ask＋人＋to＋動詞の原形〉と違って，目的語(人)のあとにtoのつかない動詞の原形がくることに注意。「人」と，そのあとの動詞の原形の間には，「(人)が～する」という主語と動詞の関係がある。

▶〈make＋人＋動詞の原形〉の形は「(人)に強制的に～させる」の意味。目的語(人)のあとにtoのつかない動詞の原形がくる。

His father **made him clean** the kitchen.
(彼のお父さんは彼に台所を掃除させました。)

> 用語 toのつかない動詞の原形を原形不定詞と呼ぶ。

> ×made him to cleanとtoをつけないように注意しよう。

 ポイント

Please **let me go**.

目的語 ┃ 動詞の原形
└── 「私が行く」(I go.)の関係
(私が行くことを許してください。→私に行かせてください。)

His father **made him clean** the kitchen.

目的語 ┃ 動詞の原形
└── 「彼が掃除する」(He cleans.)の関係
(彼が掃除することを強制した。→彼に掃除させた。)

⚠ letとmakeは次のような違いがある。

I **let** him sit down. 〔許可〕

((彼が座りたがっていたので) 私は彼に座らせてあげました。)

I **made** him sit down. 〔強制〕

((彼の気持ちに関係なく) 私は彼を座らせました。)

➕ⓐ 〈have＋人＋動詞の原形〉の形は「(人)に依頼・指示して～させる，～してもらう」の意味で，目的語(人)のあとにtoのつかない動詞の原形がくる。

I'll **have him take** our picture.

(私は彼に頼んで私たちの写真を撮ってもらいます。)

let's (～しましょう) はlet usの短縮形で，「私たちに～させてください」という意味。

会話でチェック! →お母さんにお願いをしています。 🎧

I want to go to the concert.

ぼくはそのコンサートへ行きたいんだ。

No. It's too expensive.

だめ。高すぎる。

Please **let me go**, Mom. ✏

お願いだから行かせて，お母さん。

OK. You can go if you study harder.

わかった。もっと勉強するなら行ってもいいわ。

確認問題 ④ 解答➡p.209

[　]の文を参考にして，日本文に合うように，(　)に適する語を入れよう。

1. 私にピアノを弾かせてくれませんか。 [I play the piano.]

Will you (　　　　　) me (　　　　　) the piano?

2. 彼のジョークはいつも私たちを笑わせます。 [We laugh.]

His jokes always (　　　　　) us (　　　　　).

29 help＋人＋動詞の原形「(人)が～するのを手伝う」

● helpのあとに〈目的語(O)＋動詞の原形〉がくる形を学習しよう。

例文 **I helped her find her doll.**

私は彼女が人形を見つけるのを手伝ってあげました。 🎧

▶ 〈help＋人＋動詞の原形〉の形で「(人)が～するのを手伝う」の意味を表す。

Can you **help me wash** the dishes?

(私がお皿を洗うのを手伝ってくれますか。) [I wash the dishes. の関係]

「手伝っていっしょにやってあげる」というニュアンス。

78

helpの場合は，〈help＋人＋to＋動詞の原形〉とtoをつけることもある。

I helped her **to carry** her bag.

Can you help me **to wash** the dishes?

 **会話**でチェック！ →小さな女の子を見かけました。

I saw a little girl on the street. She was crying.

通りで小さな女の子を見ました。彼女は泣いていました。

 発音練習

What happened to her?

彼女に何があったのですか。

She couldn't find her doll. So I **helped her find** it.

彼女は自分の人形を見つけられませんでした。だから私は彼女がそれを見つけるのを手伝ってあげました。

確認問題 ⑤ 解答➡p.209

[ ]の文を参考にして，日本文に合うように，( )に適する語を入れよう。

1. あなたはトムが日本語を勉強するのを手伝ってあげるべきです。 [Tom studies Japanese.]

You should ( ) Tom ( ) Japanese.

+@ 〈see [hear]＋人・もの＋動詞の原形〉は「(人・もの)が～するのを見る[聞く]」の意味。目的語である「人・もの」と，そのあとの動詞の原形の間には，「(人・もの)が～する」という主語と動詞の関係がある。

I **saw a man go** into the house.

（私は1人の男の人がその家に入っていくのを見ました。）

[A man went into the house.の関係]

He **heard the front door open**.

（彼は，玄関のドアが開くのを聞きました。）

[The front door opened.の関係]

「人・もの」と動詞の原形の関係は，letやmakeなどと同じだね。

まとめておこう

toのある不定詞とない不定詞（原形不定詞）

どちらの形で使うか，動詞ごとにしっかり覚えよう。

[toのある不定詞]

I **want** Sayaka **to play** the piano.

My mother **told** me **to come** home early.

I **asked** Tom **to wait** a minute.

[toのない不定詞（原形不定詞）]

Please **let** me **go**.

His father **made** him **clean** the kitchen.

I **helped** her **find** her doll. [helped her to findも可能]

例文で覚えよう。

第3章 不定詞を用いた文

79

how to ～「～のしかた」など

疑問詞＋to ～

30 how to ～「～のしかた，～する方法」

● how to ～の意味と，文中での働きを学習しよう。

> 例文
> # I don't know **how to play** the game.
> 私はそのゲームの遊び方を知りません。
>

▶〈how to ＋動詞の原形〉の形は「どのように～したらよいか」「～のしかた，～する方法」の意味を表す。

▶〈how to ～〉全体で名詞の働きをし，動詞の目的語などになる。

　We learned **how to make** a call in English.

（私たちは英語で電話をかける方法を学びました。）

「そのゲームの遊び方」は「どのようにそのゲームを遊べばよいか」とも訳せる。

 ポイント

I don't know　his name.
　「知っている」　「彼の名前」…名詞　　　　　　　　　　**→名詞**が目的語

I don't know　**how to play** the game.
　「知っている」　「そのゲームの遊び方」…名詞の働き　　**→〈how to ～〉**が目的語

会話でチェック！ →友達の家で遊んでいます。

発音練習

- Let's play this new game. → この新しいゲームをしよう。
- I don't know **how to play** it. → ぼくはそれの遊び方を知らないよ。
- It's very easy and interesting. → とても簡単でおもしろいよ。
- OK. Let me try. → わかった。ぼくにやらせて。

確認問題 ⑥　解答➡p.209

日本文に合うように，（　）に適する語を入れよう。

1. 私はこの魚の食べ方を知りたいです。

　I want to know（　　　　　）（　　　　　）（　　　　　）this fish.

31 what to ～ 「何を～したらよいか」など

● さまざまな〈疑問詞＋to ～〉の使い方を学習しよう。

例文
I don't know **what to do** first.

私は最初に何をすればよいかわかりません。

▶ 〈what to ＋動詞の原形〉の形は「何を～したらよいか」の意味を表す。全体で名詞の働きをし，動詞の目的語などになる。

▶ how, what以外の疑問詞も〈疑問詞＋不定詞〉の形で，「～したらよいか，～すべきか」といった意味を表す。

when to ～ 「いつ～したらよいか」

　I don't know **when to start** the meeting.
　（私はいつ会議を始めたらよいかわかりません。）

where to ～ 「どこで［どこに］～したらよいか」

　I can't decide **where to go** next Sunday.
　（私は今度の日曜日にどこへ行ったらよいか，決められません。）

which to ～ 「どちら［どれ］を～したらよいか」

　I have three books. I don't know **which to read**.
　（本が3冊あります。私はどれを読んだらいいかわかりません。）

> why to ～ という形は，ふつう使われない。
>
> whichのあとに名詞が入る場合もある。which ... to ～で「どちらの［どの］...を～したらよいか」を表す。

会話でチェック! →友達から新しいゲームをしようと誘われました。

 Is this your first time to play this game?

このゲームをするのは，これが初めて？

Yes, so I don't know **what to do** first. 👆

うん，だから最初に何をすればいいのかわからないよ。

It's easy. Tap here and it will start.

簡単だよ。ここを軽くたたけば始まるよ。

発音練習

✎ **確認問題 7** 　解答➡p.209

日本文に合うように，（　）に適する語を入れよう。

1. そのとき私は何を言えばよいかわかりませんでした。

　I didn't know（　　　　　）to（　　　　　）then.

2. どこでバスを待てばよいか，あなたは知っていますか。

　Do you know（　　　　　）（　　　　　）（　　　　　）for the bus?

● SVOOの文で〈疑問詞＋to ～〉が使われる形を学習しよう。

例文

Could you **tell** me **what to do** next?

次に何をしたらよいか，私に教えていただけますか。

▶ 〈tellなど＋人＋疑問詞＋to＋動詞の原形〉の形で，「（人）に～したらよいかを教える」などの意味を表す。この場合，「人」と〈疑問詞＋to＋動詞の原形〉の両方が動詞の目的語になる。

I **taught** Jane **how to cook** rice.
（私はジェーンに，お米のたき方を教えました。）

The man **asked** her **where to get** the ticket.
（その男の人は彼女に，どこで切符を買えばよいかたずねました。）

この形で使う動詞：
tell（[言葉で]教える）
teach（[知識や技能を]教える）
show（示す，[やってみせるなどして]教える）
ask（たずねる）

ポイント

主語	動詞	目的語	目的語

Could you **tell** me the time? （私に時間を教えていただけませんか。）
「教える」 「私に」 「時間を」 →名詞が目的語（≫p.99）

Could you **tell** me **what to do** next?
「教える」 「私に」 「次に何をすればよいかを」 →〈疑問詞＋to ～〉が目的語

会話でチェック! →先生が英語を教えてくれています。

発音練習

Have you finished reading the story? 物語を読み終えましたか。

Yes. Could you **tell** me **what to do** next? 🔊 はい。次に何をしたらよいか，教えていただけますか。

Answer the questions about the story. 物語に関する質問に答えてください。

All right. I'll try. わかりました。やってみます。

 確認問題 ⑧ 解答➡p.209

日本文に合うように，（　）に適する語を入れよう。

1. 彼女は私たちに，駅への行き方を教えてくれました。
   She told (　　　　　) (　　　　　) (　　　　　) get to the station.
2. この機械の使い方をあなたにお見せしましょう。
   I'll show you (　　　　　) (　　　　　) (　　　　　) this machine.

「〜することは…です」

It is ... to 〜.

33 It is ... to 〜. 「〜することは…です」

● 不定詞とともに使う形式的な主語itについて学習しよう。

> 例文
> ## It is important to study English.
> 英語を勉強することは大切です。

▶ 「〜することは [〜するのは] …です」は, To 〜で始めるのではなく, 〈It is ... to 〜.〉で表すことが多い。

▶ このitは形式的な主語で, 本当の主語は後ろの〈to ＋動詞の原形〉。このitは「それは」という意味ではないことに注意。

It's fun **to sing** together. (いっしょに歌うのは楽しいです。)

It isのあとにくる語句の例:
easy (簡単な)
difficult / hard (難しい)
nice / good (よい)
interesting (おもしろい)
necessary (必要な) など

 ポイント

It **is** important **to study** English.

形式的な主語 ┗━━━━ = ━━━━┛ 本当の主語「英語を勉強すること」

会話 でチェック! →将来の夢について話しています。

 What is your future dream?
あなたの将来の夢は何ですか。

 I want to work in America someday.
いつかアメリカで働きたいです。

 発音練習

Then **it's** important **to study** English. ☝
では英語を勉強するのは大切ですね。

 確認問題 ⑨ 解答➡p.209

日本文に合うように, ( )に適する語を入れよう。

1. 野菜を食べることは必要です。
   ( ) is necessary ( ) ( ) vegetables.
2. 紙飛行機を作るのは難しいですか。
   Is ( ) difficult ( ) ( ) a paper plane?

34 It is ... for — to ～.「～することは—にとって…です」

● to ～の前に〈for ＋ 人〉がくる形を覚えよう。

It is hard **for** him **to write** in Japanese.

日本語で書くことは彼にとって難しいです。

▶ 不定詞〈to ＋ 動詞の原形〉の前に〈for ＋ 人〉を置いて，〈It is ... for — to ～.〉の形で「～することは[～するのは]—にとって…です」の意味を表すことができる。

It is interesting **for** me **to watch** birds.
（鳥を見ることは私にとっておもしろいです。）

▶ for him の him と to write には，意味の上で「彼が書く」という〈主語－動詞〉の関係がある。例文の意味は「彼が日本語で書くのは難しいです」とすることもできる。

＋@ 〈It is ... of — to ～.〉の形は「～するとは—は…です」の意味を表す。...には，kind / nice（親切な），polite（ていねいな）など人の性質を表す形容詞がくる。
It is kind **of** you **to help** her.
（彼女を助けてあげるとは，あなたは親切ですね。）

用語 この「人」のことを不定詞の意味上の主語と呼ぶ。

不定詞の動作をする人を〈for ＋ 人〉で表しているんだね。

会話でチェック! →留学生のマイクについて話しています。

I got an e-mail from Mike. It was written in good Japanese.

私はマイクからメールをもらいました。じょうずな日本語で書かれていました。

I wrote it for him. **It's** hard **for** him **to write** in Japanese.

ぼくが彼のために書きました。日本語で書くのは彼にとって難しいです。

I see. It was nice of you to help him.

なるほど。彼を助けてあげるとは，親切でしたね。

✏ 確認問題 ⑩　解答➡p.209

日本文に合うように，（　）に適する語を入れよう。
1. 若い人たちにとって歴史を学ぶことは大切です。
（　　　　　　） is important （　　　　　　） young people （　　　　　　） learn history.
2. 彼女が夜にそこへ行くのはいい考えではありません。
It's not a good idea （　　　　　）（　　　　　）（　　　　　） go there at night.
3. その本を読むのはあなたにとって簡単でしたか。
Was it easy （　　　　　） you （　　　　　）（　　　　　） the book?

「…すぎて〜できない」など

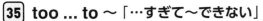
too ... to 〜 / ... enough to 〜

35 **too ... to 〜「…すぎて〜できない」**

● too ...のあとに不定詞がくる表現を覚えよう。

> 例文
> # I'm **too** busy **to help** you now.
> 私は今，忙しすぎてあなたを手伝うことができません。

▶ too ...（あまりに…，…すぎる）のあとに不定詞を続けた〈too ... to ＋ 動詞の原形〉の形で，「〜するには…すぎる」「…すぎて〜できない」という意味を表す。... には形容詞や副詞がくる。

The stone is **too** heavy **to move**.
（その石は重すぎて動かすことができません。）

He got up **too** late **to eat** breakfast.
（彼は起きるのが遅すぎて，朝ご飯を食べることができませんでした。）

> 「動かすには重すぎる」「朝ご飯を食べるには遅く起きすぎた」と訳すこともできる。

> 「〜できない」と否定の意味が含まれるんだね。

ポイント

I'm very busy. （私はとても忙しいです。）
↓ very の代わりに
I'm **too** busy **to help** you now.

「私はあまりに忙しい」 「あなたを手伝うには」

「私はあなたを手伝うには忙しすぎる」
「私は忙しすぎてあなたを手伝うことができない」

会話でチェック！ →エミに手伝ってほしいことがあるのですが…。

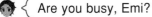
Are you busy, Emi? | あなたは忙しいですか，エミ。

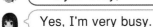
Yes, I'm very busy. | はい，とても忙しいです。

I'd like you to help me a little. | 少し手伝ってほしいのですが。

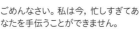
Sorry. I'm **too** busy **to help** you now. | ごめんなさい。私は今，忙しすぎてあなたを手伝うことができません。

確認問題 ⓫ 解答➡p.209

日本文に合うように，（　）に適する語を入れよう。

1. 彼は疲れすぎて歩くことができませんでした。

   He was (　　　　　) tired (　　　　　) (　　　　　).

2. 今日はジョギングに行くには暑すぎます。

   It's (　　　　　) (　　　　　) (　　　　　) go for a jog today.

[36] **too ... for ― to ～「…すぎて―は～できない」**

● to ～の前に〈for＋人〉がくる形を覚えよう。

例文

It's **too** cold **for** me **to eat** ice cream.

あまりに寒すぎて，私はアイスクリームを食べることができません。

▶ 〈too ... to＋動詞の原形〉の文も，不定詞〈to＋動詞の原形〉の前に〈for
＋人〉を置いて，動作をする人を表すことができる。

▶ 〈too ... for ― to ～〉で「―が～するには…すぎる」「…す
ぎて―は～できない」という意味になる。

The stone was **too** heavy **for** him **to move**.

（その石は重すぎて，彼には動かすことができませんでした。）

(**参照**) 形式主語itを
使う文と同じように，for ―
とto ～には「―が～する」と
いう関係がある。 》p.84

例文 は次のような日本語
にすることもできる。
「私がアイスクリームを食
べるには寒すぎます。」

会話でチェック! →冬休みのある日，友達と街を歩いています。

発音練習

< Let's eat something sweet. | 何か甘いものを食べようよ。

< I want to eat some ice cream. | 私はアイスクリームが食べたい。

< Really? It's **too** cold **for** me **to eat**
ice cream today. | 本当？　今日は寒すぎてぼくはアイス
クリームを食べることはできないよ。

< I love to eat ice cream all year round. | 私は1年中アイスクリームを食べるの
が大好きだよ。

確認問題 ⓬ 解答➡p.209

日本文に合うように，（　）に適する語を入れよう。

1. その自転車は高すぎて，彼女には買うことができません。

   The bike is (　　　　　) expensive (　　　　　) her (　　　　　) buy.

2. これらの本は，あなたが読むには難しすぎます。

   These books are (　　　　　) (　　　　　) (　　　　　) you to read.

37 ... enough to ～ 「十分…なので～できる」

● ... enoughのあとに不定詞がくる表現を覚えよう。

例文 **The story is short enough to read in an hour.**

その物語は十分に短いので，1時間で読むことができます。

▶ ... enough（十分に…）のあとに不定詞を続けた〈... enough to ＋動詞の原形〉の形で，「～するのに十分…」「十分…なので～できる」という意味を表す。...には形容詞や副詞がきて，enoughはそのあとに置かれる。

You aren't old **enough to drive**.
（あなたは車を運転するのに十分な年齢ではありません。）

×enough short,
×enough oldとはならないので注意しよう。

▶ 不定詞の前に〈for ＋人〉を置くこともある。

The question was easy **enough for** me **to answer**.
（その質問は十分やさしかったので，私は答えることができました。）

会話でチェック! →英語の宿題についてお父さんと話しています。

| What is your English homework? | 英語の宿題は何かな？ |

| I have to read an English book. | 英語の本を読まなきゃいけないの。 |

| How about this story? It's short **enough to read** in an hour.  | このお話はどうかな。十分に短いから1時間で読めるよ。 |

発音練習

| Thank you. I'll try to read it. | ありがとう。読んでみる。 |

 確認問題 ⑬ 解答➡p.209

日本文に合うように，（　）に適する語を入れよう。

1. 今日は泳ぐのに十分暖かいです。

It is warm （　　　　　）（　　　　　）（　　　　　） today.

+α 〈so ... that ～〉を使って次のように書きかえられる。
I'm **too** busy **to help** you now.
＝I'm **so** busy **that** I **can't help** you now.
（私はとても忙しいので，今あなたを手伝うことができません。）
The story is short **enough to read** in an hour.
＝The story is **so** short **that** you **can read** it in an hour.
（その物語はとても短いので，1時間で読むことができます。）

〈so ... that ＋人＋can't ～〉「とても…なので（人）は～できない」
〈so ... that ＋人＋can ～〉「とても…なので（人）は～できる」

「(人)に〜してもらいたい」などの文　　wantなど＋人＋to 〜

☑ **[25] want ＋人＋ to 〜**　「(人)に〜してもらいたい」

> I **want Sayaka to play** the piano.
> (私はサヤカにピアノを弾いてもらいたいです。)

▶ 〈want to ＋動詞の原形〉は「(自分が)〜したい」の意味だが，〈want ＋人＋ to ＋動詞の原形〉の形は「(人)に〜してもらいたい」の意味になる。

▶ 〈tell ＋人＋ to ＋動詞の原形〉の形で「(人)に〜するように言う」の意味を表す。
　[26]　My mother **told me to come** home early. (母は私に早く家に帰るように言いました。)

▶ 〈ask ＋人＋ to ＋動詞の原形〉の形で「(人)に〜するように頼む」の意味を表す。
　[27]　I **asked Tom to wait** a minute. (私はトムに少し待ってくれるように頼みました。)

「(人)に〜させる」などの文　　letなど＋人＋動詞の原形 [原形不定詞]

☑ **[28] let ＋人＋動詞の原形**　「(人)に〜させる」

> Please **let me go**.　　　　　　　　　(どうか私に行かせてください。)

▶ 〈let ＋人＋動詞の原形〉の形で「(人)に〜させる，(人)が〜するのを許す」の意味を表す。「したいことをさせてあげる」といった〈許可〉の意味になる。

▶ 〈want / tell / ask ＋人＋ to ＋動詞の原形〉と違って，目的語(人)のあとに to のつかない動詞の原形 [原形不定詞] がくることに注意。「人」と，そのあとの動詞の原形の間には，「(人)が〜する」という主語と動詞の関係がある。

▶ 〈make ＋人＋動詞の原形〉の形は「(人)に強制的に〜させる」の意味。目的語(人)のあとに to のつかない動詞の原形がくる。

[29] help ＋人＋動詞の原形　「(人)が〜するのを手伝う」

> I **helped her find** her doll.
> (私は彼女が人形を見つけるのを手伝ってあげました。)

▶ 〈help ＋人＋動詞の原形〉の形で「(人)が〜するのを手伝う」の意味を表す。

how to 〜「〜のしかた」など　　　疑問詞＋to 〜

✓ **30 how to 〜** 「〜のしかた，〜する方法」

> ### I don't know **how to play** the game.
> （私はそのゲームの遊び方を知りません。）

▶〈how to ＋動詞の原形〉の形は「どのように〜したらよいか」「〜のしかた，〜する方法」の意味を表す。全体で名詞の働きをし，動詞の目的語などになる。

▶〈what to ＋動詞の原形〉の形は「何を〜したらよいか」の意味を表す。
  31 I don't know **what to do** first. （私は最初に何をすればよいかわかりません。）

▶ when, where, which などの疑問詞も，あとに不定詞を続けて，「いつ［どこで／どれを］〜したらよいか，〜すべきか」などという意味を表す。

✓ **32 主語＋動詞＋目的語＋疑問詞＋ to 〜**

> ### Could you **tell** me **what to do** next?
> （次に何をしたらよいか，私に教えていただけますか。）

▶〈tell など＋人＋疑問詞＋ to ＋動詞の原形〉の形で，「（人）に〜したらよいかを教える」などの意味を表す。この場合，「人」と〈疑問詞＋ to ＋動詞の原形〉の両方が動詞の目的語になる。

「〜することは…です」　　　It is ... to 〜.

✓ **33 It is ... to 〜.** 「〜することは…です」

> ### It is important **to study** English.　（英語を勉強することは大切です。）

▶「〜することは［〜するのは］…です」は，To 〜で始めるのではなく，〈It is ... to 〜.〉で表すことが多い。この it は形式的な主語で，本当の主語は後ろの〈to ＋動詞の原形〉。この it は「それは」という意味ではないことに注意。

▶ 不定詞〈to＋動詞の原形〉の前に〈for＋人〉を置いて,〈It is ... for ─ to ～.〉の形で「～することは [～するのは] ─にとって…です」の意味を表すことができる。for ─ と to ～には, 意味の上で「─が～する」という〈主語－動詞〉の関係があり, 次の例文の意味は「彼が日本語で書くのは難しいです」とすることもできる。

34 **It is** hard **for** him **to write** in Japanese.

(日本語で書くことは彼にとって難しいです。)

「…すぎて～できない」など — too ... to ～ / ... enough to ～

✔ **35** **too ... to ～** 「…すぎて～できない」

> I'm **too** busy **to help** you now.
> (私は今, 忙しすぎてあなたを手伝うことができません。)

▶ too ...(あまりに…, …すぎる)のあとに不定詞を続けた〈too ... to＋動詞の原形〉の形で,「～するには…すぎる」「…すぎて～できない」という意味を表す。... には形容詞や副詞がくる。

▶〈too ... for ─ to ～〉で「─が～するには…すぎる」「…すぎて─は～できない」という意味になる。

36 It's **too** cold **for** me **to eat** ice cream.

(あまりに寒すぎて, 私はアイスクリームを食べることができません。)

✔ **37** **... enough to ～** 「十分…なので～できる」

> The story is short **enough to read** in an hour.
> (その物語は十分に短いので, 1時間で読むことができます。)

▶ ... enough(十分に…)のあとに不定詞を続けた〈... enough to＋動詞の原形〉の形で,「～するのに十分…」「十分…なので～できる」という意味を表す。... には形容詞や副詞がきて, enough はそのあとに置かれる。

▶ 不定詞の前に〈for＋人〉を置くこともある。

定期試験対策問題 （解答 ➡ p.215）

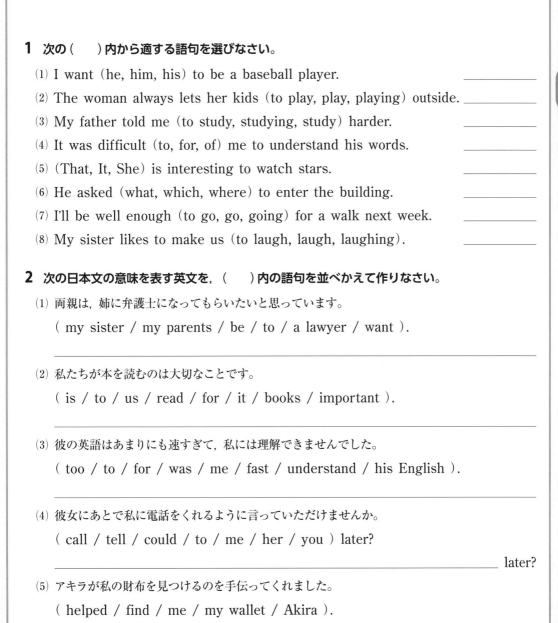

1 次の（   ）内から適する語句を選びなさい。

(1) I want （he, him, his） to be a baseball player. ＿＿＿＿＿＿

(2) The woman always lets her kids （to play, play, playing） outside. ＿＿＿＿＿＿

(3) My father told me （to study, studying, study） harder. ＿＿＿＿＿＿

(4) It was difficult （to, for, of） me to understand his words. ＿＿＿＿＿＿

(5) （That, It, She） is interesting to watch stars. ＿＿＿＿＿＿

(6) He asked （what, which, where） to enter the building. ＿＿＿＿＿＿

(7) I'll be well enough （to go, go, going） for a walk next week. ＿＿＿＿＿＿

(8) My sister likes to make us （to laugh, laugh, laughing）. ＿＿＿＿＿＿

2 次の日本文の意味を表す英文を，（   ）内の語句を並べかえて作りなさい。

(1) 両親は，姉に弁護士になってもらいたいと思っています。

（ my sister / my parents / be / to / a lawyer / want ）.

＿＿＿＿＿＿＿＿＿＿＿＿＿＿＿＿＿＿＿＿＿＿＿＿＿＿＿＿＿＿

(2) 私たちが本を読むのは大切なことです。

（ is / to / us / read / for / it / books / important ）.

＿＿＿＿＿＿＿＿＿＿＿＿＿＿＿＿＿＿＿＿＿＿＿＿＿＿＿＿＿＿

(3) 彼の英語はあまりにも速すぎて，私には理解できませんでした。

（ too / to / for / was / me / fast / understand / his English ）.

＿＿＿＿＿＿＿＿＿＿＿＿＿＿＿＿＿＿＿＿＿＿＿＿＿＿＿＿＿＿

(4) 彼女にあとで私に電話をくれるように言っていただけませんか。

（ call / tell / could / to / me / her / you ） later?

＿＿＿＿＿＿＿＿＿＿＿＿＿＿＿＿＿＿＿＿＿＿＿＿＿＿ later?

(5) アキラが私の財布を見つけるのを手伝ってくれました。

（ helped / find / me / my wallet / Akira ）.

＿＿＿＿＿＿＿＿＿＿＿＿＿＿＿＿＿＿＿＿＿＿＿＿＿＿＿＿＿＿

(6) トムに日本語を教えるとはヒロミは親切です。

It (Hiromi / Tom / is / Japanese / kind / teach / of / to).

It _____ .

(7) 彼らはインターネットの使い方を知りませんでした。

They (how / didn't / the Internet / know / use / to).

They _____ .

(8) どこにこれらの本を置けばよいか私に教えてください。

Please (books / me / put / tell / these / to / where).

Please _____ .

(9) 私はいつここを出発するかをもう決めてしまいました。

(decided / here / already / leave / to / I've / when).

_____

(10) そのTシャツは父が着られるくらい大きかったです。

The T-shirt (enough / big / wear / was / my father / to / for).

The T-shirt _____ .

3 次の各組の英文がほぼ同じ意味になるように，＿＿に適する語を入れなさい。

(1) { They didn't know the way to the museum.
{ They didn't know _____ _____ _____ to the museum.

(2) { The woman said to me, "Please stand up."
{ The woman _____ me _____ _____ up.

(3) { Reading English books isn't easy for me.
{ _____ isn't easy for me _____ _____ English books.

(4) { I was so tired that I couldn't get up early.
{ I was _____ tired _____ _____ up early.

(5) { My mother always tells me that I should go to bed early.
{ My mother always _____ _____ _____ go to bed early.

(6) { His voice was so loud that all of us could hear him sing.
{ His voice was loud _____ _____ all of us to hear him sing.

4 次の英文を日本語になおしなさい。

(1) My sister helped me make dinner.

_____

(2) My father told me not to say things like that.

_____

(3) I'd like her to know my feelings.

_____

(4) The news made me change my mind.

_____

5 次の日本文に合うように，＿＿に適する語を入れなさい。

(1) 私は次に何をするか決めていません。

I haven't decided _____ _____ _____ next.

(2) 彼女は私に窓を開けるように頼みました。

She _____ _____ _____ open the window.

(3) 私たちにとって眠ることは大切なことです。

It's important _____ _____ _____ sleep.

(4) その部屋は子どもたちが勉強するには暗すぎます。

The room is _____ dark _____ children _____ study.

(5) 兄は自分の自転車を私に使わせてくれないでしょう。

My brother won't _____ _____ _____ his bike.

(6) 私たちに明日どこで待ったらよいか言ってください。

Please tell _____ _____ _____ wait tomorrow.

6 次の日本文を英語になおしなさい。ただし，（　　）内の語句を必ず使うこと。

(1) 彼は私に，彼の家への行き方を教えてくれました。 （how to）

_____

(2) 朝食をとることはとても大切です。 （it, important）

_____

itの注意すべき使い方

● it はふつう，前に出てきた語句を指して，「それ，そのこと」の意味で使われる。

Mom gave me a present. **It** was a hat. I liked **it** very much.
（お母さんがプレゼントをくれました。それはぼうしでした。私はそれをとても気に入りました。）

しかし，次のように「それ」の意味にならない it もあるので，注意しよう。

● it が主語の位置にきて，あとの不定詞の内容を指す場合 (≫p.83)。次の文では，「何かが大切だ」ということを先に言い，あとから「何が大切か」を述べている。

It is important **to study** English.（英語を勉強することは大切です。）

⚠ 次のように言っても間違いではないが，英語では長い語句を文の初めに置くのは嫌われる。それを避けるために形式的な主語 it が使われる。

△ **To study** English is important.
→○ **It** is important **to study** English.

＋@ 形式的な主語 it が，あとにくる動名詞（～すること）や，that で始まる文（～ということ）を指す場合もある。

It was nice **meeting** you.（あなたと会えてよかったです。）
It was lucky **that** everyone was all right.
（みんなが大丈夫だったことは幸運でした。）

● it が，はっきりとした内容を指さない場合もある。

[天候・時間・距離などを表す]

It got dark and soon **it** began to rain.
（暗くなって，すぐに雨が降り始めました。）

What time is **it** now? —— **It's** three thirty.
（今何時ですか。—— 3時30分です。）

How far is **it** to the nearest station? —— **It's** two miles.
（いちばん近い駅までどれくらいの距離ですか。—— 2マイルです。）

[漠然とした状況を表す]

How do you like **it** here? —— I like **it** very much.
（ここ（の居心地・環境）はいかがですか。—— とても気に入っています。）

I made **it** to the class on time.　[make it ＝「間に合う，出席する」]
（私は時間通りに授業に間に合いました。）

第4章

文型を作る動詞

文型（≫p.96 ～）の解説動画を確認しよう！
5つの文型については，≫p.174を見よう。

主語（S）＋動詞（V）＋補語（C）

become / look / getなどを使う文

38 **become ～** 「～になる」

● 〈become＋名詞／形容詞〉の形と意味をつかもう。

> 例文
> # You will **become** a good pianist.
> あなたはよいピアニストになるでしょう。
>

▶ 動詞becomeは，あとに名詞や形容詞がきて，「～になる」という意味を表す。

The actor **became** very famous in Japan.
（その俳優は日本でとても有名になりました。）

▶ この名詞や形容詞は，主語についての説明を加える語で，補語と呼ばれる。意味の上で〈主語＝補語〉の関係がある。

> ⚠️ 主語と目的語の間にはイコールの関係はない。
> I **visited** Kyoto.（私は京都を訪れました。）
> [Kyotoはvisitの目的語。I ≠ Kyoto]

（用語） 主語を「S」，動詞を「V」，補語を「C」と示すことがある。それぞれ次の英語の頭文字である。

主語＝Subject
動詞＝Verb
補語＝Complement

> You will **become** a good pianist.
> 主語 ＝ 名詞 …主語youについて説明している
>
> The actor **became** very famous in Japan.
> 主語 ＝ 形容詞 …主語the actorについて説明している

会話でチェック! →友達がピアノの練習をしています。

	あなたは熱心にピアノを練習しているね。
You practice the piano very hard.	
I want to play it well.	じょうずに弾きたいからね。
You'll **become** a good pianist. 👏	あなたはよいピアニストになるね。
Thank you. I hope so.	ありがとう。そうだといいな。

96

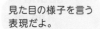

✐ 確認問題 ❶ 解答➡p.209

[　]内から適する語を選び，（　）に入れて英文を完成させよう。

[it / friends / girl / warm / they / teacher]

1. （　　　　　） became good （　　　　　）.
2. （　　　　　） became （　　　　　） in the afternoon.
3. The （　　　　　） became a （　　　　　）.

39 look ～「～に見える，～のようだ」

● 〈look ＋形容詞〉の形と意味をつかもう。

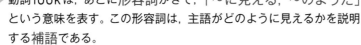

例文

This cake **looks** good.

このケーキはおいしそうです[おいしく見えます]。

▶ 動詞lookは，あとに形容詞がきて，「～に見える，～のようだ」という意味を表す。この形容詞は，主語がどのように見えるかを説明する補語である。

見た目の様子を言う表現だよ。

▶ 「～」に名詞がくる場合はlook like ～の形を使う。

The cat **looks like** a small tiger.
（そのネコは小さなトラのように見えます。）

会話でチェック! →友達が写真を見せてくれました。

	Is this a picture of your birthday party?	これはあなたの誕生日パーティーの写真?
	Yes. I had a lot of fun.	うん。とても楽しかったよ。
	Oh, this cake **looks** good.	ああ、このケーキはおいしそう。
	It was good. My mother made it.	おいしかったよ。母が作ってくれたんだ。

発音練習

✐ 確認問題 ❷ 解答➡p.209

日本文に合うように，（　）にlookかlook likeを入れよう。必要なら，主語や時制に合わせて形を変えること。

1. あなたはとても若く見えます。
   You （　　　　　　　　　　　） very young.
2. 彼のお父さんは大学生のように見えます。
   His father （　　　　　　　　　　　） a college student.

第4章 文型を作る動詞

97

40 **get ~「~になる」，feel ~「~に感じる」など**

● あとに補語がくるそのほかの動詞について学習しよう。

> 例文
> ## Let's go home before it **gets** dark.
> 暗くなる前に家に帰りましょう。

▶ 動詞getのあとに形容詞がきて，「~になる」の意味を表す。becomeよりもややくだけた言い方である。

becomeと違って，「~になる」の意味のgetの補語に名詞はこない。

▶ あとに補語がくる動詞には，ほかに次のようなものがある。どの動詞の場合も補語は主語について説明している。

feel ~「~に感じる」
　I **feel** a little cold.（私は少し寒く感じます。）

sound ~「~に聞こえる，~のようだ」
　The idea **sounds** interesting.
　（そのアイデアはおもしろそうです［おもしろく聞こえます］。）

turn ~「~になる」
　His face **turned** red.（彼の顔は赤くなりました。）

grow ~「~になる」
　The wind **grew** stronger.（風がもっと強くなりました。）

〈主語＝補語〉なんだね。

会話でチェック！ →もうすぐ日が暮れそうです。

発音練習

It's almost five. ｜ もうすぐ5時です。

I feel a little cold. ｜ 私は少し寒く感じます。

Me, too. Let's go home before it **gets** dark. ｜ 私もです。暗くなる前に家に帰りましょう。

Yes, let's. ｜ はい，そうしましょう。

 **確認問題 ③** 解答⇒p.209

[　]内から適する語を選び，（　）に入れて英文を完成させよう。

[feel / get / sound]

1. あなたは元気になりましたか。　　　　Did you (　　　　) better?
2. これらの歌は悲しそうに聞こえます。　These songs (　　　　) sad.
3. 私は疲れを感じています。　　　　　　I (　　　　) tired.

主語（S）＋動詞（V）＋目的語（O）＋目的語（O）

音声

give / tell / show などを使う文

 第4章 文型を作る動詞

41 **give＋O（人）＋O（もの）「（人）に（もの）を与える」**

● 動詞のあとに目的語が2つくる形を学習しよう。

例文
My father **gave** me a watch.

父は私に腕時計をくれました。

▶ 動詞giveは，あとに〈人＋もの〉の2つの目的語がきて，「（人）に（もの）を与える」という意味を表す。

▶ あとに目的語が2つくる動詞には，ほかに次のようなものがある。〈動詞＋人＋もの〉の語順をしっかり覚えよう。

send「〜に…を送る」
　She **sent** him some pictures.（彼女は彼に写真を何枚か送りました。）

tell「〜に…を話す［教える］」
　Mary **told** me her phone number.
　（メアリーは私に電話番号を教えてくれました。）

teach「〜に…を教える」
　Mr. Smith **teaches** us English.（スミス先生が私たちに英語を教えます。）

buy「〜に…を買ってあげる」
　My mother **bought** me some cookies.
　（母は私にクッキーを買ってくれました。）

make「〜に…を作ってあげる」
　I **made** her a cup of coffee.
　（私は彼女にコーヒーを1杯作ってあげました。）

（用語）目的語を「O」と示すことがある。これは目的語という意味の英語Objectの頭文字である。

目的語を2つとるそのほかの動詞：
show「〜に…を見せる」
lend「〜に…を貸す」
get「〜に…を買ってあげる」
ask「〜に…をたずねる」

（参照）〈動詞＋人＋疑問詞＋to＋動詞の原形〉の形も参照。>> p.82

会話でチェック! →昨日は友達の誕生日だったようです。

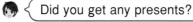

Yesterday was my birthday.	昨日は私の誕生日だったよ。
Did you get any presents?	何かプレゼントをもらった？
My father **gave** me a watch. Look!	父が私に腕時計をくれたよ。ほら！
Wow!　That's a nice watch.	わあ！　すてきな腕時計だね。

発音練習

日本文に合うように，（　　）に適する語を入れよう。

1. 私に少し水をください。

　Please (　　　　　　) (　　　　　　) some (　　　　　　).

2. あなたに私のバッグを見せてあげましょう。

　I'll (　　　　　　) (　　　　　　) my (　　　　　　).

42 give＋O（もの）＋to＋O（人）への書きかえ

● 「人」と「もの」の順序を入れかえた形について学習しよう。

例文
I **gave** the book **to** my brother.

私はその本を弟にあげました。

▶〈give＋人＋もの〉と同じ意味を〈give＋もの＋to＋人〉の形で表すことがある。他の動詞も同じように書きかえられる。

Mr. Smith **teaches** us English.
→ Mr. Smith **teaches** English **to** us.

（スミス先生が私たちに英語を教えます。）

▶ buyやmakeの場合は〈for＋人〉を使う。

My mother **bought** me some cookies.
→ My mother bought some cookies **for** me.

（母は私にクッキーを買ってくれました。）

▶「もの」が代名詞it / themのときは，〈動詞＋O（人）＋O（もの）〉ではなく，〈動詞＋代名詞＋to [for]＋人〉の形を使う。

I gave **it to** my brother.　[×I gave my brother it.]

〈give＋もの＋to＋人〉の形は，「何をあげたか」より「だれにあげたか」に意味の中心がある。

buyやmakeは相手がいなくても（自分のために）買ったり作ったりできる。そのような行為を，特に相手のために行う場合には〈for＋人〉を使うと考えよう。

会話でチェック! →夏目漱石の『吾輩は猫である』の話をしています。

 発音練習

　Did you read *I Am a Cat*?　　『吾輩は猫である』を読みましたか。

　Yes, I read it a few days ago.　　はい，数日前に読みました。

　Was it interesting?　　おもしろかったですか。

　Yes. So I **gave** the book **to** my brother. 🐱　　はい。だからぼくはその本を弟にあげました。

確認問題 ⑤　解答➡p.209

同じ意味になるように，（　）に適する語を入れよう。

1. She sent him some pictures. （彼女は彼に写真を何枚か送りました。）

→ She sent some (　　　　　) (　　　　　) (　　　　　).

2. I made her a cup of coffee. （私は彼女にコーヒーを1杯作ってあげました。）

→ I made a cup of (　　　　　) (　　　　　) (　　　　　).

43 tell＋O（人）＋that 〜 「（人）に〜と言う」

● 「人」のあとに「〜ということ」がくる形について学ぼう。

> 例文
>
> # He **told** me **that** he did his best.
>
> 彼は私にベストを尽くすと言いました。

▶ 〈動詞＋人〉のあとに「〜ということ」の意味のthat 〜が続く場合がある。このthat 〜も目的語で，名詞の働きをしている。

参照　接続詞 that
≫ p.27

I'll **show** you **that** this is true.

（私はあなたにこれが本当であることを示します。）

ポイント

He **told** me **that** he did his best.
　　　　動詞　目的語　　　目的語　　「〜ということ」＝名詞の働き

⚠ このthatはよく省略される。

　He **told** me he did his best. / I'll **show** you this is true.

会話でチェック！　→ジョージのテストの結果が気になります。

Did George pass the test? ── ジョージはテストに合格しましたか。

I don't know yet, but he **told** me **that** he did his best. 🎤 ── まだ知りませんが，彼は私にベストを尽くすと言いました。

I hope he has passed it. ── 彼が合格しているといいですね。

確認問題 ⑥　解答➡p.209

日本文に合うように，（　）に適する語を入れよう。

1. 先生は私たちに時間は大切だとよく言います。

　Our teacher often tells (　　　　　) (　　　　　) time is important.

主語（S）＋動詞（V）＋目的語（O）＋補語（C）

call / makeなどを使う文

44 call＋O＋C「OをCと呼ぶ」

● 動詞のあとに目的語と補語がくる形を学習しよう。

> 例文
> # We **call** her Kathy.
> 私たちは彼女をキャシーと呼んでいます。

▶ 動詞callは，〈call＋目的語（O）＋補語（C）〉の形で「OをCと呼ぶ」の意味を表す。

Please **call** me Ken. (私をケンと呼んでください。) [Kenが補語]
What do you **call** this flower in English? [疑問詞whatが補語]
(英語でこの花を何と呼びますか。)

▶ 動詞nameは，〈name＋目的語（O）＋補語（C）〉の形で「OをCと名づける」の意味を表す。

They **named** their baby John. (彼らは赤ん坊をジョンと名づけました。)

▶ この文型で補語になるのは「呼び名」にあたる名詞で，意味の上で〈目的語＝補語〉の関係がある。

We **call** her Kathy. → her = Kathy
They **named** their baby John. → their baby = John

> **参照** become や
> lookのあとの補語は，〈主
> 語＝補語〉の関係がある。
> ≫ p.96

> ポイント
>
>
> 呼ぶ　～を　…と
> We **call**　her　Kathy.
> 　　　　　目的語　補語　…目的語herについて説明している
> 　　　　　　　＝

 これらの文は次のような受け身の文でもよく使われる。
His friends **call** him Andy. [能動態]
→He **is called** Andy by his friends. [受け身]
(彼の友達は彼をアンディーと呼びます。
→彼は友達からアンディーと呼ばれています。)

受け身の文では，補語は
動詞のあとに残せばよい。

会話でチェック！ →向こうにいる女の子について話しています。

Do you know that girl's name?

あの女の子の名前を知っていますか。

Yes, her name is Katherine, but we **call** her Kathy. ☝ Kathy is her nickname.

はい。名前はキャサリンですが，私たちは彼女をキャシーと呼んでいます。キャシーは彼女のニックネームです。

I see.

なるほど。

 確認問題 ❼ 解答➡p.209

日本文に合うように，（　　）に適する語を入れよう。

1. 私たちはこの花を英語で "lily" (ユリ) と呼びます。
   We call this (　　　　　) "(　　　　　)" in English.
2. 彼はそのネコをトラと名づけました。
   He (　　　　　) the (　　　　　) Tora.

⁴⁵ make＋O＋C「OをCにする」

● 「〜を…にする」という意味の表現を学習しよう。

例文

The news will **make** him happy.

その知らせは彼を幸せにするでしょう。

▶ 動詞 make は，〈make＋目的語（O）＋補語（C）〉の形で「OをCにする」の意味を表す。補語になるのは名詞や形容詞で，意味の上で〈目的語＝補語〉の関係がある。

The movie **made** the girl a star. ［a star が補語］
（その映画はその女の子をスターにしました。）

⚠ 目的語を主語のようにすると自然な日本語になる。
　　その知らせは彼を幸せにするでしょう。
　　→彼はその知らせを聞いたら喜ぶでしょう。

him＝happy や，the girl＝a star の関係が成り立つんだね。

ポイント

する ～を …に

The news will **make** him happy.
目的語 補語 …目的語 him について説明している
＝

103

▶ keep（OをCにしておく）やfind（OがCとわかる）もこの文型をとる。

You must **keep** your room clean.

（あなたは部屋をきれいにしておかなければなりません。）

We **found** the book interesting.

（私たちはその本がおもしろいとわかりました。）

keepは「OをCのまま
に保つ」, findは「OがC
であることを見いだす」
というニュアンス。

会話でチェック！ →試合に勝ったあと，コーチと話しています。　🎧

発音練習

🙂 I'm glad I won the game. 　試合に勝ってうれしいです。

🙂 You did it! Did you tell your father? 　やりましたね！　お父さんに伝えましたか。

🙂 No. I didn't have the time. 　いいえ。時間がありませんでした。

🙂 Call him right now. The news will **make** him happy. 🔊
　すぐにお父さんに電話しなさい。その知らせを聞いたらお父さんは喜ぶでしょう。

✏ **確認問題 8**　解答➡p.209

日本文に合うように，（　　）に適する語を入れよう。

1. 私はあなたを幸せにします。　I'll make （　　　　　） （　　　　　）.
2. その音楽は私を眠たくさせました。　The music （　　　　　） （　　　　　） sleepy.
3. 窓を開けておいてください。　Please （　　　　　） the window （　　　　　）.

まとめておこう

文型の見分け方

[**feel**：**SVC**と**SVO**]

　SVCのC（補語）は，S（主語）について説明しているので，〈S＝C〉の関係だが，SVOのO（目的語）は，動作などの対象を表すので，〈S≠O〉。

　I **feel** cold.（私は寒く感じます。）［I＝coldなのでSVC］

　I **feel** the wind.（私は風を感じます。）［I≠the windなのでSVO］

[**make**：**SVOC**と**SVOO**]

　SVOCのC（補語）は，O（目的語）について説明しているので，〈O＝C〉の関係だが，SVOOの2つ目のO（目的語）は，動作などの対象を表すので，〈1つ目のO≠2つ目のO〉。

　He **made** me happy.（彼は私を幸せにしました。）［me＝happyなのでSVOC］

　He **made** me lunch.（彼は私にお昼ご飯を作ってくれました。）［me≠lunchなのでSVOO］

主語（S）＋動詞（V）＋補語（C）　become / look / getなどを使う文

☑ **38** become 〜　「〜になる」

> You will **become** a good pianist.
> （あなたはよいピアニストになるでしょう。）

▶ 動詞becomeは，あとに名詞や形容詞がきて，「〜になる」という意味を表す。

▶ この名詞や形容詞は，主語についての説明を加える語で，補語と呼ばれる。意味の上で〈主語＝補語〉の関係がある。

▶ 動詞lookは，あとに形容詞がきて，「〜に見える，〜のようだ」という意味を表す。この形容詞は，主語がどのように見えるかを説明する補語である。また，「〜」に名詞がくる場合は，look like 〜の形を使う。

　　39　This cake **looks** good. （このケーキはおいしそうです［おいしく見えます］。）

▶ 動詞getのあとに形容詞がきて，「〜になる」の意味を表す。becomeよりもややくだけた言い方である。

　　40　Let's go home before it **gets** dark. （暗くなる前に家に帰りましょう。）

主語（S）＋動詞（V）＋目的語（O）＋目的語（O）　give / tell / showなどを使う文

☑ **41** give ＋ O（人）＋ O（もの）　「（人）に（もの）を与える」

> My father **gave** me a watch.
> （父は私に腕時計をくれました。）

▶ 動詞giveは，あとに〈人＋もの〉の2つの目的語がきて，「（人）に（もの）を与える」という意味を表す。

▶ あとに目的語が2つくる動詞にはほかにも，send（送る），tell（話す），teach（教える），buy（買う），make（作る）などがある。〈動詞＋人＋もの〉の語順をしっかり覚えよう。

▶ 〈give＋人＋もの〉と同じ意味を〈give＋もの＋to＋人〉の形で表すことがある。他の動詞も同じように書きかえられる。buyやmakeの場合は〈for＋人〉を使う。

　　42　I **gave** the book **to** my brother. （私はその本を弟にあげました。）

▶ 「もの」が代名詞it / themのときは，〈動詞＋代名詞＋to [for]＋人〉の形を使う。

　　I gave **it to** my brother.　[×I gave my brother it.]

☑ **43 tell ＋ O(人)＋ that ～**　「(人)に～と言う」

> He **told** me **that** he did his best.
> (彼は私に, ベストを尽くすと言いました。)

▶ 〈動詞＋人〉のあとに「～ということ」の意味の that ～が続く場合がある。この that ～も目的語で, 名詞の働きをしている。

主語(S)＋動詞(V)＋目的語(O)＋補語(C)　call / make などを使う文

☑ **44 call ＋ O ＋ C**　「OをCと呼ぶ」

> We **call** her Kathy.
> (私たちは彼女をキャシーと呼んでいます。)

▶ 動詞 call は,〈call ＋目的語(O)＋補語(C)〉の形で「OをCと呼ぶ」の意味を表す。
▶ 動詞 name は,〈name ＋目的語(O)＋補語(C)〉の形で「OをCと名づける」の意味を表す。
▶ この文型で補語になるのは「呼び名」にあたる名詞で, 意味の上で〈目的語＝補語〉の関係がある。

☑ **45 make ＋ O ＋ C**　「OをCにする」

> The news will **make** him happy.
> (その知らせは彼を幸せにするでしょう。)

▶ 動詞 make は,〈make ＋目的語(O)＋補語(C)〉の形で「OをCにする」の意味を表す。補語になるのは名詞や形容詞で, 意味の上で〈目的語＝補語〉の関係がある。
▶ keep(OをCにしておく)や find(OがCとわかる)もこの文型をとる。
　　You must **keep** your room clean.
　　(あなたは部屋をきれいにしておかなければなりません。)
　　We **found** the book interesting.
　　(私たちはその本がおもしろいとわかりました。)

SVOCの文型では「OはCである」という関係があるんだね。

106

1 次の(1)～(5)と文型が同じものを，ア～オから1つずつ選びなさい。

(1) Ken showed everyone his new bike. _____

(2) You look very sleepy. _____

(3) My father drinks a lot of coffee. _____

(4) I talked with my parents about my future. _____

(5) We call our cat Tama. _____

　ア　The boy became an artist.
　イ　We go to school by bike.
　ウ　Miho sent me a Christmas card.
　エ　His kind words made her happy.
　オ　I didn't know what to do.

2 次の日本文の意味を表す英文を，（　　）内の語句を並べかえて作りなさい。

(1) ここ数日でヒマワリの背が高くなりました。

(tall / the sunflowers / grown / have) in the last few days.

_____ in the last few days.

(2) ある人がその店は閉まっていると教えてくれました。

(that / told / was / me / someone / closed / the shop).

_____

(3) その話は私をいつも悲しくさせます。

(me / makes / the story / sad / always).

_____

(4) 私はそのコンサートのチケットを両親に買ってあげました。

(bought / for / the concert tickets / my parents / I).

_____

3 次の各組の英文がほぼ同じ意味になるように，____に適する語を入れなさい。

(1) { My father gave me his watch.

My father gave his watch _____ _____.

(2) { She made him a birthday cake.

She made a birthday cake _____ _____.

(3) { What's the name of this flower?

What do you _____ this flower?

(4) { The doctor told me to do some exercise.

The doctor _____ _____ _____ I should do some exercise.

(5) { Ms. Green is our English teacher.

Ms. Green _____ _____ English.

4 次の英文を日本語になおしなさい。

(1) These leaves will turn red in fall.

_____

(2) My brother will get well soon.

_____

(3) Who does Tom look like? —— He looks like his mother.

_____

5 次の日本文に合うように，____に適する語を入れなさい。

(1) マサトは今日，幸せそうに見えました。

Masato _____ _____ today.

(2) その計画はおもしろそうですね [おもしろく聞こえますね]。

That plan _____ _____ to me.

(3) タクヤは彼女に美しい花々を買ってあげました。

Takuya _____ _____ _____ _____.

(4) 私は体を温かくしておくためにコートを着ました。

I put on my coat to _____ my body _____.

第**5**章

いろいろな疑問文

間接疑問（≫p.110 〜）の解説動画を確認しよう！

間接疑問

what [who] 〜などが文の一部になる文

46 間接疑問の形と意味

● 疑問詞のあとの語順をしっかり学習しよう。

> 例文
> # I don't know **who he is**.
> 私は彼がだれなのか知りません。

▶ Who is he?（彼はだれですか。）のような疑問詞で始まる疑問文を，I don't know（私は知りません）などのあとに続ける場合，who he is のように〈疑問詞＋肯定文の語順〉になる。

▶ このように，疑問詞で始まる疑問文が他の文の一部に組み込まれたものを，間接疑問という。

▶ 間接疑問を含む文全体が肯定文や否定文なら，文末はピリオド。文全体が疑問文なら，文末はクエスチョンマークになる。

Do you know what time **it is** now**?** [文全体が疑問文なので文末は「?」]
（あなたは今何時か知っていますか。）

> 間接疑問は名詞の働きをする。 例文 のwho he is はknowの目的語になっている。

ポイント

疑問詞を使った疑問文		**Who is he?**

肯定文の語順に

間接疑問文	I don't know	**who he is**.←文末はピリオド

彼がだれか（ということ）　…knowの目的語

▶ 疑問詞で始まる疑問文で一般動詞や助動詞が使われている場合は，動詞の形や語順に注意しよう。

What did she say? （彼女は何と言いましたか。）
→ I don't know **what she said**. （私は彼女が何と言ったか知りません。）
What should we do? （私たちは何をすべきですか。）
→ We don't know **what we should do**.
　（私たちは何をすべきか知りません。）

> 一般動詞の形に注意しよう。

Who is that boy over there?

向こうにいる男の子はだれですか。

I've seen him before, but I don't know **who he is**.

前に見かけたことがありますが，彼がだれなのか知りません。

Oh, he's looking at us. Let's talk to him.

ああ，彼はぼくたちを見ています。話しかけてみましょう。

確認問題 ①　解答➡p.209

[　]の文を参考にして，日本文に合うように，（　）に適する語を入れよう。

1. 彼はあなたがだれなのか知っています。　[Who are you?]

He knows (　　　　　) (　　　　　) (　　　　　).

2. 彼女がどんなスポーツが好きか知っていますか。　[What sports does she like?]

Do you know (　　　　　) sports (　　　　　) (　　　　　)?

47 疑問詞が主語の場合

●疑問詞が主語の場合は語順が変わらないことを確認しよう。

例文

Can you guess **what is** in this box?

この箱の中に何が入っているか，あなたは当てられますか。

▶ 疑問詞が主語になっている文が間接疑問になる場合，語順は変わらない。

そのままの語順を続ければいいんだね。

What is in this box?（この箱の中に何が入っていますか。）

→ Can you guess **what is** in this box? 例文

Who wrote this book?（だれがこの本を書きましたか。）

→ I don't know **who wrote** this book.

（私はだれがこの本を書いたか知りません。）

Can you guess **what's** in this box?

この箱の中に何が入っているか当てられますか。

No. What's in it?

いいえ。何が入っていますか。

A present for you. Happy birthday!

あなたへのプレゼントです。誕生日おめでとう!

Thank you. I'm glad you remembered my birthday.

ありがとう。誕生日を覚えていてくれてうれしいです。

✏️ **確認問題 ②** 解答➡p.209

[　]の文を参考にして，日本文に合うように，（　　）に適する語を入れよう。

1. 私たちはあなたに何が起きたか知っています。　[What happened to you?]

　　We know (　　　　　　) (　　　　　　) to you.

48 疑問詞が where / when / why の間接疑問

●疑問詞のあとの語順を確認しよう。

例文 # Do you know **where she is** from?

あなたは彼女がどこの出身か知っていますか。

▶ where / when / why で始まる疑問文が間接疑問になる場合も，
〈疑問詞＋肯定文の語順〉の形になる。

When will the party start?（パーティーはいつ始まりますか。）

→ We don't know **when the party will start**.

（私たちはパーティーがいつ始まるか知りません。）

Why does he live here?（なぜ彼はここに住んでいるのですか。）

→ I don't know **why he lives** here.

（私はなぜ彼がここに住んでいるのか知りません。）

> willやdoesがどうなったか，注目しよう。

 ポイント

疑問詞を使った疑問文　　**Where　is　she** from?

　　　　　　　　　　　　　　　　　　　　　　　　肯定文の語順に

間接疑問文　　Do you know **where　she　is** from?

　　　　　　　彼女がどこの出身か（ということ）　…knowの目的語

会話でチェック! →ユウコは英語がとてもじょうずです。

発音練習

> Yuko speaks English very well.

ユウコはとてもじょうずに英語を話します。

> Yes. Do you know **where she is** from?

はい。彼女がどこの出身か知っていますか。

> No. Where is she from?

いいえ。どこの出身ですか。

> She is from Osaka, but she lived in Australia for a few years.

大阪出身ですが，オーストラリアに数年住んでいました。

解答 ➡ p.209

確認問題 ③

[ ]の文を参考にして，日本文に合うように，( )に適する語を入れよう。

1. 私はどこで切符が買えるか知りません。　[Where can I buy a ticket?]

   I don't know (　　　　　) (　　　　　) (　　　　　) (　　　　　) a ticket.

2. 彼女がいつ家を出たか知っていますか。　[When did she leave home?]

   Do you know (　　　　　) (　　　　　) (　　　　　) home?

49 疑問詞がhowの間接疑問

● 〈how ＋形容詞 [副詞] ＋肯定文の語順〉の形を確認しよう。

例文

Do you remember **how** much **it was**?

あなたはそれがいくらだったか覚えていますか。

▶ 〈how ＋形容詞 [副詞]〉で始まる疑問文が間接疑問になる場合も，そのあとは肯定文の語順になる。形容詞 [副詞] がなく，howが単独で使われる場合も同じ。

Do you know **how** long **he stayed** there?

（彼がどれくらいそこに滞在したか知っていますか。）

I don't know **how they got** into the house.

（私は彼らがどうやってその家に入ったか知りません。）

会話でチェック！ →友達がすてきなかばんを持っています。

> I bought this bag last year.

このかばんは去年買ったんだよ。

> I want the same bag.　Do you remember **how** much **it was**?

同じかばんがほしいな。いくらだったか覚えてる？

> I think it was about $20.

20ドルくらいだったと思うよ。

発音練習

確認問題 ④

解答 ➡ p.209

[ ]の文を参考にして，日本文に合うように，( )に適する語を入れよう。

1. あの塔がどれくらいの高さか知っていますか。　[How tall is that tower?]

   Do you know (　　　　　) (　　　　　) that tower (　　　　　)?

2. あなたがどうやってそれを作ったか私は知りません。　[How did you make it?]

   I don't know (　　　　　) (　　　　　) (　　　　　) it.

50 主語＋動詞＋目的語＋間接疑問

●動詞のあとに目的語と間接疑問が続く形を学習しよう。

> 例文
>
> # I will tell her **where you live**.
>
> 私は彼女に，あなたがどこに住んでいるかを教えましょう。

▶ 〈主語＋動詞＋目的語＋目的語〉（ＳＶＯＯ）の文型の，２つ目の目的語に間接疑問がくる場合もある。

SVOOの文型 ≫p.99

Let's ask the teacher **what we should do** next.

（私たちは次に何をするべきか，先生に聞きましょう。）

> I will <u>tell</u> <u>her</u> <u>your name</u>. （私は彼女にあなたの名前を教えましょう。）
> 　　　 動詞　目的語　目的語＝名詞
>
> I will <u>tell</u> <u>her</u> **where you live**.
> 　　　 動詞　目的語　目的語＝間接疑問

+α tell を使った次のような文とも比較してみよう。

　　He **told** me **that** he did his best.　　　　　　　　≫p.101

　　（彼は私にベストを尽くすと言いました。）

　　My mother **told** me **to come** home early.　　　　≫p.75

　　（母は私に早く家に帰るように言いました。）

会話でチェック！ →友達が家でパーティーを開くようです。

> Kate says she can come to the party, but she doesn't know my address.

ケイトはパーティーに来られると言うけど，ぼくの住所を知らないんだ。

> OK. I'll tell her **where you live**.

わかった。私が彼女に，あなたがどこに住んでいるかを教えるよ。

> Thank you. That will be a great help.

ありがとう。とても助かるよ。

✎ 確認問題 ⑤ 解答➡p.209

[　]の文を参考にして，日本文に合うように，（　　）に適する語を入れよう。

1. あなたのお名前をお聞きしてもよろしいですか。　[What is your name?]

　　May I ask (　　　　　) (　　　　　) your name (　　　　　)?

2. 明日だれが来るか，あなたに教えましょう。　[Who will come tomorrow?]

　　I'll tell (　　　　　) (　　　　　) (　　　　　) come tomorrow.

否定疑問文

「～ないのですか」とたずねる文

音声

51 Aren't you ～? 「～ではないのですか」（be動詞の場合）

● 否定を含む疑問文の形と，答え方を学習しよう。

例文

Aren't you tired?
—— Yes, I am. / No, I'm not.

あなたは疲れていないのですか。——いいえ，疲れています。 / はい，疲れていません。

▶ 「～ではないのですか」などと否定の意味を含む疑問文を否定疑
問文といい，〈否定の短縮形＋主語～?〉で表す。否定文の～n't
を文の初めに出して作ればよい。

You **aren't** tired. (あなたは疲れていません。) ［否定文］

Aren't you tired? (あなたは疲れていないのですか。)

It **isn't** true. (それは本当ではありません。) ［否定文］

Isn't it true? (それは本当ではないのですか。)

▶ 答えが肯定の内容なら Yes，否定の内容なら No を使う。日本
語の「はい/いいえ」と逆になるので注意しよう。

Isn't it true? (それは本当ではないのですか。)
—— **Yes**, it is. (**いいえ**，本当です。) ［it is＝肯定］
—— **No**, it isn't. (**はい**，本当ではありません。) ［it isn't＝否定］

次のような形になる。
Aren't you ～?
Isn't he ～?
Aren't they ～?
Wasn't she ～?
Weren't you ～?

答えが日本語に引き
ずられないように注
意しよう。

第5章 いろいろな疑問文

会話でチェック！ →ずいぶん長く歩いたようです。

How long did you walk today? / 今日はどれくらい歩いたのですか。

For about four hours. / 4時間くらいです。

Aren't you tired? / 疲れていないのですか。

No, I'm not. I walk a lot every day. / はい，疲れていません。私は毎日たくさん歩くんです。

発音練習

✏️ **確認問題 ⑥** 解答➡p.209

日本文に合うように，（　　）に適する語を入れよう。

1. 彼らはあなたの友達ではないのですか。—— いいえ，友達です。

（　　　　　　）（　　　　　　　　） your friends? —— （　　　　　　）, they are.

2. あなたは悲しくなかったのですか。—— はい，悲しくありませんでした。

（　　　　　　）（　　　　　　　　） sad? —— （　　　　　　　　）, I wasn't.

52 Don't you ～?「～しないのですか」（一般動詞などの場合）

●一般動詞や助動詞を使った否定疑問文を学習しよう。

例文

Don't you remember?
—— Yes, I do. / No, I don't.

あなたは覚えていないのですか。—— いいえ，覚えています。／ はい，覚えていません。

▶ 一般動詞や助動詞を使った否定疑問文も，否定文の～n'tを文の初めに出して作る。答え方にも注意。

次のような形になる。
Don't you ～?
Doesn't he ～?
Can't they ～?
Shouldn't we ～?

Can't she swim?（彼女は泳げないのですか。）

—— **Yes**, she can.（**いいえ**，泳げます。）［she can＝肯定］

—— **No**, she can't.（**はい**，泳げません。）［she can't＝否定］

会話でチェック!　→お母さんに友達の写真を見せたのですが…。

発音練習

Who is this girl in the picture?　　写真の中のこの女の子はだれ?

Don't you remember? 🔊　　覚えていないの?

No, I don't. Maybe I've seen her before, but ....　　うん，覚えていない。前に見たことがあるかもしれないけど…。

That's Maki, my classmate.　　クラスメイトのマキだよ。

✏️ **確認問題 ⑦** 解答➡p.209

日本文に合うように，（　　）に適する語を入れよう。

1. 彼は映画が好きではないのですか。—— はい，好きではありません。

（　　　　　　）（　　　　　　　　） like movies? —— （　　　　　　）, he doesn't.

2. 私はこの部屋を使えないのですか。—— いいえ，使ってもいいですよ。

（　　　　　　）（　　　　　　　　） use this room? —— （　　　　　　）, you can.

付加疑問

音声

「〜ですね」とたずねる文

53 〜**, aren't you?**「〜ですね」（be動詞の場合）

● 文末に短い疑問形をつけて軽くたずねる表現を学習しよう。

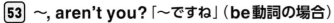

例文
You are tired**, aren't you?**
あなたは疲れていますね。

第**5**章

いろいろな疑問文

▶「〜ですね」などと相手に軽くたずねるために文の終わりにつける
〈コンマ＋否定の短縮形＋主語?〉を付加疑問という。

▶ 付加疑問の主語は，文全体の主語に合わせた代名詞にする。

Mr. Smith is a doctor**, isn't he?**　[Mr. Smith → 代名詞 he]
（スミスさんはお医者さんですね。）

⚠ 付加疑問は読み方によってたずねる気持ちの強さが変わる。
同意を求めたり念を押したりする場合 →最後を下げて読む。
It's a nice day**, isn't it?**（↘）（いい天気ですね。）
YesかNoかを軽く確認する場合 →最後を上げて読む。
You're a student**, aren't you?**（↗）（あなたは学生さんですね。）

付加疑問は次のような形
になる。
〜**, aren't you?**
〜**, isn't it?**
〜**, wasn't she?**
〜**, weren't they?**

ポイント

合わせる

否定形に

You are tired**, aren't you?**

→ コンマ　　　→ クエスチョンマーク

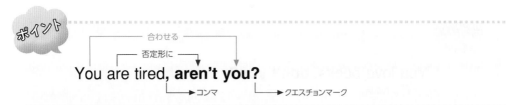

会話でチェック!　→ブライアンとお母さんが話しています。　

　Brian, are you listening to me?　　ブライアン, 私の話を聞いてる？

　Sorry, Mom.　　ごめんなさい, お母さん。

　You're tired**, aren't you?** 🧡　　あなたは疲れているのね。

　Yes. I walked a lot today.　　うん。今日はたくさん歩いたんだ。

発音練習

確認問題 ⑧ 解答➡p.209

日本文に合うように，（ ）に適する語を入れよう。

1. あれはあなたのかばんですね。

   That is your bag, (　　　　　) (　　　　　)?

2. あなたのご両親は喜んでいましたね。

   Your parents were happy, (　　　　　) (　　　　　)?

54 ～, don't you? 「～しますね」（一般動詞などの場合）

● 一般動詞や助動詞を使った文の付加疑問の形を学習しよう。

例文

You love books, **don't you?**

あなたは本が大好きですね。

▶ 一般動詞や助動詞を含む文につける付加疑問は，〈コンマ＋don't など＋主語?〉，〈コンマ＋can't など＋主語?〉の形になる。

He can swim, **can't he?**

（彼は泳ぐことができますね。）

> 一般動詞をdon't / doesn't / didn'tに変えるんだね。

▶ 一般動詞の形に合わせて，don't / doesn't / didn't を使い分ける。

Jane has a dog, **doesn't she?** [has → doesn't]

（ジェーンはイヌを飼っていますね。）

ポイント

合わせる

否定形に

You love books, **don't you?**

一般動詞　　→コンマ　　→クエスチョンマーク

会話でチェック!　→友達は何が好きなのでしょうか。

発音練習

You love books, **don't you?**　　あなたは本が大好きだね。

Yes. How do you know?　　うん。どうして知っているの?

You always carry some books with you.　　あなたはいつも本を持っているから。

I like books better than anything else.　　ぼくはほかの何よりも本が好きだよ。

確認問題 **⑨** 解答➡p.209

日本文に合うように，（ ）に適する語を入れよう。

1. あなたはここで間違えましたね。

   You made a mistake here, ( ) ( )?

2. サラはスペイン語を話すことができますね。

   Sarah can speak Spanish, ( ) ( )?

---

55 〜, is it? 「〜ではないですね」（否定文＋付加疑問）

●否定文のあとにつく付加疑問の形を学習しよう。

例文

It isn't yours, is it?

それはあなたのではないですよね。

▶ 否定文につける付加疑問は，〈コンマ＋肯定形＋主語？〉の形になる。be 動詞の場合も一般動詞や助動詞の場合も同じ。

▶ 答えが肯定の内容なら Yes，否定の内容なら No を使う。日本語の「はい/いいえ」と逆になるので注意しよう。

It isn't yours, is it? （それはあなたのではないですよね。）
—— **Yes**, it is. （いいえ，私のです。） [it is ＝肯定]
—— **No**, it isn't. （はい，私のではありません。） [it isn't ＝否定]

付加疑問は次のような形になる。
〜, are you?
〜, does he?
〜, can you?

否定疑問文の答え方と同じように考える。≫p.115

会話 でチェック！ →友達が見慣れないシャツを着ています。

How do I look in this shirt? / このシャツを着てどう見える？

Nice, but it isn't yours, **is it?** / すてきだけど，それはあなたのではないよね。

No, it isn't. I borrowed it from my sister. / うん，違うよ。お姉ちゃんから借りたんだ。

発音練習

確認問題 **⑩** 解答➡p.209

日本文に合うように，（ ）に適する語を入れよう。

1. あなたはおなかがすいていませんよね。—— はい，すいていません。

   You aren't hungry, ( ) ( )? —— ( ), I'm not.

2. ビルは今朝，朝食を食べませんでしたね。—— いいえ，食べましたよ。

   Bill didn't have breakfast this morning, ( ) ( )?
   —— ( ), he did.

間接疑問　　　　　　　　　　what [who] 〜などが文の一部になる文

☑ **46 間接疑問の形と意味**

> ### I don't know **who he is**.
> （私は彼がだれなのか知りません。）

▶ Who is he?（彼はだれですか。）のような疑問詞で始まる疑問文を, I don't know（私は知りません。）などのあとに続ける場合, who he is のように〈疑問詞＋肯定文の語順〉になる。

▶ このように, 疑問詞で始まる疑問文が他の文の一部に組み込まれたものを, 間接疑問という。

▶ 一般動詞や助動詞が使われている場合は, 動詞の形や語順に注意しよう。

▶ 疑問詞が主語になっている文が間接疑問になる場合, 語順は変わらない。

47 Can you guess **what is** in this box?
（この箱の中に何が入っているか, あなたは当てられますか。）

▶ where / when / why で始まる疑問文が間接疑問になる場合も,〈疑問詞＋肯定文の語順〉の形になる。

48 Do you know **where she is** from?（あなたは彼女がどこの出身か知っていますか。）

▶〈how ＋形容詞［副詞］〉で始まる疑問文が間接疑問になる場合も, そのあとは肯定文の語順になる。形容詞［副詞］がなく, how が単独で使われる場合も同じ。

49 Do you remember **how** much **it was**?（あなたはそれがいくらだったか覚えていますか。）

☑ **50 主語＋動詞＋目的語＋間接疑問**

> ### I will tell her **where you live**.
> （私は彼女に, あなたがどこに住んでいるかを教えましょう。）

▶〈主語＋動詞＋目的語＋目的語〉（SVOO）の文型の, 2つ目の目的語に間接疑問がくる場合もある。

> 最初は疑問文でどう言うかを考えて, それから間接疑問にすればいいね！

120

否定疑問文 　　　　　　　　「〜ないのですか」とたずねる文

☑ **⑸ Aren't you 〜?** 「〜ではないのですか」（be 動詞の場合）

> **Aren't** you tired?
> —— Yes, I am. / No, I'm not.
> （あなたは疲れていないのですか。——いいえ，疲れています。/ はい，疲れていません。）

▶「〜ではないのですか」などと否定の意味を含む疑問文を否定疑問文といい，〈否定の短縮形＋主語〜？〉で表す。否定文の 〜n't を文の初めに出して作ればよい。

▶ 答えが肯定の内容なら Yes，否定の内容なら No を使う。日本語の「はい / いいえ」と逆になるので注意しよう。

▶ 一般動詞や助動詞を使った否定疑問文も，否定文の〜n't を文の初めに出して作る。答え方にも注意。

> ⑸ **Don't** you remember? —— Yes, I do. / No, I don't.
> （あなたは覚えていないのですか。—— **いいえ**，覚えています。/ **はい**，覚えていません。）

付加疑問 　　　　　　　　　　「〜ですね」とたずねる文

☑ **⑸ 〜, aren't you?** 「〜ですね」（be 動詞の場合）

> You are tired**, aren't you?**
> （あなたは疲れていますね。）

▶「〜ですね」などと相手に軽くたずねるために文の終わりにつける〈コンマ＋否定の短縮形＋主語？〉を付加疑問という。付加疑問の主語は，文全体の主語に合わせた代名詞にする。

▶ 一般動詞や助動詞を含む文につける付加疑問は，〈コンマ＋ don't など＋主語？〉，〈コンマ＋ can't など＋主語？〉の形になる。

> ⑸ You love books**, don't you?** （あなたは本が大好きですね。）

▶ 否定文につける付加疑問は，〈コンマ＋肯定形＋主語？〉の形になる。be 動詞の場合も一般動詞や助動詞の場合も同じ。答えが肯定の内容なら Yes，否定の内容なら No を使う。

> ⑸ It isn't yours**, is it?** （それはあなたのではないですよね。）
> —— **Yes**, it is. （**いいえ**，私のです。）/ **No**, it isn't. （**はい**，私のではありません。）

第**5**章
いろいろな疑問文

解答 ➡ p.219

定期試験対策問題

1 次の（　）内から適する語句を選びなさい。

⑴ I don't know (that, when, what) time they will come. _____

⑵ Do you know (that, when, where) Ken's birthday is? _____

⑶ I don't remember what (you were, were you) wearing yesterday. _____

⑷ I want to know (did who eat, who ate) my cake. _____

⑸ He went to school today, (didn't he, he didn't)? _____

⑹ You are not wrong, (are you, you are)? _____

2 次の___に適する語を入れて，付加疑問の文を完成させなさい。

⑴ You are tired today, _____ _____?

⑵ Those girls belong to this club, _____ _____?

⑶ Nancy plays the piano, _____ _____?

⑷ You went to the party, _____ _____?

⑸ Mr. Green can eat *natto*, _____ _____?

⑹ Your sister has been to Australia, _____ _____?

⑺ They didn't join the meeting, _____ _____?

3 次の疑問文を，___に入れるのに適する間接疑問に変えて書きなさい。

⑴ Where does she work every day?

→I don't know _____.

⑵ Who gave me this present?

→I don't remember _____.

⑶ How long has Ms. Brown been in Japan?

→Do you know _____?

⑷ What time did they leave here?

→I want to know _____.

122

4 次の英文を「〜ではない [〜しない] のですか」という否定疑問文にしなさい。

(1) They are soccer players.

_____

(2) Ken helps his parents.

_____

(3) You can swim.

_____

5 次の日本文の意味を表す英文を,(　　　)内の語句を並べかえて作りなさい。

(1) あなたはあの女の人がだれかわかりますか。

(you / that / do / know / is / who / woman)?

_____

(2) あなたは私の祖母が何歳か推測できますか。

(guess / my grandmother / you / how / can / is / old)?

_____

(3) だれが窓を割ったか, 彼が私に教えてくれました。

(broke / who / told / the window / me / he).

_____

(4) 私はなぜ妹が泣いているのかわかりません。

(don't / crying / know / is / why / I / my sister).

_____

6 次の英文を日本語になおしなさい。

(1) This isn't your bike, is it? —— No, it isn't.

_____

(2) Can't Yuka ski? —— Yes, she can.

_____

(3) Did she tell you where she was going with her friend?

_____

7 次の日本文に合うように，＿＿に適する語を入れなさい。

(1) あなたはその映画を見なかったのですか。── はい，見ませんでした。

＿＿＿＿＿＿ you ＿＿＿＿＿＿ the movie?

── ＿＿＿＿＿＿ , I didn't.

(2) これはあなたのノートではないですね。

This ＿＿＿＿＿＿ your notebook, ＿＿＿＿＿＿ ＿＿＿＿＿＿?

(3) トムはてんぷらが好きですよね。

Tom ＿＿＿＿＿＿ tempura, ＿＿＿＿＿＿ ＿＿＿＿＿＿?

(4) 彼女はパーティーに来られないのですか。── いいえ，来られます。

＿＿＿＿＿＿ she come to the party? ── ＿＿＿＿＿＿, she ＿＿＿＿＿＿.

(5) あなたはなぜ，だれがあのケーキを作ったか教えてくれなかったのですか。

Why ＿＿＿＿＿＿ you tell ＿＿＿＿＿＿ ＿＿＿＿＿＿ made that cake?

(6) タロウはもうすぐ着きますよね。── そうだと思います。

Taro will arrive soon, ＿＿＿＿＿＿ ＿＿＿＿＿＿? ── I think so.

(7) あなたは何と言いましたか。私はあなたが何を言ったか聞き取れませんでした。

What did you say? I couldn't catch ＿＿＿＿＿＿ you ＿＿＿＿＿＿.

8 次の日本文を英語になおしなさい。

(1) あなたは彼女を知らなかったのですか。

＿＿＿＿＿＿＿＿＿＿＿＿＿＿＿＿＿＿＿＿＿＿＿＿＿＿＿＿＿＿＿＿＿＿＿＿＿＿

(2) 次の電車がいつ来るか私に教えていただけますか。

＿＿＿＿＿＿＿＿＿＿＿＿＿＿＿＿＿＿＿＿＿＿＿＿＿＿＿＿＿＿＿＿＿＿＿＿＿＿

(3) あなたのお母さんは歌手ですよね。

＿＿＿＿＿＿＿＿＿＿＿＿＿＿＿＿＿＿＿＿＿＿＿＿＿＿＿＿＿＿＿＿＿＿＿＿＿＿

(4) 私はエミがどこにいるか知っています。

＿＿＿＿＿＿＿＿＿＿＿＿＿＿＿＿＿＿＿＿＿＿＿＿＿＿＿＿＿＿＿＿＿＿＿＿＿＿

(5) 私は父がいつ帰宅したか覚えていません。

＿＿＿＿＿＿＿＿＿＿＿＿＿＿＿＿＿＿＿＿＿＿＿＿＿＿＿＿＿＿＿＿＿＿＿＿＿＿

(6) 私はその機械がどのように機能する(work)のかをあなたに教えられません(can't tell)。

＿＿＿＿＿＿＿＿＿＿＿＿＿＿＿＿＿＿＿＿＿＿＿＿＿＿＿＿＿＿＿＿＿＿＿＿＿＿

分詞の形容詞的用法

現在分詞（≫p.126〜）の解説動画を確認しよう！

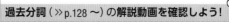
過去分詞（≫p.128〜）の解説動画を確認しよう！

現在分詞の形容詞的用法

名詞を修飾する動詞のing形

56 名詞＋現在分詞（**ing形**）＋語句「〜している〈名詞〉」

● 現在分詞（動詞のing形）で始まるまとまりが後ろから名詞を修飾する形を学習しよう。

例文
Look at the boy **playing** the guitar.

ギターを弾いている男の子を見なさい。

▶「ギターを弾いている男の子」のように「〜している」の意味で名詞を修飾するときは，動詞のing形を使う。あとに続く語句とひとまとまりになって，名詞を後ろから修飾する。

 ing形の作り方 >> p.170

The girl **standing** near the door is my sister.
（ドアの近くに立っている女の子は私の姉です。）

⚠ このing形は進行形を作るing形と同じもので，現在分詞という。
The boy is **playing** the guitar.　［現在進行形のing形］
（その男の子はギターを弾いています。）

⚠ 名詞を修飾する働きが形容詞と同じなので，この用法を現在分詞の形容詞的用法という。

 日本語と語順が違うので要注意。

 ポイント

Look at the boy. ＋ **playing** the guitar
（その男の子を見なさい。）　（ギターを弾いている）

Look at the boy **playing** the guitar.
　　　　　　　　　　　　ing形＋語句 …「ギターを弾いている男の子」
　　　　　　　　── 修飾 ──

The girl is my sister. ＋ **standing** near the door
（その女の子は私の姉です。）　（ドアの近くに立っている）

The girl **standing** near the door is my sister.
　　　　　　　　　　　　ing形＋語句 …「ドアの近くに立っている女の子」
　　── 修飾 ──

会話でチェック！ →ステージでバンドが演奏しています。

> Do you know the band?

あなたはあのバンドを知っていますか。

> Yes. Look at the boy **playing** the guitar. 👆 He's my friend John.

はい。ギターを弾いている男の子を見て。彼は私の友達のジョンです。

> Do you know anyone else?

ほかにだれかを知っていますか。

> The tall boy is Paul.

背の高い男の子はポールです。

確認問題 ❶ 解答➡p.209

[ ]の文を参考にして，日本文に合うように，（ ）に適する語を入れよう。

1. メガネをかけているその男性を知っていますか。 [The man is wearing glasses.]

Do you know the man （ ） （ ）?

2. 向こうで走っているイヌは楽しそうです。 [The dog is running over there.]

The （ ） （ ） over there looks happy.

---

57 現在分詞（ing形）＋名詞「〜している〈名詞〉」

● 現在分詞（動詞のing形）が1語で前から名詞を修飾する形を学習しよう。

例文
That cloud looks like a **smiling** face.

あの雲は笑っている顔のように見えます。

▶ 動詞のing形（現在分詞）があとに語句を伴わず，1語で名詞を修飾する場合は，名詞の前に置かれる。

the **sleeping** cat（眠っているネコ）

会話でチェック！ →青空に雲がいくつか浮かんでいます。

> Look! That cloud looks like a **smiling** face. 👆

見て！ あの雲は笑っている顔のように見えます。

> Yes! It has two eyes and a big mouth.

はい！ 2つの目と大きな口があります。

確認問題 ❷ 解答➡p.209

日本文に合うように，（ ）に適する語を入れよう。

1. 彼は私に，走っている女の子の写真を見せました。

He showed me a picture of a （ ） girl.

過去分詞の形容詞的用法

名詞を修飾する過去分詞

58 **名詞＋過去分詞＋語句**「～された〈名詞〉」

● 過去分詞で始まるまとまりが後ろから名詞を修飾する形を学習しよう。

例文
I got a letter **written** in English.

私は英語で書かれた手紙を受け取りました。

▶「英語で書かれた手紙」のように「～された」「～されている」の意味で名詞を修飾するときは，過去分詞を使う。あとに続く語句とひとまとまりになって，名詞を後ろから修飾する。

（参照）過去分詞の作り方 》p.171

Houses **made** of wood are strong.

（木で造られた家は強いです。）

⚠ この過去分詞は受け身を作る過去分詞と同じもの。
　This letter is **written** in English.　[受け身の過去分詞]
　（この手紙は英語で書かれています。）

（参照）受け身
》p.34

⚠ 名詞を修飾する働きが形容詞と同じなので，この用法を過去分詞の形容詞的用法という。

 ポイント

I got a letter.　　　　　　　＋ **written** in English
（私は手紙を受け取りました。）　　　（英語で書かれた）

I got a letter **written** in English.
　　　　　　↑　過去分詞＋語句 …「英語で書かれた手紙」
　　　　　└─修飾─┘

後ろから名詞を修飾するんだね

Houses are strong. ＋ **made** of wood
（家は強いです。）　　　　　（木で造られた）

Houses **made** of wood are strong.
　　　↑　過去分詞＋語句 …「木で造られた家」
　└──修飾──┘

> 👧 Can you help me a little, Tom?

少し助けてくれるかな，トム？

> 👦 Of course.

もちろんだよ。

> 👧 I got a letter **written** in English. ☝ Can you read it for me?

私は英語で書かれた手紙を受け取ったんだ。私のために読んでくれる？

> 👦 Sure. Let me look at it.

いいよ。ぼくに見せて。

✏ **確認問題 ③**　解答➡p.209

［　］の文を参考にして，日本文に合うように，（　）に適する語を入れよう。

1. これは太宰治によって書かれた本です。　[The book was written by Dazai Osamu.]

   This is a (　　　　　　) (　　　　　　) by Dazai Osamu.

2. ここで使われている言語は英語です。　[The language is used here.]

   The language (　　　　　　) here (　　　　　　) English.

59 **過去分詞＋名詞「～された〈名詞〉」**

●過去分詞が1語で前から名詞を修飾する形を学習しよう。

例文

Be careful with the **broken** glass.

割れた［割られた］ガラスに気をつけてください。 🎧

▶過去分詞があとに語句を伴わず，1語で名詞を修飾する場合は，名詞の前に置かれる。

a **used** car（中古車［使われた車］）

会話でチェック！ →びんが床に落ちてしまいました。 🎧

> 👧 Oh, no! The bottle broke.

しまった！　びんが割れました。

> 👧 I'll clean it up quickly.

すぐに片づけます。

> 👧 Be careful with the **broken** glass. ☝

割れたガラスに気をつけて。

✏ **確認問題 ④**　解答➡p.209

日本文に合うように，（　）に適する語を入れよう。

1. あの割れた窓に触らないでください。

   Don't touch that (　　　　　　) window.

現在分詞の形容詞的用法　　　　　名詞を修飾する動詞のing形

☑ **56 名詞＋現在分詞（ing形）＋語句**　「〜している〈名詞〉」

> **Look at the boy playing the guitar.**
> （ギターを弾いている男の了を見なさい。）

▶ 「ギターを弾いている男の子」のように「〜している」の意味で名詞を修飾するときは，動詞のing形を使う。あとに続く語句とひとまとまりになって，名詞を後ろから修飾する。このing形は進行形を作るing形と同じもので，現在分詞といい，名詞を修飾する働きが形容詞と同じなので，この用法を現在分詞の形容詞的用法という。

▶ 動詞のing形（現在分詞）があとに語句を伴わず，1語で名詞を修飾する場合は，名詞の前に置かれる。

57 That cloud looks like a **smiling** face. （あの雲は笑っている顔のように見えます。）

過去分詞の形容詞的用法　　　　　名詞を修飾する過去分詞

☑ **58 名詞＋過去分詞＋語句**　「〜された〈名詞〉」

> **I got a letter written in English.**
> （私は英語で書かれた手紙を受け取りました。）

▶ 「英語で書かれた手紙」のように「〜された」「〜されている」の意味で名詞を修飾するときは，動詞の過去分詞を使う。あとに続く語句とひとまとまりになって，名詞を後ろから修飾する。

▶ 過去分詞があとに語句を伴わず，1語で名詞を修飾する場合は，名詞の前に置かれる。

59 Be careful with the **broken** glass. （割れた［割られた］ガラスに気をつけてください。）

> 現在分詞は「〜している」を表し，過去分詞は「〜された」を表すんだね。

130

1 次の（　）内から適する語を選びなさい。

(1) Did you read the note （leaving, left） on the table?　＿＿＿＿＿＿

(2) There are a lot of （working, worked） mothers now.　＿＿＿＿＿＿

(3) Ms. Brown eats only （cooking, cooked） fish.　＿＿＿＿＿＿

(4) That girl （played, playing） the guitar is my friend.　＿＿＿＿＿＿

2 次の＿＿＿に，（　）内の語を必要に応じて適する形にして書きなさい。

(1) The woman ＿＿＿＿＿＿ Japanese in that class is Ms. Ito. （teach）

(2) I got a letter ＿＿＿＿＿＿ in Japanese from Tom. （write）

(3) The dog ＿＿＿＿＿＿ to me by my uncle is very cute. （give）

(4) Do you know that ＿＿＿＿＿＿ boy? （cry）

3 次の英文に（　）内の語を加えるとしたらどこが適切か，記号を○で囲みなさい。

(1) I wrote　a　letter　to　my aunt　in Paris. （living）
　　　ア　イ　　ウ エ　　　オ

(2) He lent　me　a　book　by　Shiba Ryotaro. （written）
　　　ア　イ ウ　　エ　オ

(3) They　sell　cars　in　that shop. （used）
　　　ア　イ　ウ エ

(4) Don't　touch　the　window　. （broken）
　　　ア　　イ　ウ　　エ

4 次の日本文の意味を表す英文を，（　）内の語句を並べかえて作りなさい。

(1) 湖の上を昇ってくる太陽はとても美しかったです。

（ above / was / rising / the lake / the sun ） very beautiful.

＿＿＿＿＿＿＿＿＿＿＿＿＿＿＿＿＿＿＿＿＿＿＿＿＿ very beautiful.

(2) おばあちゃんが私に話してくれた話は興味深かったです。

The story (was / my grandmother / to me / interesting / by / told).

The story ＿＿＿＿＿＿＿＿＿＿＿＿＿＿＿＿＿＿＿＿＿＿ .

(3) グリーン先生を手伝っているあの女の子はだれですか。

(is / helping / girl / who / Mr. Green / that)?

＿＿＿＿＿＿＿＿＿＿＿＿＿＿＿＿＿＿＿＿＿＿＿＿＿＿＿

(4) 私の父によって捕まえられた魚はとても大きかったです。

The fish (my father / big / very / by / caught / was).

The fish ＿＿＿＿＿＿＿＿＿＿＿＿＿＿＿＿＿＿＿＿＿＿＿ .

5 次の各組の2文の内容を1文で表すとき，＿＿に適する語を入れなさい。

(1) Do you know those girls? They are running over there.

→ Do you know those girls ＿＿＿＿＿＿＿ over there?

(2) These are pictures. Tom took them in Canada.

→ These are pictures ＿＿＿＿＿＿ ＿＿＿＿＿＿ Tom in Canada.

6 次の英文を日本語になおしなさい。

(1) The cat called Kitty is a member of our family.

＿＿＿＿＿＿＿＿＿＿＿＿＿＿＿＿＿＿＿＿＿＿＿＿＿＿＿

(2) I like the image of the Earth seen from space.

＿＿＿＿＿＿＿＿＿＿＿＿＿＿＿＿＿＿＿＿＿＿＿＿＿＿＿

(3) Is there a store selling Christmas goods near here?

＿＿＿＿＿＿＿＿＿＿＿＿＿＿＿＿＿＿＿＿＿＿＿＿＿＿＿

7 次の日本文を英語になおしなさい。

(1) 海で泳いでいる人が何人かいます。

＿＿＿＿＿＿＿＿＿＿＿＿＿＿＿＿＿＿＿＿＿＿＿＿＿＿＿

(2) あなたはおばあさんが作ってくれたケーキが好きですか。

＿＿＿＿＿＿＿＿＿＿＿＿＿＿＿＿＿＿＿＿＿＿＿＿＿＿＿

関係代名詞

主語の働きをする関係代名詞 who（≫p.134 〜）の
解説動画を確認しよう！

解説動画

解説動画

主語・目的語の働きをする関係代名詞 which ／ that，
関係代名詞の省略（≫p.138 〜）の解説動画を確認しよう！

主格の関係代名詞

主語の働きをする who / which / that

60 関係代名詞の働き

● 関係代名詞で始まるまとまりが，名詞を後ろから修飾する形を学習しよう。

> 例文
>
> ## I have an uncle **who** lives in Kobe.
>
> 私には神戸に住んでいるおじがいます。

▶ 「神戸に住んでいるおじ」を英語で言う場合，**who** lives in Kobe という関係代名詞で始まるまとまりが，an uncle を後ろから修飾する形にする。

▶ この who は，who 以下のまとまりを an uncle と関係づける（結びつける）働きと，代名詞の働きの両方を持っているので，「関係代名詞」という。

▶ この an uncle のように，関係代名詞で始まるまとまりが修飾する名詞や代名詞を「先行詞」という。

関係代名詞で始まるまとまりは名詞を修飾するので，形容詞の働きをしている。

ポイント

代名詞
an uncle ＋ **He** lives in Kobe.
（おじ）　　　（彼は神戸に住んでいます。）

→ an uncle **who** lives in Kobe　神戸に住んでいる　おじ

先行詞　　　関係代名詞
──── 修飾 ────
──── 修飾 ────
日本語との語順の違いに注意！

- -

会話 でチェック！　→週末の予定について話しています。

I'm going to Kobe this weekend. 　　今週末，神戸に行きます。

Why? 　　なぜですか。

I have an uncle **who** lives there. 　　そこに住んでいるおじがいます。彼に
I'm going to see him. 　　会うつもりです。

解答➡p.209

[　]を参考にして，日本語に合うように，（　　）に適する語を入れよう。

1. カナダに住んでいる女の子 [a girl / **She** lives in Canada.]

a girl (　　　　　　) (　　　　　　　　) in Canada

61 who＋動詞～ （先行詞＝「人」）

● 主語の働きをする関係代名詞whoの使い方を学習しよう。

例文

That's the boy **who** was with Kate yesterday.

あれは，昨日ケイトといっしょにいた男の子です。

▶ 先行詞が「人」の場合は，関係代名詞whoを使う。

▶ 例文 のwhoは，who以下のまとまりの中で主語の働きをしている。これを「主格」の関係代名詞という。

▶ 主格のwhoのあとには動詞が続く。動詞の形は先行詞の人称・数に合わせる。ここではthe boyに合わせてwasとなっている。

I like people **who** are kind to animals. ［peopleに合わせてare］
（私は動物に親切な人々が好きです。）

⚠ 先行詞が文全体の中で主語になる場合もある。
　 The boy **who** was with Kate yesterday lives here.
　 （昨日ケイトといっしょにいた男の子はここに住んでいます。）

用語 主格：代名詞が主語になるときの形（I, she, theyなどと同じ働き）

livesの主語はThe boy。

That's the boy. ＋ **He** was with Kate yesterday.
（あれはその男の子です。）　（彼は昨日ケイトといっしょにいました。）

→ That's the boy **who** was with Kate yesterday.
　　　　「人」　　　　└─▶ whoは主語の働き

会話でチェック! →あそこを歩いているのは…?

　That's the boy **who** was with Kate yesterday.

あれは，昨日ケイトといっしょにいた男の子です。

　Oh, that's Tom. He's her cousin.

ああ，あれはトムです。彼は彼女のいとこです。

発音練習

確認問題 ② 解答➡p.209

日本文に合うように，（ ）に適する語を入れよう。

1. 私にはピアノをじょうずに弾く友達がいます。

I have a ( ) ( ) ( ) the piano well.

62 **which＋動詞～ （先行詞＝「人以外」）**

●主語の働きをする関係代名詞whichの使い方を学習しよう。

例文
Take the bus **which** goes to the station.
駅へ行くバスに乗ってください。

▶ 例文 のthe busのように先行詞が「人以外（もの・こと・動物など）」の場合は，関係代名詞whichを使う。

▶ 例文 のwhichは，which以下のまとまりの中で主語の働きをしている。これを「主格」の関係代名詞という。

主語の働きをしているから，あとに動詞が続くよ。

▶ 主格のwhichのあとには動詞が続く。動詞の形は先行詞の人称・数に合わせる。ここではthe busに合わせてgoesとなっている。

I have a cat **which** has blue eyes.

［先行詞はa cat＝人以外（動物）。a catに合わせて動詞はhasとする。］
（私は青い目をしたネコを飼っています。）

ポイント

Take the bus. ＋ **It** goes to the station.
（バスに乗りなさい。）　　（それは駅へ行きます。）

→ Take the bus **which** goes to the station.
　　　　　　　「人以外」　　　└─▶ whichは主語の働き

会話でチェック！ →バスの停留所で話しかけられました。

発音練習

Excuse me, how can I get to the library?

すみません，図書館へはどう行けばいいですか。

Take the bus **which** goes to the station.
The library is near the second stop.

駅へ行くバスに乗ってください。図書館は2つ目のバス停の近くです。

I see. Thank you.

わかりました。ありがとう。

日本文に合うように，（　）に適する語を入れよう。

1. キリンは長い首を持つ動物です。

   A giraffe is an animal (　　　　　　) (　　　　　　) a long neck.

2. あそこで眠っているイヌはエミのです。

   The dog (　　　　　　) (　　　　　　) sleeping over there is Emi's.

63 that＋動詞〜　（先行詞＝「人」「人以外」）

●主語の働きをする関係代名詞thatの使い方を学習しよう。

> 例文
> # This is a song **that** is loved by young people.
> これは若い人々に愛されている歌です。

▶ 関係代名詞thatは，先行詞が「人」でも「人以外」でも使うことができる。

▶ 例文 のthatは，that以下のまとまりの中で主語の働きをしている「主格」の関係代名詞。

例文 = This is a song **which** is loved by young people.

The man **that** came last was Tom.

= The man **who** came last was Tom.　［先行詞 The manは「人」］

（最後に来た男の人はトムでした。）

> 先行詞が「人」の場合はwhoのほうがよく使われる。

会話 でチェック！　→ステージでジェーンが歌っています。

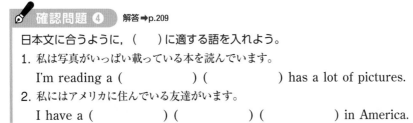

Jane is singing on the stage.
ジェーンがステージで歌っています。

It's a beautiful song. Is it popular?
美しい歌ですね。人気がありますか。

Yes. This is a song **that** is loved by young people.
はい。これは若い人々に愛されている歌です。

発音練習

日本文に合うように，（　）に適する語を入れよう。

1. 私は写真がいっぱい載っている本を読んでいます。

   I'm reading a (　　　　　　) (　　　　　　) has a lot of pictures.

2. 私にはアメリカに住んでいる友達がいます。

   I have a (　　　　) (　　　　　　) (　　　　　　) in America.

目的格の関係代名詞

目的語の働きをするwhich / that, 接触節

64 **which＋主語＋動詞～　（先行詞「人以外」）**

●目的語の働きをする関係代名詞whichの使い方を学習しよう。

例文
> # This is the bag **which** I bought in Kyoto.
> これが私が京都で買ったかばんです。

▶ 例文 のwhichは関係代名詞で，先行詞は「人以外」のthe bag。which以下が後ろからthe bagを修飾している。

▶ 例文 のwhichは，which以下のまとまりの中で動詞boughtの目的語の働きをしている。これを「目的格」の関係代名詞という。

▶ 目的格のwhichのあとには〈主語＋動詞〉が続く。

The dog **which** you found is mine.　[whichはfoundの目的語の働き]
（あなたが見つけたイヌは私のです。）

（**用語**）目的格：代名詞が目的語になるときの形（me, her, themなどと同じ働き）

　　　This is the bag. ＋ I bought **it** in Kyoto. [itはboughtの目的語]
　　　（これがそのかばんです。）　　（私はそれを京都で買いました。）

→ This is the bag **which** I bought in Kyoto.

　　　「人以外」　　　　　〈主語＋動詞〉
　　　　　　　　　　　whichはboughtの目的語の働き

➕ⓐ 先行詞が「人」の場合はwho [whom] を使う。
Ms. Green is a teacher **who** everyone likes.
（グリーン先生は，だれもが好きな先生です。）

先行詞はa teacher（人）。whoはlikesの目的語の働き。

会話でチェック!　→友達が京都へ旅行に行きました。

> What did you buy in Kyoto?

京都で何を買ったの？

> A bag. Look! This is the bag **which** I bought there.

かばんだよ。ほら。これがそこで買ったかばんだよ。

> Oh, it's nice.

ああ，すてきだね。

138

[　]の文を参考にして, 日本文に合うように,（　）に適する語を入れよう。

1. これらは彼が私に作ってくれたクッキーです。　[He made **them** for me.]

   These are the cookies （　　　　） （　　　　　） （　　　　　） for me.

2. 私が昨夜読んだ本はやさしかったです。　[I read **it** last night.]

   The book （　　　　） （　　　　　） （　　　　　　　） last night was easy.

---

65 that＋主語＋動詞〜 （先行詞＝「人」「人以外」）

●目的語の働きをする関係代名詞thatの使い方を学習しよう。

> 例文
> # I found the pen **that** I lost yesterday.
> 私は昨日なくしたペンを見つけました。

▶ which の代わりに関係代名詞that を使うこともできる。

▶ 例文のthatは, that以下のまとまりの中で**目的語の働き**をしている。これを「**目的格**」の関係代名詞という。

I found the pen. ＋I lost **it** yesterday.

（私はペンを見つけました。）（私は昨日それをなくしました。）

→ I found the pen **that** I lost yesterday. 例文

　＝I found the pen **which** I lost yesterday.

The hat **that** she was wearing looked expensive.

[The hat looked expensive. ＋She was wearing **it**.]

（彼女のかぶっていた帽子は高そうでした。）

+α 目的格の関係代名詞thatは先行詞が「人」の場合にも使える。

　　Ms. Green is a teacher **that** everyone likes.

　　（グリーン先生はだれもが好きな先生です。）

+α 目的格の関係代名詞が前置詞の目的語の働きをすることがある。その場合, 次のように前置詞が後ろに残る形になる。

　　I found the pen **that** I was looking for.

　　[I found the pen. ＋I was looking for **it**.]

　　（私は探していたペンを見つけました。）

　　This is the house **which** they live in.

　　[This is the house. ＋They live in **it**.]

　　（これは彼らが住んでいる家です。）

参照 主語の働きをする関係代名詞that
≫p.137

先行詞はa teacher（人）。
thatはlikesの目的語の働き。

前置詞を忘れないように注意しよう。

発音練習

> You look happy.　What happened?

うれしそうだね。何があったの？

> I found the pen **that** I lost yesterday.
> It's my favorite.

昨日なくしたペンを見つけたんだ。お気に入りのペンなんだよ。

> Where did you find it?

どこで見つけたの？

> In my room, under the bed.

私の部屋，ベッドの下だよ。

確認問題 ❻　解答➡p.209

[　]の文を参考にして，日本文に合うように，（　）に適する語を入れよう。

1. ロンドンは私が去年訪れた都市です。　[I visited **it** last year.]

　London is the city （　　　　　）（　　　　　）（　　　　　） last year.

2. 彼が使っていた電話はとても小さかったです。　[He was using **it**.]

　The phone （　　　　　）（　　　　　）（　　　　　） using was very small.

◆関係代名詞thatが好まれる場合

▶ 次のような場合には，関係代名詞としてwhichよりもthatが好まれる（主格・目的格どちらの場合も）。

（1）先行詞にthe only（ただ1つの），all（すべての）などがついている場合。

Arigato was **the only** Japanese word **that** he knew.

（「ありがとう」は彼が知っているただ1つの日本語の言葉でした。）

（2）先行詞に形容詞の最上級やthe first, the secondなど（序数）がついている場合。

This is **the biggest** bag **that** is sold here.

（これは，ここで売られている最も大きなかばんです。）

（3）先行詞がeverything, anything, nothingなどの場合。

I saw **everything that** happened.

（私は起こったすべてのことを見ました。）

◆目的格の関係代名詞の省略

▶ 目的格の関係代名詞は省略することができ，〈先行詞＋主語＋動詞〉の形になる。

This is the bag **which** I bought in Kyoto.（≫p.138）

→ This is the bag I bought in Kyoto.

I found the pen **that** I lost yesterday.（≫p.139）

→ I found the pen I lost yesterday.

> ただし，これらの場合も，先行詞が「人」の場合はwhoがよく使われる。

> **参照**　次で学習する「接触節」と同じ形になる。
> ≫p.141
>
> 主格の関係代名詞は省略できない。

66 〈主語＋動詞～〉が前の名詞を修飾（接触節）

● 〈主語＋動詞～〉が前の名詞を修飾する形を学習しよう。

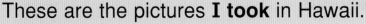

例文
These are the pictures **I took** in Hawaii.

これらは私がハワイで撮った写真です。

▶ 例文 では I took in Hawaii という〈主語＋動詞〉を含むまとまりが、前の the pictures を修飾している。このように前の名詞を修飾する〈主語＋動詞～〉のまとまりを接触節という。

参照 接触節は、目的格の関係代名詞が省略されたときと同じ形になる。≫p.140

▶ 修飾される名詞は、〈主語＋動詞～〉の動詞の目的語にあたる。

The food **he cooked** for us was very good.
（彼が私たちのために料理した食べ物はとてもおいしかったです。）

ポイント

I took the pictures in Hawaii. （私はハワイで写真を撮りました。）

the pictures は took の目的語

the pictures **I took** in Hawaii （私がハワイで撮った写真）

He cooked the food for us. （彼は私たちのために食べ物を料理しました。）

the food は cooked の目的語

the food **he cooked** for us （彼が私たちのために料理した食べ物）

会話 でチェック！ →友達がパソコンの画面で何かを見ています。

What are you looking at? 　何を見ているの？

These are the pictures **I took** in Hawaii. 　これらはぼくがハワイで撮った写真だよ。

Did you go to Hawaii? When? 　ハワイへ行ったの？ いつ？

Last summer. I went there with my family. 　去年の夏だよ。家族と行ったんだ。

発音練習

✎ 確認問題 ❼　解答➡p.209

[　]の文を参考にして、日本語に合うように、（　）に適する語を入れよう。

1. これは彼がほしがっている自転車です。　[He wants the bike.]
　　This is the (　　　　　) (　　　　　) (　　　　　).

第7章 関係代名詞

主格の関係代名詞　　　　　　主語の働きをするwho / which / that

☑ **⑥⓪ 関係代名詞の働き**

> ## I have an uncle **who** lives in Kobe.
> （私には神戸に住んでいるおじがいます。）

▶ 「神戸に住んでいるおじ」を英語で言う場合，**who** lives in Kobeという関係代名詞で始まるまとまりが，an uncleを後ろから修飾する形にする。

▶ このwhoは，who以下のまとまりをan uncleと関係づける（結びつける）働きと，代名詞の働きの両方を持っているので，「関係代名詞」という。

▶ このan uncleのように，関係代名詞で始まるまとまりが修飾する名詞や代名詞を，「先行詞」という。

☑ **⑥① who＋動詞〜　（先行詞＝「人」）**

> ## That's the boy **who** was with Kate yesterday.
> （あれは，昨日ケイトといっしょにいた男の子です。）

▶ 先行詞が「人」の場合は，関係代名詞whoを使う。このwhoは，who以下のまとまりの中で主語の働きをしている。これを「主格」の関係代名詞という。

▶ 主格のwhoのあとには動詞が続く。動詞の形は先行詞の人称・数に合わせる。

▶ 先行詞が「人以外（もの・こと・動物など）」の場合は，関係代名詞whichを使う。このwhichは，which以下のまとまりの中で主語の働きをしている「主格」の関係代名詞。主格のwhichのあとには動詞が続く。動詞の形は先行詞の人称・数に合わせる。
　⑥② Take the bus **which** goes to the station. （駅へ行くバスに乗ってください。）

▶ 関係代名詞thatは，先行詞が「人」でも「人以外」でも使うことができる。このthatは，that以下のまとまりの中で主語の働きをしている「主格」の関係代名詞。
　⑥③ This is a song **that** is loved by young people. （これは若い人々に愛されている歌です。）

> 名詞を説明する語のカタマリ
> を見抜けるようになろう！

目的格の関係代名詞　　　　　　　　目的語の働きをするwhich / that, 接触節

☑ **64 which＋主語＋動詞～　（先行詞「人以外」）**

> **This is the bag which I bought in Kyoto.**
> （これが私が京都で買ったかばんです。）

▶ whichは関係代名詞で, 先行詞は「人以外」のthe bag。which以下が後ろからthe bagを修飾している。このwhichは, which以下のまとまりの中で動詞boughtの目的語の働きをしている。これを「目的格」の関係代名詞という。

▶ 目的格のwhichのあとには〈主語＋動詞〉が続く。

▶ whichの代わりに関係代名詞thatを使うこともできる。このthatは, that以下のまとまりの中で目的語の働きをしている「目的格」の関係代名詞。

　65 I found the pen **that** I lost yesterday. （私は昨日なくしたペンを見つけました。）

▶ 目的格の関係代名詞が前置詞の目的語の働きをすることがある。その場合, 次のように前置詞が後ろに残る形になる。

　　I found the pen **that** I was looking for. （私は探していたペンを見つけました。）

▶ 目的格の関係代名詞は省略することができ,〈先行詞＋主語＋動詞〉の形になる。「接触節」と同じ形になる。

☑ **66 〈主語＋動詞～〉が前の名詞を修飾（接触節）**

> **These are the pictures I took in Hawaii.**
> （これらは私がハワイで撮った写真です。）

▶ 上の文ではI took in Hawaiiという〈主語＋動詞〉を含むまとまりが, 前のthe picturesを修飾している。このように前の名詞を修飾する〈主語＋動詞～〉のまとまりを接触節という。

▶ 修飾される名詞は,〈主語＋動詞～〉の動詞の目的語にあたる。

> 「ハワイで撮った写真」は英語の語順では,「写真＋ハワイで撮った」になるんだね。

第**7**章

関係代名詞

1 次の（　）内から適切な関係代名詞を選びなさい。

(1) Do you know the girl （who, which） is standing at the bus stop? _____

(2) This is the pen （who, which） I gave him as a birthday present. _____

(3) The cake （who, that） I ate was very good. _____

(4) I want a shirt （who, that） looks nice on my mother. _____

2 下線部を先行詞にして，次の各組の2文を関係代名詞を使って1文にしなさい。

(1) Math is the subject.　She likes it the best.

_____

(2) This is the smartphone.　I've wanted it for a long time.

_____

(3) There were a lot of people.　They came to see the famous singer.

_____

(4) The man was Tom's father.　We met him at the party.

_____

(5) Do you remember the bike?　It was here yesterday.

_____

(6) Where did you buy the flowers?　You bought them for your mother.

_____

3 次の各英文のうち，関係代名詞が省略できるものを記号で答えなさい。

ア　This is the road which leads to the station.

イ　The letter that I received yesterday made me sad.

ウ　That is the girl who won first prize in the speech contest.

エ　The dream which I had last night was very strange.

オ　Look at the boy and his dog that are running in the park. _____

4 次の各組の英文がほぼ同じ意味を表すように，＿＿＿に適する語を入れなさい。

(1) Look at that girl with long hair.

Look at that girl ＿＿＿＿＿＿ ＿＿＿＿＿＿ long hair.

(2) These are the pictures Ken took in Canada.

These are the pictures ＿＿＿＿＿＿ ＿＿＿＿＿＿ taken by Ken in Canada.

(3) The boy swimming over there is Yumi's brother.

The boy ＿＿＿＿＿＿ ＿＿＿＿＿＿ swimming over there is Yumi's brother.

5 次の日本文の意味を表す英文になるように，（　　）内の語句を並べかえなさい。

(1) 私はドイツ製の車を持っています。

(which / in / I / made / have / was / Germany / a car).

_____

(2) 私たちが解決しなければならない問題があります。

(solve / is / have / a problem / there / we / to).

_____

(3) 私があなたに紹介した女の人は科学者です。

(a scientist / I / the woman / to / that / is / introduced / you).

_____

(4) 私が言いたいのはそれだけです。

(want / all / to / that's / say / I).

_____

(5) 私は中国語が話せる人を探しています。

(am / a person / can / I / Chinese / looking for / speak / who).

_____

(6) テーブルの上にあった辞書はどこにありますか。

(is / on / the dictionary / the table / was / which / where)?

_____

(7) あなたは先週なくしたかばんを見つけましたか。

(found / have / lost / you / last week / you / the bag / which)?

_____

6 次の英文を日本語になおしなさい。

(1) This is the telephone number he gave me.

_____

(2) Is there anything you don't understand?

_____

(3) The woman I saw at the station was from France.

_____

(4) I have a friend who knows a lot about computers.

_____

7 次の日本文に合うように，＿＿に適する語を入れなさい。

(1) トムは，あなたと同じ学校に通う学生です。

Tom is a student _____ _____ to the same school as you.

(2) 彼女が私に教えてくれたすべてのことは本当だった。

Everything _____ _____ _____ was true.

(3) 司書とは図書館で働く人です。

A librarian is a person _____ _____ in a library.

(4) あなたには信頼できる友達がいますか。

Do you have a _____ _____ can trust?

8 次の日本文を英語になおしなさい。

(1) これは駅に行くバスですか。

_____

(2) 私が今読んでいる本はとてもおもしろいです。

_____

(3) あなたはこの古い家に住んでいる女性を知っていますか。

_____

(4) 彼女はほしがっていたぼうしを買いましたか。

_____

146

第**8**章

仮定法

ifを使う仮定法の文

「もし〜なら…だろうに」

67 if（もし）を使う2つの場合

● 「現実にありうること」か「現実に反すること」かの区別を考えよう。

> 例文
> ## If you **are** hungry, I **will** make lunch for you.
> もしあなたが空腹なら，私があなたのためにお昼ご飯を作りましょう。

▶ 例文 の話し手は，相手が空腹かもしれないと思っている。つまり，この「もし〜」は現実にありうることを述べている。

▶ では，次の文の「もし〜」はどうだろうか。

　　もし羽があれば，私は家へ飛んで帰るだろうに。

　この文の話し手は，羽を持っていない。つまり，この「もし〜」は現実に反することを仮定して述べている。

> 現実に反する「仮定」を表す言い方だね。

▶ このような現実に反することを仮定して述べる文を仮定法の文といい，動詞や助動詞の過去形を使う。

　　If I **had** wings, I **would** fly home.
　　　 過去形　　　 助動詞の過去形
　　（もし羽があれば，私は家へ飛んで帰るだろうに。）

> wouldはwillの過去形。

▶ このように，if（もし）の文には2つの使い方がある。この章では，現実に反する仮定を表す仮定法の文を学習する。

> 仮定法に対して，現実にありうることを表す文は，直説法の文という。

会話でチェック！ →午前中にサッカーの練習をして，帰宅しました。

発音練習

> I've just finished my practice.

練習を終えたところだよ。

> It's almost noon. **If** you **are** hungry, I **will** make lunch for you.

もうすぐ正午だね。もし空腹なら，お昼ご飯を作ってあげるよ。

> Thank you. I'm really hungry because I didn't eat breakfast.

ありがとう。朝ご飯を食べなかったから，本当に空腹なんだ。

68 「現実に反すること」を表す if の文

● 動詞や助動詞の過去形をどのように使うかをしっかり学習しよう。

例文
If I **had** wings, I **would fly** home.

もし羽があれば，私は家へ飛んで帰るだろうに。

▶ 「もし〜なら，…だろうに」と現実に反することを仮定して表す仮定法の文では，「もし〜なら」の部分に動詞の過去形を使い，「…だろうに」の部分には〈助動詞の過去形＋動詞の原形〉を使う。

I **could help** you **if** you **were** here.
（もしあなたがここにいれば，私はあなたを手伝えるのに。）

助動詞の過去形：
will → would
can → could　など

if 〜は文の後ろに置くこともできる。

 「もし〜なら」　　　　　「…だろうに」

If I **had** wings, I　**would**　**fly** home.

過去形　　　　　　　助動詞の過去形　原形　→現実に反することを表す仮定法

⚠ if 〜の部分に助動詞の過去形が使われることもある。
　　If I **could** read French, I would buy this book.
　　（フランス語が読めれば，私はこの本を買うだろうに。）

＋α if のあとの主語が I や 3 人称単数の場合でも，was の代わりに were を使う。
　　If I **were** you, I would wait.（私があなたなら，待つでしょう。）

話し言葉では was を使うこともある。

第**8**章

仮定法

会話でチェック！　→今日はすぐに家に帰りたいのですが…。

Today I want to go home quickly.

今日はすぐに家に帰りたいんです。

発音練習

But the train is late.　We have to wait for a few hours.

でも電車が遅れています。私たちは数時間待たなければなりません。

Oh, **if** I **had** wings, I **would fly** home.

ああ，もし羽があれば，家へ飛んで帰るだろうに。

 確認問題 ❶　解答➡p.210

日本文に合うように，（　　）に適する語を入れよう。

1. もし私が彼の電話番号を知っていれば，彼に電話をするだろうに。
　　If I （　　　　　） his phone number, I （　　　　　） call him.

2. もし今晴れているなら，私たちは公園で遊べるのに。
　　If it （　　　　　） sunny now, we （　　　　　） play in the park.

wishを使う仮定法の文

「〜ならいいのに」

69 **I wish 〜.**「〜ならいいのに」

● 「現実に反する願望」を表す仮定法の文を学習しよう。

例文
I wish I had more time.
もっと時間があればいいのに。

▶ 「〜ならいいのに」と現実に反する願望を表すときは，〈I wish ＋主語＋過去形〜.〉の形を使う。 例文 は「実際には時間がない」という意味を含んでいる。

I wish my dog **could** talk.（私のイヌがしゃべれればいいのに。）

現実にありうる希望は hope で表す。
I hope you like it.
（あなたがそれを気に入るといいのですが。）

＋α as if 〜（まるで〜かのように）のあとにも仮定法の過去形が使われることがある。「実際はそうではないのに」という意味を含む。
He talks **as if** he **knew** everything.
（彼はまるですべてを知っているかのように話します。）

会話でチェック! →お母さんから声をかけられました。

発音練習

What are you doing?
何をしているの。

I'm watching a movie.
映画を見ているんだ。

You should do your homework first.
先に宿題をしたほうがいいわよ。

I have a lot of things to do. **I wish I had** more time.
することがたくさんあるな。もっと時間があればいいのに。

確認問題 ② 解答➡p.210

日本文に合うように，（　）に適する語を入れよう。

1. アヤが私の家の近くに住んでいればいいのになあ。私は彼女に毎日会いたいです。

　I (　　　　　) Aya (　　　　　　　) near my house. I want to see her every day.

2. トムが私のお兄さんならいいのに。

　I (　　　　　) Tom (　　　　　　) my brother.

ちゃんと理解できているか，問題を解いてみよう！

ifを使う仮定法の文 | 「もし〜なら…だろうに」

☑ **67 if（もし）を使う2つの場合**

> **If** you **are** hungry, I **will** make lunch for you.
> （もしあなたが空腹なら，私があなたのためにお昼ご飯を作りましょう。）

▶ 上の文のように現実にありうることを表す文を，直説法の文という。

▶「もし羽があれば，私は家へ飛んで帰るだろうに。」のような現実に反することを仮定して述べる文を仮定法の文といい，動詞や助動詞の過去形を使う。

☑ **68「現実に反すること」を表すifの文**

> **If** I **had** wings, I **would fly** home.
> （もし羽があれば，私は家へ飛んで帰るだろうに。）

▶「もし〜なら，…だろうに」と現実に反することを仮定して表す仮定法の文では，「もし〜なら」の部分に動詞の過去形を使い，「…だろうに」の部分には〈助動詞の過去形＋動詞の原形〉を使う。

    If I **had** wings, I **would** fly home.

       過去形　　　　助動詞の過去形　　→現実に反することを仮定して表す仮定法

wishを使う仮定法の文 | 「〜ならいいのに」

☑ **69 I wish 〜.**「〜ならいいのに」

> **I wish** I **had** more time. 　　　　　　　（もっと時間があればいいのに。）

▶「〜ならいいのに」と現実に反する願望を表すときは〈I wish ＋主語＋過去形〜.〉の形を使う。上の文は「実際には時間がない」という意味を含んでいる。

第**8**章 仮定法

151

定期試験対策問題 （解答 ➡ p.225）

1 次の各英文のうち，現実に反することを仮定して述べている文を記号で答えなさい。

ア If you want it, you can have it.

イ If I knew her address, I would write to her.

ウ If you leave now, I will go with you.

エ I wish I had a lot of money.

オ If he were here, he could see these beautiful flowers.

カ I hope you will like my present.　　　　　　　_____

2 次の（　）内から適する語句を選びなさい。

(1) If I (have, had, will have) a lot of time, I would read books all day. _____

(2) If I (be, am, were) you, I would do the same thing.　　　　　_____

(3) If she hurried, she (is, will be, would be) able to catch the bus. _____

(4) I wish I (go, will go, could go) with you.　　　　　　　_____

3 次の日本文の意味を表す英文になるように，（　）内の語を適切な形に変えて書きなさい。

(1) 私がいくつかの言葉を話せればいいのになあ。　（can）

I wish I _____ speak several languages.

(2) もし私がたくさんのお金を持っていれば，世界中を旅するでしょうに。　（have, will）

If I _____ a lot of money, I _____ travel around the world.

(3) もし私が宇宙飛行士なら，宇宙に行けるでしょうに。　（be, can）

If I _____ an astronaut, I _____ go to space.

4 次の各組の英文がほぼ同じ意味を表すように，___に適する語を書きなさい。

(1) { I'm busy, so I cannot go out with friends.
　　 If I _____ busy, I _____ go out with friends.

(2) { He isn't at his best, so he won't win this game.
　　 If he _____ at his best, he _____ win this game.

5 次の日本文の意味を表す英文を，（　　）内の語句を並べかえて作りなさい。

(1) 私が英語を勉強する必要がなければいいのに。

（ study ／ I ／ I ／ have to ／ wish ／ didn't ） English.

_____ English.

(2) もし彼女が車を持っていれば，運転して仕事に行くでしょうに。

（ she ／ if ／ a car ／ had ）, she would drive to work.

_____, she would drive to work.

(3) 彼は自分の言葉を取り消すことができればなあと思っています。

（ could ／ he ／ take ／ wishes ／ his words ／ he ） back.

_____ back.

(4) 彼女はまるでオペラ歌手のように歌っています。

She is singing （ were ／ if ／ an opera singer ／ she ／ as ）.

She is singing _____.

6 次の英文を日本語になおしなさい。

(1) I wish we lived in the same town.

_____

(2) If Masako were here with me, she would cheer me up.

_____

(3) If your mother saw you now, she would be proud of you.

_____

7 次の日本文を英語になおしなさい。

(1) もし今あの店（store）が開いていれば，食べ物をいくらか買うでしょうに。

_____

(2) もし時間があれば，私はあなたを手伝うことができるでしょうに。

_____

(3) 英語がうまく話せればいいのに。

_____

「句」と「節」

● 文中で１つの働きを持つ語群のうち，文の形（S＋V）を含まないものを「句」といい，文の形（S＋V）を含むものを「節」という。

● 「句」と「節」には名詞・形容詞・副詞の働きをするものがある。これまでに学んだ「句」と「節」を，それぞれの働きごとにまとめて確認しよう。

呼び方		例	文法項目
句 〈S＋V〉を 含まない	名詞句	I like to read books. （私は本を読むことが好きです。）	不定詞 ≫p.28
		I don't know what to do first. （私は最初に何をすればよいか，わかりません。）	不定詞 ≫p.81
		I enjoyed talking with her. （私は彼女と話すことを楽しみました。）	動名詞 ≫p.29
	形容詞句	The cat on the bed is sleeping. （ベッドの上のネコは眠っています。）	前置詞 ≫p.156
		I have some books to read. （私は読むべき本を何冊か持っています。）	不定詞 ≫p.28
		Look at the boy playing the guitar. （ギターを弾いている男の子を見なさい。）	分詞 ≫p.126
	副詞句	The cat is sleeping on the bed. （ネコはベッドの上で眠っています。）	前置詞 ≫p.156
		He came to Japan to study Japanese. （彼は日本語を勉強するために日本に来ました。）	不定詞 ≫p.28
節 〈S＋V〉を 含む	名詞節	I know that he has a cold. （私は彼がかぜをひいていることを知っています。）	接続詞 ≫p.27
		I don't know who he is. （私は彼がだれなのか知りません。）	間接疑問 ≫p.110
	形容詞節	I have a friend who lives in Kobe. （私には神戸に住んでいる友達がいます。）	関係代名詞 ≫p.135
	副詞節	Do your homework before you watch TV. （テレビを見る前に宿題をしなさい。）	接続詞 ≫p.26

第**9**章

前置詞

前置詞の働き

① 前置詞とは

▶ on, in, atなど，名詞や代名詞の前に置いて使う語を前置詞という。前置詞のあとには名詞・代名詞がくる。動詞がくる場合は動名詞にする。

I went to the **park** with **her**.　[park＝名詞, her＝代名詞]
（私は彼女と公園へ行きました。）

Thank you for **coming**.　[coming＝動名詞]
（来てくれてありがとう。）

② 前置詞の働き

▶ 前置詞は，〈前置詞＋名詞［代名詞］〉の形で，副詞の働きと形容詞の働きをする。

▶ 前の動詞などを修飾して，副詞の働きをする。

I made lunch **for** my parents.
　　　　　── 修飾 ──
（私は両親のために昼食を作りました。）

▶ 前の名詞・代名詞を修飾して，形容詞の働きをする。

The book **on** the desk is mine.
　　── 修飾 ──
（机の上の本は私のものです。）

> ⚠ 前置詞のあとに名詞・代名詞がこない場合がある。前置詞の目的語にあたる語は前置詞と離れて，文の前のほうにある。
> What are you looking **for**?　[look **for** whatの関係]
> （あなたは何を探していますか。）
> They need a house to live **in**.　[live **in** a houseの関係]
> （彼らには住むための家が必要です。）
> I found the pen that I was looking **for**.　[look **for** the penの関係]
> （私は探していたペンを見つけました。）

用語　前置詞のあとにくる名詞や代名詞などを前置詞の目的語という。

注意　前置詞のあとに不定詞はこない。
× Thank you for to come.

参照　副詞の働き
>> p.173
形容詞の働き >> p.173

何を修飾するかを考えよう。

参照　不定詞の形容詞的用法 >> p.28
関係代名詞 >> p.139

前置詞の意味・用法①

③ at

▶「〜に」（時刻）

I got up **at** seven thirty. （私は7時30分に起きました。）

▶「〜のところに[で]」（場所を「点」と考える）

I met my friend **at** the bus stop.
（私はバス停で友達に会いました。）

> ⚠ 広がりのある場所の「中で」という場合にはin を使う。
> I bought this camera **in** Japan.
> （私はこのカメラを日本で買いました。）

▶「〜を目がけて，〜に向かって」（目標・方向）

He smiled **at** me.
（彼は私に向かってほほえみました。）

▶「〜に，〜を見て[聞いて]」（感情などの原因）

I was surprised **at** the news.
（私はその知らせに驚きました。）

④ on

▶「〜に」（曜日・特定の日）

I practice tennis **on** Tuesday and Thursday.
（私は火曜日と木曜日にテニスの練習をします。）

I was born **on** May 5.
（私は5月5日に生まれました。）

▶「〜の上に[で]」（「表面」への接触）

Is the key **on** the table?
（かぎはテーブルの上にありますか。）

> ⚠ 壁や天井など側面や下面でも，表面に接触していればon を使う。
> There were some pictures **on** the wall.
> （壁には何枚かの絵がかかっていました。）

● at を使う表現 ●
at first（最初は）
at last（とうとう）
at home [school]
（家[学校]で）
at once（すぐに）
at night（夜に）
at the age of 〜
（〜歳のときに）
not 〜 at all
（少しも〜ない）
look at 〜（〜を見る）
be good at 〜
（〜がじょうずだ）

● on を使う表現 ●
on TV（テレビで）
on foot（歩いて）
on time（時間通りに）
on the left [right]（左側
[右側]に）
on a school trip
（修学旅行で）
on 〜's way home
（家に帰る途中で）

第9章 前置詞

▶「〜について，〜に関して」

I'm reading a book **on** American history.
（私はアメリカの歴史に関する本を読んでいます。）

▶「〜のために」（**目的・用事**）

Let's go **on** a picnic.（ピクニックに行きましょう。）

⑤ in

▶「〜に」（**月・年・季節など**）

She came to Japan **in** June of 2020.
（彼女は2020年の6月に日本に来ました。）

▶「〜の中に［で］」（**場所を「広がり」と考える**）

My father works **in** New York.（私の父はニューヨークで働いています。）

▶「〜で」（**手段・方法・材料**）

Please introduce yourself **in** English.
（英語で自己紹介をしてください。）

▶「〜において，〜の点では」（**分野**）

I got an 'A' **in** English.（私は英語で「A」をとりました。）

▶「〜を身につけて」（**着用**）

You look nice **in** that kimono.
（その着物を着ると，あなたはすてきに見えます。）

▶「〜たったら，〜後に」（**時間の経過**）

He will be back **in** an hour.（彼は1時間たったら帰って来ます。）

●inを使う表現●
in the morning
（朝に，午前中に）
in front of 〜
（〜の前に）
in order to 〜
（〜するために）
in time（間に合って）
in the future（将来）
in a way（ある意味で）
in this way
（このようにして）
be in trouble
（困っている）
in fact（実際は）
take part in 〜
（〜に参加する）

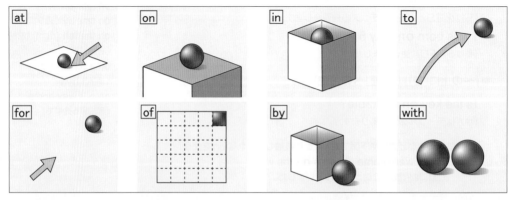

🖊 **確認問題 ❶** 解答➡p.210

日本文に合うように，（　）にat / on / inのどれかを入れよう。

1. その試合は7時にこのスタジアムで始まります。

The game starts (　　　　　　) seven (　　　　　　) this stadium.

2. この紙に英語であなたの名前を書きなさい。

Write your name (　　　　　　) English (　　　　　　) this paper.

3. 私たちは元日にそのホテルに泊まりました。

We stayed (　　　　　　) that hotel (　　　　　　) New Year's Day.

4. その生徒は制服を着て自転車に乗っていました。

The student was riding (　　　　　　) a bike (　　　　　　) a school uniform.

⑥ to

▶「～へ[に], ～まで」（到達点）

Let's go **to** the park. （公園に行きましょう。）

▶「～まで」（時間の到達点）

I studied from nine **to** ten. （私は9時から10時まで勉強しました。）

▶「～に対して」（動作の対象）

She spoke **to** her teacher. （彼女は先生に話しかけました。）

▶「～にとって」（判断の主体）

His story wasn't interesting **to** me.
（彼の話は私にとっておもしろくありませんでした。）

●toを使う表現●
go to bed（寝る）
listen to ～（～を聞く）
talk to ～
（～と話をする）
Welcome to ～.
（～へようこそ。）
belong to ～
（～に属する）
thanks to ～
（～のおかげで）

⑦ for

▶「～の間」（時間などの長さ）

I stayed there **for** a week.
（私は1週間そこに滞在しました。）

▶「～に向かって」（目的地）

My father left **for** London yesterday.
（私の父は昨日，ロンドンに向かって出発しました。）

▶「～を求めて」（目的）

I'm looking **for** my dog.
（私は自分のイヌを探しています。）

●forを使う表現●
for the first time
（初めて）
for example
（たとえば）
Thank you for ～.
（～をありがとう。）
wait for ～
（～を待つ）
be famous for ～
（～で有名である）
be late for ～
（～に遅れる）

第**9**章
前置詞

▶「〜のために」(利益)

This movie isn't good **for** children.
(この映画は子どもたちのためによくありません。)

▶「〜に対して」(対象)

Thank you **for** your letter. (手紙をありがとう。)

▶「〜の代わりに」(代理)

Please say hello to your parents **for** me.
(私の代わりにご両親によろしくお伝えください。)

⑧ of

▶「〜の」(所有・所属)

Do you know the name **of** this flower?
(あなたはこの花の名前を知っていますか。)
I'm a member **of** this club. (私はこのクラブのメンバーです。)

▶「〜の中の[で]」(部分)

One **of** the girls helped me.
(その女の子たちの1人が私を手伝ってくれました。)
Ken is the tallest **of** all. (ケンは全員の中でいちばん背が高いです。)

▶「〜という」(同格)

He lives in the city **of** Kobe. (彼は神戸市[神戸という市]に住んでいます。)

●ofを使う表現●
a lot of 〜 / lots of 〜
(たくさんの〜)
one of 〜 (〜の1つ)
most of 〜
(〜の大部分)
of course (もちろん)
be afraid of 〜
(〜を恐れる)
be full of 〜
(〜でいっぱいである)
take care of 〜
(〜の世話をする)
be made of 〜
(〜でできている)

🖊 **確認問題 ❷**   解答➡p.210

日本文に合うように,( )にto / for / of のどれかを入れよう。

1. 私は祖母に長い手紙を書きました。
   I wrote a long letter ( ) my grandmother.
2. 私たちは名古屋行きの列車に乗りました。
   We got on the train ( ) Nagoya.
3. 彼女は家から駅まで走りました。
   She ran from her house ( ) the station.
4. 東京は日本の首都です。
   Tokyo is the capital ( ) Japan.
5. 私は彼を何年もの間,知っています。
   I have known him ( ) many years.

⑨ by

▶「〜のそばに」(場所)

We took our pictures **by** the tree.
(私たちはその木のそばで写真を撮りました。)

▶「〜によって」(行為者)

His songs are loved **by** young people.
(彼の歌は若い人々に愛されています。)

▶「〜で」(手段・方法)

I go to school **by** bike. (私は自転車で通学しています。)

▶「〜までに」(期限)

Come back **by** seven. (7時までに戻ってきなさい。)

●byを使う表現●
by the way (ところで)
by 〜self
(一人で, 独力で)
by mistake
(誤って, 間違って)
by turns (交代で)

（注意） by bike [bus]
(自転車 [バス] で) など,
手段・方法を表す場合は,
×by the bike [bus]の
ようにthe はつけない。

⑩ with

▶「〜といっしょに」(同伴)

Yumi went to the library **with** Taro.
(ユミはタロウといっしょに図書館へ行きました。)

▶「〜で, 〜を使って」(道具・手段)

He cut the orange **with** a knife. (彼はナイフでそのオレンジを切りました。)

▶「〜を持っている, 〜がある」(所有)

The girl **with** long hair is Rika.
(長い髪の [長い髪を持っている] 女の子がリカです。)

▶「〜に関して」(関連)

What's the matter **with** you?
(どうしたのですか [何があなたに関して問題ですか]。)

●withを使う表現●
agree with 〜
(〜に賛成する)
help 〜 with ...
(〜の…を手伝う)
be covered with 〜
(〜でおおわれている)
with a smile
(ほほえんで)

第9章
前置詞

✎ 確認問題 ❸   解答➡p.210

日本文に合うように, (　　) にby / withのどちらかを入れよう。

1. その女の子は母親といっしょにドアのそばに立っていました。

   The girl stood (　　　　　) the door (　　　　　) her mother.
2. 私は大きな庭のある家がほしいです。

   I want a house (　　　　　) a large garden.
3. 私は晩ご飯までに宿題をすませます。   I'll finish my homework (　　　　　) dinner.

前置詞の意味・用法②

いろいろな前置詞

⑪ near

▶「〜の近くに[で]」

Miki lives **near** her school.（ミキは学校の近くに住んでいます。）

参照 by（〜のそばに）はnearよりも近い感じ。≫p.161

⑫ across

▶「〜を横切って」

Can you swim **across** this river?
（あなたはこの川を泳いで渡れますか。）

▶「〜の向こう側に」

The post office is **across** the street.
（郵便局は通りの向こうにあります。）

⑬ along

▶「〜に沿って」

Go straight **along** this river.
（この川に沿ってまっすぐ行きなさい。）

⑭ around

▶「〜のまわりに[を]」

We sat **around** the fire.
（私たちは火のまわりに座りました。）

▶「〜のあちこちに，〜じゅうに」

We walked **around** Kyoto yesterday.
（私たちは昨日，京都のあちこちを歩きました。）

▶「〜のあたりに」

Is there a bank **around** here?
（このあたりに銀行はありますか。）

roundもaroundと同じ意味の前置詞として使われる。

確認問題 ❹ 解答➡p.210

日本文に合うように，（　　）内から適する前置詞を選ぼう。

1. 私たちは湖のまわりをジョギングしました。

   We jogged (across, around) the lake.

2. そのイヌに近づいてはいけません。

   Don't go (near, along) the dog.

3. 彼は橋を歩いて渡りました。

   He walked (around, across) the bridge.

4. ビーチに沿って数軒のホテルがあります。

   There are some hotels (across, along) the beach.

⑮ into

▶「〜の中へ」

We went **into** the building.

（私たちはそのビルの中へ入っていきました。）

⑯ through

▶「〜を通って，〜を通り抜けて」

The bird came in **through** the window.

（その鳥は窓を通って入ってきました。）

⑰ under

▶「〜の下に［を］」

The cat is sleeping **under** the chair.

（ネコはいすの下で眠っています。）

⑱ over

▶「〜の上に［を］，〜の上方に」

We are flying **over** Mt. Fuji now.

（私たちは今，富士山の上を飛んでいます。）

▶「〜をおおって」

He put his hand **over** his mouth.

（彼は手で口をおおいました。）

intoの反対の意味はout of 〜（〜から外へ）で表す。

over「〜の上に［を］，〜の上方に」の反意語はunder。

第9章 前置詞

163

⑲ between

▶ 「(2つ[2人])の間に」

Yumi sat **between** the two trees.
(ユミは2本の木の間に座りました。)

What happened **between** you **and** Kate?
(あなたとケイトの間に何が起こったのですか。)

between A and B（A とBの間に）の形で使われることが多い。

⑳ among

▶ 「(3つ[3人]以上)の間に」

The teacher was standing **among** his students.
(その先生は生徒たちの間に立っていました。)

✎ 確認問題 ❺　解答➡p.210

日本文に合うように，（　　）内から適する前置詞を選ぼう。

1. 彼女はその箱の中をのぞきました。

   She looked (through, into) the box.

2. そのネコはフェンスをとび越えました。

   The cat jumped (over, under) the fence.

3. その列車はトンネルを通り抜けて行きました。

   The train went (under, through) the tunnel.

4. その女の子は両親の間で眠りました。

   The girl slept (between, among) her parents.

㉑ from

▶ 「〜から」（場所にも時間にも使う）

Where are you **from**?
(あなたはどこの出身ですか。)

They worked **from** morning to night.
(彼らは朝から晩まで働きました。)

「〜から（今までずっと）」の意味は，since で表す。

㉒ since

▶ 「〜以来ずっと」

She has been sick **since** this morning.
(彼女は今朝からずっと気分が悪いです。)

参照　since は現在完了形とともに使うことが多い。 >> p.61

㉓ until [till]

▶「〜まで, 〜までずっと」

Let's wait for him **until** five o'clock.
（5時まで彼を待ちましょう。）

㉔ during

▶「〜の間(ずっと), 〜の間(のいつか)に」

He stayed there **during** the vacation.
（彼は休みの間ずっとそこに滞在しました。）

It stopped snowing **during** the night.
（夜の間に雪がやみました。）

㉕ before

▶「〜の前に」(時間)

Wash your hands **before** lunch.
（昼食の前に手を洗いなさい。）

㉖ after

▶「〜のあとに」(時間)

I usually watch TV **after** dinner.
（私は夕食のあと, ふつうテレビを見ます。）

 確認問題 ❻　解答➡p.210

日本文に合うように,（　　）内から適する前置詞を選ぼう。

1. 私たちは2010年からここに住んでいます。

   We have lived here (from, since) 2010.

2. ボブは4月まで日本にいます。

   Bob will stay in Japan (until, by) April.

3. 映画の間に彼の電話が鳴りました。

   His phone rang (during, among) the movie.

4. 私はテストの前に一生懸命に勉強しました。

   I studied hard (before, after) the test.

5. 放課後に図書館へ行きましょう。

   Let's go to the library (from, after) school.

（注意）until「〜までずっと」(継続)とby「〜までに」(期限)を間違えないように注意しよう。
≫p.161

期間を表すforのあとにはa weekやtwo yearsなど「期間の長さ」を表す語句がくる。duringのあとにはthe vacationやthe nightなど「特定の期間」を表す語句がくる。

場所について「〜の前に」はin front of 〜で表す。

afterの反意語はbefore。

（注意）since, until [till], before, afterは接続詞としても使われる。

第**9**章

前置詞

㉗ about

▶「〜について」

This is a story **about** Picasso.
（これはピカソについてのお話です。）

㉘ as

▶「〜として」

My mother worked **as** a nurse.
（私の母は看護師として働いていました。）

<asは「〜のように」の意味の接続詞としても使う。
as you know（あなたも知っているように）>

㉙ like

▶「〜のように［な］」

I want to fly **like** a bird.
（私は鳥のように飛びたいです。）

㉚ without

▶「〜なしに［で］」

We can't live **without** food.
（私たちは食べ物なしでは生きられません。）

㉛ against

▶「〜に反対して」

Are you for or **against** the plan?
（あなたはその計画に賛成ですか，それとも反対ですか。）

「〜に賛成して」はforで表す。

 確認問題 ❼   解答➡p.210

日本文に合うように，（　　）内から適する前置詞を選ぼう。

1. 彼女はピアニストとして有名です。

   She is famous (as, like) a pianist.

2. メアリーは彼女の家族について話しました。

   Mary talked (about, as) her family.

3. 彼は靴をはかずに走りました。

   He ran (against, without) shoes.

重要表現の確認

解説動画

品詞（≫p.173～）の解説動画を確認しよう！

語形変化

▶ 名詞の複数形, 形容詞・副詞の比較変化, 動詞の変化形を整理して覚えよう。

❶ 名詞の複数形の作り方

ふつうの語 →sをつける	dog (イヌ) → dog**s** apple (リンゴ) → apple**s** book (本) → book**s**
s / x / sh / ch で終わる語 →esをつける	bu<u>s</u> (バス) → bus**es** bo<u>x</u> (箱) → box**es** di<u>sh</u> (皿) → dish**es** wat<u>ch</u> (腕時計) → watch**es**
〈子音字+y〉で終わる語 →yをiに変えてesをつける	city (市) → cit**ies** country (国) → countr**ies** ※〈母音字+y〉で終わる語はそのままsをつける。 　bo<u>y</u> (男の子) → boy**s**

▶ 注意すべき複数形の作り方
- oで終わる語にはsをつけるものとesをつけるものがある。
  - pian<u>o</u> (ピアノ) → piano**s**
  - phot<u>o</u> (写真) → photo**s**
  - tomat<u>o</u> (トマト) → tomato**es**
  - potat<u>o</u> (ジャガイモ) → potato**es**
- f / fe で終わる語は f / fe を v に変えて es をつける。
  - lea<u>f</u> (葉) → lea**ves**
  - li<u>fe</u> (生活) → li**ves**
  - ※例外：roof (屋根) → roof**s**
- sやesをつけず, 不規則な形になるものもある。
  - child (子ども) → child**ren**
  - man (男の人) → m**en**
  - woman (女の人) → wom**en**
  - foot (足) → f**ee**t
- 単数形と複数形が同じ形のものもある。
  - fish (魚) → fish
  - Japanese (日本人) → Japanese

❷ 形容詞・副詞の比較級・最上級の作り方

		原　級	比較級	最上級
語尾が er, est になる語	多くの語 →er / est をつける	cold（寒い）	cold**er**	cold**est**
		long（長い）	long**er**	long**est**
		new（新しい）	new**er**	new**est**
		old（年とった）	old**er**	old**est**
		tall（背の高い）	tall**er**	tall**est**
		fast（速い，速く）	fast**er**	fast**est**
	e で終わる語 →r / st だけつける	large（大きい）	larg**er**	larg**est**
		nice（すてきな）	nic**er**	nic**est**
		wide（広い）	wid**er**	wid**est**
	〈子音字+y〉で終わる語 →y を i に変えて er / est をつける	bus<u>y</u>（忙しい）	bus**ier**	bus**iest**
		eas<u>y</u>（簡単な）	eas**ier**	eas**iest**
		earl<u>y</u>（早い，早く）	earl**ier**	earl**iest**
	〈短母音+子音字〉で終わる語 →最後の文字を重ねて er / est をつける	bi<u>g</u>（大きい）	big**ger**	big**gest**
		ho<u>t</u>（熱い，暑い）	hot**ter**	hot**test**
前に more / most を置く語 （比較的つづりの長い語）		beautiful（美しい）	**more** beautiful	**most** beautiful
		difficult（難しい）	**more** difficult	**most** difficult
		interesting（おもしろい）	**more** interesting	**most** interesting
		popular（人気のある）	**more** popular	**most** popular
		quickly（すばやく）	**more** quickly	**most** quickly
		slowly（ゆっくりと）	**more** slowly	**most** slowly
形がまったく変わる語		good（よい）/ well（よく）	better	best
		many / much（多くの）	more	most
		little（少ない）	less	least
		bad / ill（悪い）	worse	worst

❸ 動詞の変化形の作り方

◆3人称単数現在のs / esのつけ方

ふつうの動詞 →sをつける	like（好む）→ like**s** answer（答える）→ answer**s**
s / x / sh / ch / o で 終わる動詞 →esをつける	miss（見逃す）→ miss**es** wash（洗う）→ wash**es** teach（教える）→ teach**es** go（行く）→ go**es**
〈子音字+y〉で終わる動詞 →yをiに変えてesをつける	study（学ぶ）→ stud**ies** try（試す）→ tr**ies** ※〈母音字+y〉で終わる語はそのままsをつける。 　play（遊ぶ）→ play**s**

※例外：have（持っている）→ has

◆動詞のing形の作り方

ふつうの動詞 →そのままingをつける	play（遊ぶ）→ play**ing** sing（歌う）→ sing**ing**
eで終わる動詞 →eをとってingをつける	use（使う）→ us**ing** make（作る）→ mak**ing**
〈短母音+子音字〉で終わる動詞 →最後の文字を重ねてingをつける	run（走る）→ run**ning** swim（泳ぐ）→ swim**ming** sit（座る）→ sit**ting**

◆動詞の過去形の作り方

ふつうの動詞 →edをつける	play（遊ぶ）→ play**ed** walk（歩く）→ walk**ed**
eで終わる動詞 →dをつける	like（好む）→ like**d** use（使う）→ use**d**
〈子音字+y〉で終わる動詞 →yをiに変えてedをつける	study（学ぶ）→ stud**ied** try（やってみる）→ tr**ied** ※〈母音字+y〉で終わる動詞はそのままedをつける。 　enjoy（楽しむ）→ enjoy**ed**
〈短母音+子音字〉で終わる動詞 →最後の文字を重ねてedをつける	stop（止まる）→ stop**ped** plan（計画する）→ plan**ned**

❹ 動詞の不規則変化

◆【A－B－C型】 原形［現在形］・過去形・過去分詞が3つとも異なるもの

原形	過去形	過去分詞	意味
be [am, is, are]	was, were	been	～である
begin	began	begun	始める
blow	blew	blown	吹く
break	broke	broken	壊す
choose	chose	chosen	選ぶ
do [does]	did	done	する
draw	drew	drawn	描く
drink	drank	drunk	飲む
drive	drove	driven	運転する
eat	ate	eaten	食べる
fall	fell	fallen	落ちる
fly	flew	flown	飛ぶ
forget	forgot	forgot(ten)	忘れる
get	got	got(ten)	得る
give	gave	given	与える
go	went	gone	行く
grow	grew	grown	育つ

原形	過去形	過去分詞	意味
know	knew	known	知っている
lie	lay	lain	横たわる
mistake	mistook	mistaken	間違える
ride	rode	ridden	乗る
ring	rang	rung	鳴る
rise	rose	risen	昇る
see	saw	seen	見る
shake	shook	shaken	振る
show	showed	shown [showed]	見せる
sing	sang	sung	歌う
sink	sank	sunk	沈む
speak	spoke	spoken	話す
swim	swam	swum	泳ぐ
take	took	taken	とる
throw	threw	thrown	投げる
wear	wore	worn	着る
write	wrote	written	書く

◆【A－B－A型】 原形［現在形］と過去分詞が同じもの

原形	過去形	過去分詞	意味
become	became	become	～になる
come	came	come	来る
run	ran	run	走る

どれも重要な語だからしっかり覚えよう。

◆【A—B—B型】 過去形と過去分詞が同じもの

原形	過去形	過去分詞	意味	原形	過去形	過去分詞	意味
bring	brought	brought	持ってくる	meet	met	met	会う
build	built	built	建てる	pay	paid	paid	支払う
buy	bought	bought	買う	read [riːd]	read [red]	read [red]	読む
catch	caught	caught	捕まえる	say	said	said	言う
feel	felt	felt	感じる	sell	sold	sold	売る
fight	fought	fought	戦う	send	sent	sent	送る
find	found	found	見つける	shine	shone	shone	輝く
have [has]	had	had	持っている	shoot	shot	shot	撃つ
hear	heard	heard	聞く	sit	sat	sat	座る
hold	held	held	持つ	sleep	slept	slept	眠る
keep	kept	kept	保つ	spend	spent	spent	過ごす
lead	led	led	導く	stand	stood	stood	立つ
leave	left	left	去る	teach	taught	taught	教える
lend	lent	lent	貸す	tell	told	told	話す
lose	lost	lost	失う	think	thought	thought	考える
make	made	made	作る	understand	understood	understood	理解する
mean	meant	meant	意味する	win	won	won	勝つ

◆【A—A—A型】 原形[現在形]・過去形・過去分詞が3つとも同じもの

原形	過去形	過去分詞	意味	原形	過去形	過去分詞	意味
cut	cut	cut	切る	put	put	put	置く
hit	hit	hit	打つ	set	set	set	置く
hurt	hurt	hurt	傷つける	shut	shut	shut	閉める
let	let	let	させる				

品　詞

▶ さまざまな品詞の働きを整理して覚えよう。

❶ 品詞のまとめ

●品詞の区別は，辞書を引くときにも必要になるので，しっかり理解しておこう。

品詞名	意味・働き
名詞	人やものの名前を表す語。数えられる名詞と数えられない名詞がある。 例 [**数えられる名詞**] boy（男の子）, bird（鳥）, desk（机）など 　　[**数えられない名詞**] 物質名詞：milk（牛乳）, water（水）　抽象名詞：love（愛）, 　　　　music（音楽）　固有名詞：Japan（日本）, Bob（ボブ）など
代名詞	名詞の代わりに使う語。人称代名詞・所有代名詞・再帰代名詞・指示代名詞などの種類がある。 例 [**人称代名詞**] I（私は）, she（彼女は）, your（あなたの）, him（彼を）など 　　[**所有代名詞**] yours（あなたのもの）など　[**再帰代名詞**] himself（彼自身）など 　　[**指示代名詞**] this（これ）など　　　　　[**不定代名詞**] something（何か）など
動詞	「する」「ある」などの動作や状態を表す語。be 動詞と，それ以外の一般動詞がある。一般動詞には動作を表す語と状態を表す語がある。 例 [**be 動詞**] be [am / are / is, was / were, been]（ある, いる） 　　[**一般動詞**] 動作を表す：go（行く）, run（走る）, become（なる）など 　　　　状態を表す：have（持っている）, know（知っている）など
形容詞	ものや人の性質・状態・形状・数量などを表す語。名詞の前に置いて名詞について説明（修飾）したり，be 動詞の文などで補語になって主語の状態・性質などを表したりする。 例 性質：kind（親切な）, beautiful（美しい）　状態：sunny（晴れた）, hungry（空腹な） 　　形状：big（大きい）, tall（背が高い）　数量：many（多数の）, much（多量の）など
副詞	名詞以外の，動詞・形容詞・副詞について説明（修飾）する語。 例 状態：fast（速く）, well（じょうずに）　場所：here（ここに）, home（家に） 　　時：today（今日）, then（そのとき）　頻度：sometimes（ときどき）, often（よく） 　　程度：very（とても）, a little（少し）　その他：only（～だけ）, too（～も）など
助動詞	動詞の原形の前に置いて意味を補う働きをする語。 例 can（～できる）, must（～しなければならない）, should（～すべきだ）など

冠詞	名詞の前に置いて「1つの」「その」などの意味を表す語。 不定冠詞：a / an（1つの）［不特定の名詞につく］ 定冠詞：the（その）［特定の名詞につく］
前置詞	名詞や代名詞の前に置いて「時」「場所」などさまざまな意味を表す語。前置詞の あとにくる名詞・代名詞を前置詞の目的語という。 例 in（〜の中に），of（〜の），under（〜の下に），about（〜について）など
接続詞	語句と語句，文と文を結びつける働きをする語。 例 and（〜と…），while（〜する間に），if（もし〜なら），that（〜ということ）など
間投詞	呼びかけや，さまざまな感情を表す語。 例 hello（こんにちは），goodbye（さようなら），oh（おお）など

❷ 品詞と文型

● 文の骨組みになる主語（S）・動詞（V）・目的語（O）・補語（C）になる語は，それぞれ品詞が
決まっている。詳しくは文型の章を復習しよう（>>p.96）。

主語（**S**）になる　　→ 名詞，名詞の働きをする語句

動詞（**V**）になる　　→ 動詞

目的語（**O**）になる → 名詞，名詞の働きをする語句

補語（**C**）になる　　→ 名詞，名詞の働きをする語句，形容詞，形容詞の働きをする語句

● あとに目的語がこない動詞を自動詞，目的語がくる動詞を他動詞という。自動詞・他動
詞の両方に使われる動詞も多い。動詞が自動詞か，他動詞かによって文型を見分けられる
場合がある。

```
┌ I studied hard.              [自動詞]（私は熱心に勉強しました。）
└ I studied English hard.      [他動詞]（私は熱心に英語を勉強しました。）
┌ The door opened slowly.      [自動詞]（そのドアはゆっくりと開きました。）
└ I opened the door slowly.    [他動詞]（私はそのドアをゆっくりと開けました。）
```

● S・V・O・Cの組み合わせによって，英語の文型は次の5つにまとめることができる。

自動詞 [Oなし]	SV	I **slept** well.（私はよく眠りました。）	第1文型
	SVC	She **became** a teacher.（彼女は先生になりました。）	第2文型
他動詞 [Oあり]	SVO	I **studied** English.（私は英語を勉強しました。）	第3文型
	SVOO	He **gave** me a watch.（彼は私に腕時計をくれました。）	第4文型
	SVOC	We **call** her Kathy.（私たちは彼女をキャシーと呼びます。）	第5文型

重要熟語

▶ 2語以上で1つのまとまった意味を表す語句を熟語という。重要な熟語を覚えよう。

❶ 動詞の働きをする熟語

[〈動詞＋副詞〉の熟語]

■ come back
戻る
You must come back by five.
（5時までには戻らなければいけません。）

■ fall down
落ちる
Something white **fell down** from the sky.
（何か白いものが空から落ちてきました。）

■ fill up
いっぱいになる
The bus **filled up** soon.
（バスはすぐにいっぱいになりました。）

■ get up
起きる
I **get up** at seven every morning. [⇔go to bed（寝る）]
（私は毎朝7時に起きます。）

■ go home
家に帰る
Let's **go home**.
（家に帰りましょう。）

■ go away
立ち去る
She said, "**Go away**."
（彼女は「あっちへ行って」と言いました。）

■ stand up
立ち上がる
Don't **stand up** in the boat. [⇔sit down（座る）]
（ボートの中では立ち上がってはいけません。）

■ turn left
左に曲がる
Turn left at the second traffic light.
（2つ目の信号で左に曲がってください。）

■ turn down ～
～を弱める，下げる
Will you **turn down** the heater?
（暖房を弱めてくれませんか。）　[⇔turn up（～を強める，上げる）]

■ turn off ～
～を消す，止める
Turn off the TV. [⇔turn on（～をつける）]
（テレビを消しなさい。）

CHECK!

come home：帰宅する	eat out：外食する
get home：家に着く	give up ～：～をあきらめる
go back（to ～）：（～に）帰る	go by：（時間が）過ぎる
look around：見てまわる	look up（at ～）：（～を）見上げる
run away：逃げる	try on ～：～を試着する

[〈動詞＋前置詞～〉の熟語]

■ get off ～
～を降りる
Get off the bus at the third stop.
（3つ目の停留所でバスを降りてください。）

■ get on ～ 　～に乗る	**Get on** the yellow train on Track 3. （3番線の黄色い電車に乗ってください。）
■ get to ～ 　～に着く	We will **get to** your house soon. （私たちはすぐにあなたの家に着くでしょう。）
■ hear from ～ 　～から便りがある	I hope to **hear from** you soon. （すぐにあなたからお便りがあることを望んでいます。）
■ listen to ～ 　～を聞く	My sister is **listening to** music now. （姉は今，音楽を聞いています。）
■ look at ～ 　～を見る	**Look at** the cards on the wall. （壁にはってあるカードを見なさい。）
■ look for ～ 　～を探す	I'm **looking for** a bigger sweater. （私はもっと大きいセーターを探しています。）
■ look like ～ 　～のように見える	The earth **looks like** a blue ball. （地球は青いボールのように見えます。）
■ stay with ～ 　～のところに泊まる	I **stayed with** my aunt during the holidays. （私は休暇の間，おばのところに泊まりました。）
■ write to ～ 　～に手紙を書く	Please **write to** me soon. （すぐに私に手紙を書いてください。）
■ wait for ～ 　～を待つ	Let's **wait for** her until three o'clock. （3時まで彼女を待ちましょう。）

CHECK!

agree with ～：～に賛成する	arrive at [in] ～：～に着く
come across ～：～に偶然会う	come [be] from ～：～の出身である
die of ～：～で死ぬ	get in ～：（車など）に乗り込む
hear about [of] ～：～について聞く	look into ～：～の中をのぞく
point to ～：～を指す	speak to [with] ～：～と話す
stay at ～：（ホテルなど）に泊まる	talk to [with] ～：～と話す

[be動詞で始まる熟語]

■ be different from ～ 　～と異なる	Their language **was different from** ours. （彼らの言葉は私たちのとは違っていました。）
■ be famous for ～ 　～で有名である	My town **is famous for** apples. （私の町はリンゴで有名です。）
■ be full of ～ 　～でいっぱいである	The train **was full of** students. [＝ be filled with ～] （電車は学生たちでいっぱいでした。）
■ be good at ～ 　～がじょうずだ	Ken **is good at** soccer. （ケンはサッカーがじょうずです。）

■be interested in ～
～に興味がある

Are you **interested in** Japanese culture?
（あなたは日本の文化に興味がありますか。）

■be over
終わる

School **is over** at four.
（学校は4時に終わります。）

[その他の形の熟語]

■go and ～
～しに行く

Go and buy some eggs. [⇔come and ～（～しに来る）]
（卵を買いに行ってください。）

■go ～ing
～しに行く

I **went shopping** yesterday afternoon.
（私は昨日の午後，買い物に行きました。）

■have a good time
楽しく過ごす

They **had a good time** by the lake.
（彼らは湖のそばで楽しく過ごしました。）

■help ～ with ...
～の…を手伝う

Can you **help** me **with** my homework?
（私の宿題を手伝ってくれませんか。）

■take a walk
散歩する

My father **takes a walk** every morning.
（私の父は毎朝，散歩します。）

■take care of ～
～の世話をする

She must **take care of** her dog.
（彼女はイヌの世話をしなければなりません。）

■tell ～ from ...
～と…を見分ける

He can't **tell** a good book **from** a bad one.
（彼はよい本と悪い本を見分けることができません。）

■Thank you for ～.
～をありがとう。

Thank you for your letter.
（お手紙ありがとう。）

❷ 助動詞の働きをする熟語

■be able to ～
～できる

She **is able to** swim like a dolphin.
（彼女はイルカのように泳ぐことができます。）

■be going to 〜	I **am going to** talk about my trip to Kyoto.
〜するつもりだ	(私は京都への旅行について話すつもりです。)
■had better	You **had better** go right now.
〜すべきだ	(あなたは今すぐ行くべきです。)
■have to 〜	I **have to** say goodbye to all of you.
〜しなければならない	(私はあなたがたみんなにお別れを言わなければなりません。)

 CHECK!　don't have to 〜：〜しなくてよい　　｜　be about to 〜：今にも〜しようとしている

❸ **形容詞の働きをする熟語**

■a lot of 〜	There were **a lot of** children in the park. [＝lots of 〜]
たくさんの〜	(公園にはたくさんの子どもたちがいました。)
■a few 〜	They came back to Japan **a few** days ago. [主に数に用いる]
少しの〜	(彼らは2,3日前に日本に戻ってきました。)
■a little 〜	My brother speaks **a little** English. [主に量に用いる]
少しの〜	(兄は英語を少し話します。)
■a piece of 〜	Would you like **a piece of** cake?
1枚の[1切れの]〜	(ケーキを1ついかがですか。)
■hundreds of 〜	I saw **hundreds of** fish in the river.
何百もの〜	(私は川の中に何百匹もの魚を見ました。)　[thousands of 〜(何千もの〜)]
■a kind of 〜	It's just **a kind of** joke.
一種の〜	(それは一種のジョークにすぎません。)
■more than 〜	**More than** twenty people came to the party.
〜より多くの	(20人より多くの人々がそのパーティーに来ました。)

❹ **副詞の働きをする熟語**

[時を表す熟語]

■after school	Shall we play tennis **after school**?
放課後	(放課後にテニスをしましょうか。)
■in the morning	I have four classes **in the morning**.
朝に，午前中	(私は午前中，4時間の授業があります。)
■at night	We saw lots of stars **at night**.
夜に	(私たちは夜にたくさんの星を見ました。)
■for a long time	I've lived in Japan **for a long time**.
長い間	(私は長い間，日本に住んでいます。)

■ at once すぐに	Come and help me **at once**. [＝right away] （すぐに私を助けに来てください。）
■ at first 最初は	**At first** I didn't like Japanese food. （最初，私は日本の食べ物が好きではありませんでした。）
■ at last ついに	**At last** he won the first prize. （ついに彼は1等賞をとりました。）
■ in the future 将来	I want to be a singer **in the future**. （私は将来，歌手になりたいです。）
■ on time 時間通りに	The bus arrived **on time**. （バスは時間通りに着きました。）

in the afternoon：昼に，午後に	in the evening：夕方に，晩に
all night：一晩中	all day：1日中ずっと
all year round：1年中	all the time：いつも
before long：まもなく	after a while：しばらくして
for a while：しばらくの間	these days：最近
some day：(未来の)いつか	one day：(過去の)ある日，(未来の)いつか
in those days：当時は	in a moment：ただちに

［場所を表す熟語］

■ at home 家で[に]	Yumi isn't **at home** now. （ユミは今，家にいません。）
■ over there 向こうに，あそこで	My teacher is talking with my mother **over there**. （私の先生はあそこで私の母と話しています。）
■ all over ～ ～中で[に]	She traveled **all over** Japan. （彼女は日本中を旅行しました。）

at school：学校で	over here：こちらに
around the world：世界中で	in the world：世界で
from abroad：海外から	far away：はるか遠くに

［その他の意味を表す熟語］

■ not ～ at all 少しも～ない	I could**n't** sleep **at all** last night. （私は昨夜，一睡もできませんでした。）
■ for example 例えば	I like Japanese food, **for example**, tempura and sushi. （私は日本食，例えばてんぷらやすしが好きです。）

CHECK! of course：もちろん | this [that] way：このように [そのように]
by myself：自分で，1人で | at least：少なくとも

⑤ 前置詞・接続詞の働きをする熟語

■ in front of ～
　～の前に
There is a park **in front of** the library.
（図書館の前に公園があります。）

■ out of ～
　～から(外へ)
She took a camera **out of** her bag.
（彼女はかばんからカメラをとり出しました。）

■ thanks to ～
　～のおかげで
Thanks to my coach, I became the best player.
（コーチのおかげで，私は最優秀選手になりました。）

■ between ～ and ...
　～と…の間に
Ken sat down **between** Yumi **and** Tom.
（ケンはユミとトムの間に座りました。）

■ both ～ and ...
　～も…も両方とも
Ms. Green speaks **both** English **and** French.
（グリーンさんは英語もフランス語も話します。）

■ either ～ or ...
　～か…かどちらか
Either turn down the TV **or** turn it off.
（テレビの音量を下げるか，テレビを消すかしなさい。）

■ so ～ that ...
　とても～なので…
I was **so** tired **that** I couldn't walk.
（私はとても疲れていたので，歩けませんでした。）

CHECK! because of ～：～の理由で | not only ～ but also ...：～だけでなく…も
neither ～ nor ...：～も…もない | as ～ as possible：できるだけ～
as soon as ～：～するとすぐに | as well as ～：～と同じように

⑥ その他の熟語

■ each other
　お互いに [を]
We looked at **each other**.
（私たちはお互いを見ました。）

■ (a) part of ～
　～の一部
This is **part of** the plan.
（これは計画の一部です。）

"使える"重要表現

▶ 会話や英作文などのさまざまな状況・場面で使える重要表現を覚えよう。

① あいさつをする

A: **Hi**, Emi.
B: **Hi**, Bob. **How are you?**
A: **Fine, thank you. And you?**
B: **Fine, too. Thank you.**

A: こんにちは，エミ。
B: こんにちは，ボブ。元気？
A: 元気だよ，ありがとう。きみは？
B: 私も元気よ。ありがとう。

● 出会ったときのあいさつには次のようなものがある。
　Good morning.（おはよう。）
　Good afternoon.（こんにちは。）
　Good evening.（こんばんは。）
　Hi.（やあ。/ こんにちは。）
　Hello.（やあ。/ こんにちは。）

● 「元気ですか」「調子はどうですか」などと相手の健康状態を気づかう表現には，次のようなものもある。
　How are you doing? —— I'm good, thank you.
　（調子はどうですか。 —— 元気です，ありがとう。）
　How have you been? —— I've been good.
　（元気でしたか。 —— 元気でした。）[久しぶりに会ったとき]

● 別れるときのあいさつには，次のようなものがある。
　Goodbye [Good-bye]. / Bye.（さようなら。/ 行ってきます。）
　See you. / See you later.（じゃあ，また。）
　See you tomorrow.（また明日。）
　Have a nice day.（よい1日を。/ 行ってらっしゃい。）
　Good night.（おやすみなさい。）[夜に別れるとき]

Hi. / Hello. は朝・昼・夜
のいつでも使える。

And you?
＝ And how are you?

巻末資料

重要表現の確認

いろんなあいさつ
があるね。

2 人を紹介する／初対面のあいさつをする

A: Emi, **this is** my friend Ken.　Ken, **this is** Emi.
B: Hello, Ken.　**Nice to meet you.**
C: Hi, Emi.　**Nice to meet you, too.**

A: エミ，こちらは友達のケンだよ。ケン，こちらはエミ。
B: こんにちは，ケン。はじめまして。
C: こんにちは，エミ。こちらこそ，はじめまして。

● 「こちらは～です」と人を紹介するときはThis is ～.と言う。

● 「はじめまして」には次のような言い方もある。

I'm glad to meet you.
(はじめまして。/ お会いできてうれしいです。)

How do you do? (はじめまして。)　[堅苦しい言い方]

⚠ すでに知り合いである人と「会えてうれしい」ときはseeを使う。
　I'm glad to see you. (あなたに会えてうれしいです。)

● 初めて知り合った人と別れるときは次のように言う。
Nice meeting you. (お知り合いになれてよかったです。)

● 自己紹介で名前を言うときは次のような表現を使う。
I'm Helen. (私はヘレンです。)
My name is Suzuki Ichiro. (私の名前はスズキイチロウです。)

このmeetは「～と
知り合いになる」と
いう意味だよ。

3 お礼を言う

A: **Thank you.**
B: You're welcome.

A: ありがとう。
B: どういたしまして。

● 感謝を伝える表現には次のようなものもある。
Thank you for calling me. (電話してくれてありがとう。)
Thanks a lot. (どうもありがとう。)　[くだけた言い方]
It's kind of you to help me.
(手伝ってくれてありがとうございます。) (≫p.84)

お礼を言われたときの返事:
You're welcome.
(どういたしまして。)
Not at all.
(何でもありません。)
No problem.
(問題ないですよ。)

182

❹ **おわびする**

A: **I'm sorry for** my mistake.
B: **It's OK.**

A: 間違えてすみません。
B: いいんですよ。

● I'm sorry のあとには for / about や〈to ＋動詞の原形〉、〈that ＋
主語＋動詞〉などを続けることができる。
I'm sorry about yesterday.
（昨日のことはすみませんでした。）
I'm sorry to trouble you.
（迷惑をかけてすみません。）
I'm sorry（that）I'm late.
（遅刻してすみません。）

● 次のようなおわびの表現もある。
Excuse me.（ごめんなさい。）　[体が触れたときなどの軽いおわび]
I apologize.（おわびいたします。）　[あらたまったていねいな謝罪]

謝罪されたときの返事：
That's all right. /
It's OK.
（いいんですよ。）
No problem.
（問題ないですよ。）
Forget it.
（忘れてください。）

❺ **聞き返す**

音声

I beg your pardon?
何とおっしゃいましたか。

● 相手の言葉が聞き取れなくて聞き返すときの表現。いずれも疑問
文のように文末を上げて言う。
I beg your pardon? / Pardon me? / Pardon?
I'm sorry?
Excuse me?
（何とおっしゃいましたか。）

● 次のようにたずねることもできる。
What did you say?
（何と言ったのですか。）
Could you say that again, please?
（もう一度言っていただけますか。）

I beg your pardon. は
「私はあなたの許しを請
います」という意味。

❻ あいづちをうつ

A: I'm interested in musicals.
B: Oh, **are you? Me, too.**

A: 私はミュージカルに興味があります。

B: ああ，そうなんですね。私もです。

● 相手の言葉に「そうですか」「そうなんですね」と返すときは，Are you? / Does she? などと短い疑問文の形を使う。
Sarah loves kimono. ── Oh, **does she?**

（サラは着物が大好きです。── へえ，そうですか。）

● 次のようなあいづちの表現も覚えておこう。

[肯定したり，驚いたりする]

Me, too. (私もそうです。)

I see. (なるほど。)

I understand. (わかります。)

That's right. (その通りです。)

Really? (本当ですか。)

No kidding. (冗談でしょう。)

[賛成・反対を伝える]

I agree (with you). (あなたに賛成です。)

I think so, too. (私もそう思います。)

I disagree (with you). (あなたに反対です。)

I don't think so. (私はそう思いません。)

[なぐさめる]

That's too bad. (それはいけませんね。)

Don't worry. (心配しないで。)

> Are you? / Does she? などの作り方は，付加疑問と同様。≫p.117

> いろんな場面で使ってみよう。

kidは「冗談を言う，からかう」の意味の動詞。

❼ 言葉の間をつなぐ

A: Have you met her?
B: **Well, let me see** .... Yes, I met her last month.

A: 彼女に会ったことはありますか。

B: ええと，そうですね…。はい，先月彼女に会いました。

● 言葉が出てこなかったり，少し考えたりするときには次のような表現で間をつなぐとよい。

Let me see ... / **Let's see** ... （ええと…, そうですね…）

I mean ... （つまり…, いやその…） / **Well** ... （ええと…, あの…）

You know ... （ねえ…, ほら…） / **By the way** ... （ところで…）

⑧ 勧誘・提案する

A: **Why don't we** sit and talk?

B: OK.　I'm a little tired.

A: **Would you like** to drink something?

B: Yes, please.　Thank you.

A: 座って話しませんか。

B: わかりました。私は少し疲れています。

A: 何かお飲みになりますか。

B: はい，お願いします。ありがとうございます。

● 「〜しましょう」「〜しませんか」と相手を誘う。

Let's play cards, **shall we?**

= **Shall we** play cards?

―― Yes, let's.

（トランプをしましょう。―― はい, しましょう。）

Why don't we sit and talk? （座って話しませんか。）

shall we?はLet's 〜.の文への付加疑問にも使う。

● 「〜はいかがですか」と相手に勧める。

How about a cup of tea? （お茶を1杯いかがですか。）

= **Would you like** a cup of tea?　［ていねいな言い方］

How about eating out? （外食するのはいかがですか。）

= **Would you like to** eat out?　［ていねいな言い方］

Why don't you come in? （入って来ませんか。）

⚠ 次のように相手に強く勧める表現もある。

　　You should take an umbrella with you.

　　（傘を持って行ったほうがいいですよ。）

　　It's better for you to eat more vegetables.

　　（もっと野菜を食べたほうがいいですよ。）

くだけた言い方では, Do you want to eat out? ともいう。

参照　>> p.84

巻末資料

重要表現の確認

● 「(私が)〜しましょうか」と相手に提案する。

Shall I help you?
= **Do you want me to** help you?
―― Yes, please.

(お手伝いしましょうか。―― はい, お願いします。)

❾ 依頼する

A: **Could you** wait a few minutes, **please**?
B: All right. I'll wait outside.

A: 2〜3分ほど待っていただけませんか。
B: わかりました。外で待ちます。

● 相手に何かを依頼するときは, 次のような言い方ができる。

[やわらかく命令する]
Please come again tomorrow. (明日また来てください。)
= Come again tomorrow, **please**.

[気軽に依頼する]
Can you help me a little?
Will you help me a little?
(ちょっと手伝ってくれませんか。)

[ていねいに依頼する]
Could you wait a few minutes?
Would you wait a few minutes?
(2〜3分ほどお待ちいただけませんか。)

Can you / Will you / Could you / Would you に please をつけると, よりていねいになる。

⚠ 答えるときは次のように言う。
All right. (わかりました。) / Sure. (いいですよ。)
Sorry, I can't. (すみません, できません。) など

❿ 許可を求める

A: **Can I** use the bathroom?
B: Sure.

A: トイレを借りてもいいですか。
B: いいですよ。

● 相手に許可を求めるときは，次のような言い方ができる。

　[気軽に許可を求める]

　Can I use the bathroom?（トイレを借りてもいいですか。）

　[ていねいに許可を求める]

　Could I ask you something?（おたずねしてもよろしいですか。）

　May I sit here?（ここに座ってもよろしいですか。）

答えるときは次のように言う。
Of course.（もちろんです。）/ Sure.（いいですよ。）/ I'm sorry, you can't.（すみません，だめです。）など

⓫　意見・感想をたずねる／伝える

> *A:* **How did you like** that movie?
> *B:* It was great.

A: あの映画をどう思いましたか。

B: すばらしかったです。

● 意見や感想をたずねるときは，次のような言い方ができる。

　How was your summer vacation?

　—— It was really exciting.

　（夏休みはどうでしたか。—— 本当にわくわくしました。）

　How do you like this shirt? —— I love it.

　（このシャツをどう思いますか。—— 大好きです。）

　What do you think about my plan?

　—— Well, I don't think it will work.　[具体的な意見をたずねる]

　（私の計画をどう思いますか。—— ええと，うまくいくとは思いません。）

×How do you think about ～? とは言わないよ。

● 感想や気持ちを伝えるときは，次のような言い方ができる。

　I'm excited about making new friends.

　（新しい友達ができることにわくわくしています。）

　I'm very sorry to hear the news.

　（その知らせを聞いて，とても残念です。）

　I'm glad that you like my present.

　（あなたが私の贈り物を気に入ってくれて，うれしいです。）

　I **enjoyed** camping with my family.

　（私は家族とキャンプをして楽しかったです。）

　His smile always **makes me happy**.

　（彼の微笑みはいつも私を幸せにしてくれます。）

（参照） 不定詞の副詞的用法 >> p.28

接続詞 that >> p.27

make の文型 >> p.103

巻末資料　重要表現の確認

A: **What would you like to** be in the future?
B: **I'm interested in** becoming a nurse.

A: あなたは将来，何になりたいですか。
B: 私は看護師になることに興味があります。

● 同じような内容をいろいろな形で表現できる場合も多い。
例えば上の例文では，「何になりたいか」と聞かれて，「関心がある
こと」を答えている。次に挙げるそれぞれの文が，どんなときに使
えるかを考えてみよう。

[**希望・願望を伝える**]

I really **want to** learn about history.

（私は歴史について本当に学びたいです。）

I'd like to study abroad.

（私は留学したい[海外で勉強したい]と思っています。）

My dream [hope] is to open a restaurant.

（私の夢[希望]はレストランを開くことです。）

I'm studying hard **to become** a vet.

（私は獣医になるために一生懸命勉強しています。）

I hope you do well on the test.

（あなたがテストでうまくいくといいですね。）

I wish Mary were here with us now.

（メアリーが私たちと今ここにいたらいいのになあ。）

[**興味・関心を伝える**]

I like to watch wild birds.

（私は野鳥を見るのが好きです。）

I love trying new things.

（私は新しいことをやってみるのが大好きです。）

I'm very **interested in** foreign cultures.

（私は外国の文化にとても興味があります。）

My favorite sport **is** skiing.

（私のいちばん好きなスポーツはスキーです。）

What do you like about Japan?

―― I think Japanese food is wonderful.

（日本の何が好きですか。―― 日本食がすばらしいと思います。）

表現の幅を
広げよう！

would like は want のて
いねいな言い方。

参照 wish＋仮定法

≫p.150

A: **Hello. This is** Yuri. **May I speak to** John, **please?**

B: **Speaking.** Hi, Yuri. What's up?

A: もしもし。ユリです。ジョンをお願いします。

B: ぼくだよ。やあ，ユリ。どうしたの？

● 電話特有の表現を覚えよう。

[電話をかけた側の表現]

Is this Mr. Brown? （ブラウンさんでしょうか。）

May I leave a message for her?

（彼女に伝言をお願いしてもよろしいですか。）

I'll call back later. （あとでかけなおします。）

[電話を受けた側の表現]

This is John **speaking.** （ジョンです。）

Who's speaking, please? （どちら様ですか。）

May I have your name, please?

（お名前をお聞きしてもよろしいですか。）

Hold on, please. （お待ちください。）

Shall I take a message? （伝言をうかがいましょうか。）

You have the wrong number. （番号をお間違えですよ。）

Thank you for calling. （お電話ありがとう。）

> Speaking.は「（あなたのかけた相手が）話していますよ」ということだね。

[その他の表現]

Call me tonight.

（今晩，電話をください。）

There's a phone call for you.

（あなたに電話ですよ。）

Please answer the phone.

（電話に出てください。）

⓮ 買い物をする

A: **May I help you?**

B: **Yes, please. I'm looking for** a T-shirt.

A: いらっしゃいませ[何かお探しですか]。

B: はい，お願いします。Tシャツを探しています。

● 買い物のときのやりとりを覚えよう。

How about this red one?

—— It looks nice. **Can I try** this **on?**

（この赤いのはいかがですか。 —— すてきですね。試着してもいいですか。）

What size are you looking for?

—— Do you have anything bigger than this?

（どんなサイズをお探しですか。——これより大きいのはありますか。）

I'll take it. How much is it?

—— It's 2,500 yen. **Here's your change.**

（それを買います。いくらですか。——2,500円です。はい，おつりです。）

Could you wrap it up? —— Sure. **Here you are.**

（包んでいただけますか。——もちろんです。はい，どうぞ。）

サイズの言い方：

small　小，Sサイズ
medium　中，Mサイズ
large　大，Lサイズ

⑮　道をたずねる／教える

A: Excuse me. **Could you tell me the way to** the station?

B: Sure. **Go down** this street and **turn left at** the third traffic light. **You'll see** it on your left.

A: すみません。駅へ行く道を教えてくださいませんか。

B: いいですよ。この通りを行って，3つ目の信号で左へ曲がってください。左側に見えます。

●道案内に関するさまざまな表現を見てみよう。

[道をたずねる]

How can I get to the art museum?

（美術館へはどうやって行けますか。）

Do you know where the city library **is**?

（市立図書館がどこにあるかご存じですか。）

Is there a bank **around here**?（このあたりに銀行はありますか。）

Is this the right way to the stadium?

（これはスタジアムへ行く正しい道ですか。）

How long does it take to get to the zoo?

（動物園に行くのにどれくらい時間がかかりますか。）

[道案内をする]

I'm going that way. **I'll show you.**

（そちらへ行くところです。ご案内しましょう。）

Go straight this way for two blocks.

（こちらのほうへまっすぐ2ブロック行ってください。）

It's about ten minutes **from here**.（ここから10分くらいです。）

[その他の表現]

I lost my way.
（道に迷ってしまいました。）
I took the wrong road.
（道を間違えました。）
I'm a stranger here. /
I'm new here.
（このあたりはよく知りません。）

tellは「言葉で教える」，showは「連れて行ってあげる」「地図で示す」という違いがあるよ。

入試対策編

入試問題の
形式に慣れて
おこう！

これまで中学校3年間で学んできた文法の知識を生かして，
入試問題に挑戦してみましょう。
入試問題では，文法の知識に加えて，
語い力，リスニング力，読解力などが試されます。
わからないときは，問題の右側にあるヒントを参考にしましょう。
また，間違ってしまったときは，
ちゃんと解説を読んで，疑問を残さないことが大切です。

入試対策問題 解答➡p.228

リスニング問題

1 チャイムのところに入るユキの言葉として最も適するものを，次の1～4の中から1つ選び，その記号を書きなさい。

 音声

〔神奈川県〕

解き方のヒント

質問に対する返答を選ぶ設問である。

(1) 1. We want to visit the lake again.

2. We have never been to the lake in Hokkaido.

3. We will watch birds around the lake.

4. We walked around the lake and ate lunch.

(1)時制に注意する。

(2) 1. I practice the piano for one hour.

2. I practice the piano every Friday.

3. I've practiced the piano since I was four.

4. I'm going to practice the piano this afternoon.

(2)
≫p.61

(3) 1. Let's talk about it with Rika later.

2. We have played tennis three times.

3. We started to play at ten o'clock.

4. A group of four is for playing tennis.

(3)文脈に注意する。

2 読まれる英文の内容と一致するものをア～ウの中から1つ選び，その記号を書きなさい。〔長崎県〕

 音声

絵や表の内容を前もって見ておく。

(1) ア　　　イ　　　ウ

(1)最後はどうしたのかがポイント。

(2) ア

	morning	afternoon
Tokyo	☂	☁
Osaka	☀	☀
Fukuoka	☀	☁

イ

	morning	afternoon
Tokyo	☀	☁
Osaka	☀	☂
Fukuoka	☀	☁

ウ

	morning	afternoon
Tokyo	☀	☂
Osaka	☀	☁
Fukuoka	☀	☁

(2)表では3つの地点が午前と午後に分けて示されていることを，まずとらえよう。

3 裕太（Yuta）がある市立図書館で，館内図を見ながら，説明を受ける。それを聞いて，(1)と(2)の質問に答えなさい。＊(1)は記号で，(2)は（　　）内にそれぞれ1語の英語で答えなさい。〔福岡県〕

Welcome to the City Library!

Hall / Desk C / Office / Study Room / Music Room / Desk A / Desk B / Books

(1) Where should Yuta bring books when he wants to borrow them?

　ア Office.　　イ Study Room.　　ウ Desk A.　　エ Desk B.

(2) When people join "Book Talk Day," what will they talk about?

　They will talk about (　　　　) (　　　　) (　　　　).

4 音声を聞いて問題に答えなさい。〔石川県〕

Part 1

音声を聞き，表のア〜ウの空欄に当てはまる英語を書きなさい。

	Group One	**Group Two**	**Group Three**
Things to do	Practice a music ［ ア ］ and show it to the other students	Visit the castle and make a guidebook	Learn about English culture and make English ［ ウ ］ for the other students
Place to meet	At the school theater	At the ［ イ ］	At the school cafeteria

ア ＿＿＿＿＿＿＿　　　　イ ＿＿＿＿＿＿＿　　　　ウ ＿＿＿＿＿＿＿

Part 2

(1) 質問に続けて読まれる選択肢ア〜ウから1つ選び，その記号を書きなさい。

　　　　　　　　　　　　　　　　　＿＿＿＿＿＿

(2) 質問に続けて読まれる選択肢ア〜ウから1つ選び，その記号を書きなさい。

　　　　　　　　　　　　　　　　　＿＿＿＿＿＿

| 解き方のヒント |

日本語の説明が流れている間に，館内図や(1)(2)の質問文を読んでおく。

また，英文を聞きながら，「どこで何をするか」を館内図にメモしていくとよい。

(1)図を見ながら，「どこで何ができるか」をとらえていくこと。

(2)"Book Talk Day"と聞こえたら集中する。

問題に関する指示や質問も放送で流れるので注意する。

Part 1と2は内容的につながっている。

Part 1
各グループで「何をするのか」と「集合場所」をしっかり聞き取る。

Part 2
カルロスとユミの2人が話している。

文法・語法問題

1 次の英文は，エリ（Eri）と留学生のアレックス（Alex）の対話です。対話文中の（ア）～（ウ）の（　）の中にそれぞれ適する1語を英語で書きなさい。ただし，答えはそれぞれの（　）内に指示された文字で書き始め，1つの _ に1文字が入るものとします。〔神奈川県〕

Eri: Hi, Alex. What are you doing now?

Alex: Hi, Eri. I'm doing my homework. I'm learning about (ア) (t _ _ _ _ _ _ _ _ _) Japanese events like *Setsubun* and *Hinamatsuri* for my speech next week.

Eri: Oh, you'll talk about events that have a long history.

Alex: I will. Well, I'd like to know what some Japanese words mean. Do you have a (イ) (d _ _ _ _ _ _ _ _)?

Eri: Yes. Here you are.

Alex: Thank you. This will be very (ウ) (u _ _ _ _ _) to finish my homework. Can I use it at home today?

Eri: Sure. I hope it will help you. Good luck, Alex.

2 次の各文の（　）の中に入れるのに最も適するものを，1～4の中から1つ選び，その記号を書きなさい。〔神奈川県〕

(1) One of the birds I bought yesterday (　) singing now.

　　1. is　　　　2. are　　　　3. was　　　　4. were

(2) When did the cat become as (　)?

　　1. the big cat　　　　　2. big as its mother

　　3. bigger than its mother　4. the biggest of the three

(3) When Takuya was ten years old, he (　) a book written by a famous soccer player.

　　1. read　　　2. reads　　　3. is read　　　4. has read

(4) The city is visited by many people (　) a famous festival in February.

　　1. when　　　2. which　　　3. between　　　4. during

空所に入る単語のヒントは必ず文中にある。

空所の語を，別の単語で言いかえたり，説明したりしているところがヒント。

空所に入るのは名詞なのか，形容詞なのかを考える。

(1)進行形のbe動詞を選ぶ。時制と主語の単複に注意する。
≫p.16

(2)asがヒント。
≫p.32

(3)接続詞whenとそのあとの時制に注意する。
≫p.53

(4)あとに名詞が続き，動詞がないことに注意。
≫p.156

3 次の (1) から (6) に入れるものとして，下のア，イ，ウ，エのうち，最も適切なものはどれか。1つ選び，その記号を書きなさい。〔栃木県〕

Hi, Leon,

How are you? Thank you for your e-mail.

Yesterday I (1) a speech in front of my class in English.

(2) was my second time. I felt a little (3) but I could do it better than last time. I decided (4) about my friend (5) in Germany. He practices judo after school from Monday to Friday. He (6) Japan last summer and stayed at my house for two weeks. Who is he? Yes, it's you! Please write to me soon.

Your friend,

Takashi

(1) ア make イ made ウ to make エ making

(2) ア I イ He ウ There エ It

(3) ア nervous イ wonderful ウ amazing エ brave

(4) ア to talk イ talking ウ talk エ talks

(5) ア to live イ lives ウ is living エ living

(6) ア came イ went ウ visited エ arrived

4 次の英文は群馬に住むHirokiと，Hirokiの家にホームステイする予定のDavidとの電子メールによるやり取りです。これらを読み，英文の意味が通るように，(ア)～(オ)に当てはまる単語を下の〔 〕内からそれぞれ1語選び，必要があれば適切な形に変えて書きなさい。〔群馬県〕

Hello Hiroki,

We are going to (ア) each other very soon. I'm so happy. This will be my second time to visit Japan. When I visited Japan two years ago, I (イ) in Tokyo. Now I know a little about Tokyo, but I don't know anything about Gunma. Will you tell me about Gunma?

David

解き方のヒント

タカシがレオンに書いたEメールの英文である。

(1) Yesterday に注目。
(2) 前に出た事柄を指す代名詞を選ぶ。
(3) 直後のbutに注目する。
(4) decideのあとにくる動詞の形は？
(5) 後ろから名詞を説明する形を作る。
≫p.126
(6) 直後にJapanが続くことに注意。

だれがだれに，どのような用件で書いたのかをすばやくつかむ。冒頭の問題文もしっかり読むこと。

(ア) be going to ～の形に注意する。
≫p.13

(イ) 時制に注意。

入試対策編

入試対策問題

195

Hello David,

Thank you for （　ウ　） me about Gunma in your e-mail.　Gunma has famous mountains and *hot springs many people visit. Also, *Tomioka Silk Mill is popular.　It was （　エ　） in 1872. It became a *World Heritage Site in 2014.　I will （　オ　） you to some of these places.　I hope you will like Gunma.

Hiroki

注：hot spring 温泉　Tomioka Silk Mill 富岡製糸場　World Heritage Site 世界遺産

〔 ask　　become　　build　　look　　meet　　stay　　take 〕

ア＿＿＿＿　　イ＿＿＿＿　　ウ＿＿＿＿　　エ＿＿＿＿　　オ＿＿＿＿

解き方のヒント

Hirokiから Davidへの返信。

（ウ）前置詞の後ろに動詞がくる場合の形は？
≫p.29

（エ）直前のbe動詞に注目する。

（オ）Hirokiは何をしてくれるのか。

5 次の各対話文の文意が通るように，（　　）の中のア～エを正しく並べかえて，左から順にその記号を書きなさい。〔愛媛県〕

(1) *A:* I （ ア to　イ something　ウ give　エ have ） you.　Here you are.

　　B: Wow, thank you.　Can I open it?

　　A: Sure.　　　　　　　　　　　　　　　　＿＿＿＿＿＿

(2) *A:* Did you hear that Tom saved a child?

　　B: Yes.　That （ ア happy　イ me　ウ made　エ news ）.

　　　　　　　　　　　　　　　　　　　　　　＿＿＿＿＿＿

(3) *A:* I want to buy something for my mother's birthday.

　　B: There （ ア front　イ in　ウ a flower shop　エ is ） of the station.　You can buy beautiful flowers there.

　　A: That's a good idea.　　　　　　　　　＿＿＿＿＿＿

(4) *A:* Let's play tennis this afternoon.

　　B: I'm sorry, I can't.　I have （ ア care　イ take　ウ to　エ of ） my brother.

(5) *A:* I （ ア to　イ want　ウ carry　エ you ） this box with me. Can you help me?

　　B: Sure.　　　　　　　　　　　　　　　　＿＿＿＿＿＿

(1)まずは主語に続く動詞を決める。

(2)冒頭のThatに続く語は何か？

(3)位置を表す表現に注意する。

(4)イディオムが使われている。

(5)wantの使い方に注意。
≫p.74

読解問題

1 次の(1)～(3)の英文を読んで，それぞれの問いに答えなさい。〔千葉県〕

(1) We usually use a capital letter for the first letter of a sentence in English. Also, why is the word "I" always written with a capital letter? Some people say that the capital letter "I" is used because it is an important word which means "myself."

　　But (Ⓐ) tells us another story. The small letter "i" was used in English sentences a long time ago. At that time, using small letters was popular, and people used "ic" or "ik" which meant "I." However, it was difficult to (Ⓑ) these words in a sentence because they were small. Then, people in English speaking countries began to use the capital letter "I."

注：capital letter　大文字　　sentence　文，文章
　　small letter　小文字

本文中の（ Ⓐ ），（ Ⓑ ）に入る最も適当な語を，それぞれ次のア～エから1つ選び，その記号を書きなさい。

Ⓐ　ア future　　イ history　　ウ homework　　エ life
Ⓑ　ア find　　　イ hear　　　ウ speak　　　　エ work

(2) Even if you are not good at science, you should know the Earth is one of eight planets that move around the Sun. Also, a lot of small objects called asteroids go around the Sun. Do you know you can name asteroids? Actually, the first person that finds a new asteroid can give it a name. The next story hasn't happened yet, but let's imagine.

　　One day, a boy in Chiba found a new asteroid in his telescope. At that time, he wanted to fly to the asteroid in space, like a bird. A few days later, he got the dream to give the asteroid the name of a bird. He took the name from Chiba's bird, the *hōjiro*. Finally, five years later, his dream came true. People in Chiba were so happy to hear the news.

最初の1～2文から，文章のテーマを予想し，それを頭に置いて読み進める。

第2段落冒頭のBut は，前の段落に反する内容が述べられるという印。

move around ～ ～の周りを移動する

happy to ～ ～できてうれしい

入試対策編

入試対策問題

One of them said, "I feel *Hōjiro* will fly in space forever."

Like this story, you may have a chance to name an asteroid in the future.

注：even if 〜 たとえ〜でも　planet 惑星　object 物体　asteroid 小惑星
　　imagine 想像する　telescope 望遠鏡　space 宇宙　*hōjiro* ホオジロ（鳥の名前）

解き方のヒント

① 本文の内容に関する次の質問に，英語で答えなさい。

①第2段落に注目する。

What did the boy think when he found a new asteroid?

_____

② 本文の題名として最も適当なものを，次のア〜エから1つ選び，その記号を書きなさい。

②この英文全体の内容を最もよく表しているものを選ぶ。

　　ア　The Earth, the Sun, and asteroids

　　イ　Why were people in Chiba happy?

　　ウ　Naming asteroids

　　エ　Who found the *hōjiro* first?

⑶　次はRosalinda'sというお店から送られたカードです。

まず，カードの概要をとらえた上で，次に問いを読み，問いで問われている部分を，カードに戻って拾い読みする。

Dear Kaori Watanabe,　　　No. 54321

Thank you

for shopping at Rosalinda's.
You have been our member for
one year.
We are happy to send you a
special gift.

Receive £10 off
when you spend £40 or more.

Rosalinda's
Girls' Clothes and Shoes
(123) 555-2212

You can use this discount only once from March 1 to April 15 for any clothes (not shoes, sorry!) for Rosalinda's.

Please show this card when you want to use this gift. You cannot use it when you buy our products on the Internet. But you can get free shipping at our shop on the Internet.

We are waiting for your next visit.

229 Yellow House Street
London, U.K.

注：£ ポンド（イギリスの通貨単位）　　off 値引きして
　　discount 値引き　product 商品　free shipping 送料無料

① このカードの内容をもとに，次の質問の答えとして最も適当なものを，あとのア〜エから1つ選び，その記号を書きなさい。

Why was this card sent?

ア To invite new people.

イ To show some new products.

ウ To give a discount on the Internet.

エ To give a present to members.

①カードの左側半分に注目。

② このカードの内容に合っているものを，次のア〜エから1つ選び，その記号を書きなさい。

ア Kaori can get a discount at any time in March or April.

イ Kaori can use the card only for clothes at the shop.

ウ Kaori can get free shipping on her next visit.

エ Kaori can use the card at the shop in London and on the Internet.

②カードの右側上段に注目。

2 健（Ken）と留学生のマイク（Mike）が，週末，買い物に行くために，信州ショッピングセンター（Shinshu Shopping Center）のパンフレットを見ながら対話をしている。〔長野県〕

Ken: What do you want to buy, Mike?

Mike: Soba. I want my family to try *soba*. It's my favorite Japanese food. Where can I buy that?

Ken: You can buy some in ①(　　) or at some Japanese restaurants. But how about books with pictures? They tell you a lot about things in Nagano like mountains and rivers.

Mike: Sounds good. I want to buy one. I think it will be good to show my family the places I have visited.

Ken: I see. Let's go and look for one in ②(　　) first, then eat lunch.

Mike: Sure.

パンフレットにどのようなことが書かれているかを確認してから英文を読むとよい。

want A to ～ Aに～してもらいたい
≫p.74

like ～ ～のような

one 前に出た名詞の代わりに使われている

Shinshu Shopping Center

Building *A*　　**Food**

Building *B*　　**Books, DVDs and CDs**

?

Dog Run

Building *C*
Restaurants

Building *D*
Clothes and *Shoes

INFORMATION	Open	Close
Shops	10:00 *a.m.	7:00 p.m.
Restaurants	11:00　a.m.	8:00 p.m.

? You can ask questions about Shinshu Shopping Center here. We have *wheelchairs you can use.

Please do not enter the shops or restaurants with your pets. You may use the Dog Run.

How to get to Shinshu Shopping Center
Arriving by train:1-minute walk from Shinshu Station

解き方のヒント

パンフレットには「場所」「時間」「その他の情報」が書かれていることを，まずとらえる。

Dog Run ドッグラン(イヌを運動させることができる施設)

注：Shoes くつ　　a.m. 午前　　wheelchairs 車いす

(1) 対話の流れに合うように，下線部①，②の(　　)に当てはまる最も適切な英語を，次のア～エから1つずつ選び，記号を書きなさい。

ア Building A　　イ Building B

ウ Building C　　エ Building D

(2) パンフレットの内容と合っている最も適切な英文を，次のア～エから1つ選び，記号を書きなさい。

ア All the shops and restaurants open at 10:00 a.m.

イ You can ask for wheelchairs if it is necessary.

ウ You must not take any pets to Shinshu Shopping Center.

エ Shinshu Shopping Center is very far from Shinshu Station.

(1)それぞれの建物では何を売っているかがポイント。

(2)それぞれの選択肢の内容を，パンフレットと照らし合わせて確認する。

3 次の英文は，真紀(Maki)が宇宙食(space foods)について，インターネットで調べて表(Table)を作り，英語の授業で発表したときのものです。(1)～(3)の問いに答えなさい。〔岐阜県〕

解き方のヒント

Many astronauts from different countries have worked together on the ISS. I was interested in space foods that they ate there. Please look at the table. In 2003, space foods were made only in two countries: America and  Russia. One hundred and eighty-one kinds of space foods were made in America. One hundred and fifteen kinds of space foods were made in Russia. No space foods were made in Japan, and Japanese foods were not on the food menu of the ISS. So Japanese astronauts (①) in space.

no～ 1つの～もない

JAXA wanted Japanese astronauts to enjoy Japanese foods and relax in space. Then JAXA decided to start a project that made Japanese space foods for Japanese astronauts. But making Japanese space foods was very difficult. JAXA had to prove that the space foods were safe to eat and good for the health of astronauts. JAXA tried their best, and finally twenty-eight kinds of Japanese space foods were on the food menu of the ISS in 2007.

finally ついに

When you look at the numbers in 2003 and 2007 in the table, you can see that the number became larger in America. The number didn't change in Russia. The number in Japan was still very small in 2007. But I hear that JAXA had thirty-three kinds of Japanese space foods in 2018. I also hear that Japanese space foods are very popular among foreign astronauts because they are delicious and good for their health. I hope more kinds of Japanese space foods will be on the ISS food menu in the future. Then many astronauts from other countries can enjoy more Japanese foods in space.

hear that ～ ～ということを聞いて知っている

入試対策編

入試対策問題

注：ISS　国際宇宙ステーション　　JAXA　宇宙航空研究開発機構
　　 project　計画　　prove　証明する

(1) 本文中の（　①　）に入れるのに最も適切なものを，次のア～エの中から1
つ選び，その記号を書きなさい。

ア　could not eat Japanese foods

イ　could work hard with other astronauts

ウ　could enjoy staying longer

エ　could not find space foods made in America

(2) 真紀が発表のときに見せた表として最も適切なものを，次のア～エの中か
ら1つ選び，その記号を書きなさい。

ア

Table		
	2003	2007
America	181	199
Russia	150	150
Japan	28	28

イ

Table		
	2003	2007
America	181	199
Russia	115	199
Japan	0	28

ウ

Table		
	2003	2007
America	181	199
Russia	115	115
Japan	0	28

エ

Table		
	2003	2007
America	181	165
Russia	115	115
Japan	0	28

(3) 本文の内容に合っているものを，次のア～エの中から1つ選び，その記号
を書きなさい。

(3)選択肢の内容が本文中
に書かれているかどう
かを1つずつ確認する。
選択肢で使われている
のと同じ表現を本文中
で探すことがポイン
ト。

ア　Maki talked about how many astronauts worked on the
ISS in 2003 and 2007.

イ　It was easy to make Japanese space foods in the project
that JAXA started.

ウ　Japanese space foods are good for the health of
astronauts but they are not popular among foreign
astronauts.

エ　Maki wants many foreign astronauts to enjoy more kinds
of Japanese space foods in the future.

4 次の(1)(2)の問いに答えなさい。〔島根県〕

(1) ある1週間の時間割を見ながら，ルミ（Rumi）さんとケン（Ken）さんが会
話をしています。次の（　A　），（　B　）に入る語の組み合わせとして正
しいものを，下のア～エの中から1つ選び，記号を書きなさい。

202

Rumi: Here's the schedule for this week.

Ken: What is it like?

Rumi: Well, （　A　） is the hardest day for me.

Ken: What do you mean?

Rumi: We have math, science, and English in the morning.　I'm not good at these three subjects.

Ken: I see.　I'm looking forward to （　B　）.　I like drawing pictures and studying history.　Also, we can enjoy club activities longer after school.

解き方のヒント

話題にのぼった教科が何曜日にあるか確認する。

学ぶ内容から教科名を考えよう。また，何時間目まで授業があるのかもポイント。

	Monday	Tuesday	Wednesday	Thursday	Friday
1	Social studies	English	English	Social studies	Science
2	P.E.	Music	Math	Japanese	Social studies
3	Japanese	Math	Science	Math	Math
4	Science	Social studies	P.E.	Art	Japanese
	Lunch Time				
5	English	Science	Music	P.E.	English
6	Art		Japanese		Moral education

ア　（A）Wednesday　　　（B）Monday

イ　（A）Wednesday　　　（B）Thursday

ウ　（A）Friday　　　（B）Monday

エ　（A）Friday　　　（B）Thursday

(2)　次の英文は，同じ映画を見た２人の中学生の感想です。２つの感想について最も適当なものを，下のア～エの中から１つ選び，記号で書きなさい。

感想のタイトルに注目する。

 Yun-ho　Friendship is wonderful!!　★★★☆　4.0 This movie is about a friendship between two students with different cultures.　At first, it was not so good.　But it got more interesting after they became friends.　The songs which they sang together in the movie were great, too.　Now this is one of my favorite movies!

Daisuke You don't have to watch this movie!!
★★☆☆☆ 2.0

Many people say that the story was interesting. Actually, it was boring. There was nothing new about the story. However, the music used in this movie was impressive. I bought the CD on my way home.

解 き 方 の ヒ ン ト

ア Yun-ho and Daisuke enjoyed the story.

イ Yun-ho and Daisuke enjoyed the music.

ウ Yun-ho didn't enjoy the story, but Daisuke enjoyed the story.

エ Yun-ho enjoyed the music, but Daisuke didn't enjoy the music.

impressive 印象的な

英文中の言葉が選択肢でどう言いかえられているかに注意。

5 次の文章を読んで, あとの(1)から(5)までの問いに答えなさい。〔愛知県〕

　How do you spend your winter? Do you enjoy skiing or snowboarding? Have you ever enjoyed playing with snow or ice? If you live in a region which does not have much snow, snow may be something you see a few times in winter, or something you experience through TV news or books. If you live in a snowy region, snow is an important part of life. People there have (A) together with snow.

　When snow falls, it melts in the end and becomes water. So people have known from their experience that snow is made of water. And they have also known that snow falls in different conditions. For example, some kinds of snow are dry and light, and some are wet and heavy. When people observe snow with a microscope, they can see snow crystals. People know about snow crystals, but most of them do not know that ① .

　In the 1800s, snow was observed with a microscope in Japan. A lord working for the Tokugawa Government was attracted by

snowy 雪の多い
region 地域, 地方

melt 溶ける

the beauty of snow crystals.　He caught snow crystals with a piece of chilled cloth and put them under his microscope. Then he drew pictures of them.　This may be one of the first scientific studies about snow in Japan.　₂Later in his book, he 【 of snow crystals / 86 different shapes / showed / he / and how / caught them 】.　The beautiful shapes became very popular among people in the Edo period, and they used the designs for clothes and tools.

　In 1936, a Japanese scientist created artificial snow crystals for the first time in the world.　In his machine, he boiled water, chilled the steam and caught the snow crystals.　Thanks to his study, we know that the condition of a snow cloud and the temperature below the cloud influence the shapes of snow crystals we find on the ground.

　He left a message, "Snow is a letter from the sky."　This may sound very romantic, but he also tells us the importance of studying about snow more precisely.　Snow is beautiful, but it is very dangerous when it gets out of control.　If we know about the winter sky, we can get along with snow.

注：observe ～　～を観察する　　microscope　顕微鏡
snow crystal　雪の結晶　　lord　殿様　　Tokugawa Government　徳川幕府
chill ～　～を冷やす　　scientific　科学的な　　study　研究　　steam　蒸気
cloud　雲　　romantic　ロマンチックな

(1)　（　A　）にあてはまる最も適当な語を，次の5語の中から選んで，正しい形にかえて書きなさい。

become　　dream　　forget　　live　　show

(2)　　①　にあてはまる最も適当な英語を，次のアからエまでの中から一つ選んで，そのかな符号を書きなさい。

ア　snow is made of water

イ　snow falls in different conditions

ウ　a microscope can be used to observe snow crystals

beauty　美しさ
chill　～を冷やす

artificial　人工的な

thanks to ～　～のおかげで

precisely　正確に

get out of control　コントロールできなくなる

(1)前後の文脈から語を選び，直前のhaveに注目して形を変える。

(2)「人々が知らないこと」は何か。逆に，「知っていること」はここより前に書かれていると考えてみよう。

入試対策編

入試対策問題

205

エ snow has been studied in Japan for a long time

(3) 下線②のついた文が，本文の内容に合うように，【　】内の語句を正しい順序に並べかえなさい。

(4) 本文中では，雪の結晶についてどのように述べられているか。最も適当なものを，次のアからエまでの文の中から一つ選んで，そのかな符号を書きなさい。

ア A lord in Japan observed snow crystals with a microscope in the 1800s.

イ A lord thought that his microscope was not as useful as his cloth to chill snow crystals.

ウ People in the Edo period were not interested in the shapes of snow crystals at all.

エ Artificial snow crystals were made for the first time in Japan in the 1800s by a lord.

(5) 次のアからカの文の中から，その内容が本文に書かれていることと一致するものを全て選んで，そのかな符号を書きなさい。

ア Most of the people who live in a region without snow like to do some winter sports.

イ The condition of a snow cloud influences the shapes of snow crystals we see on the ground.

ウ During the Edo period, a lord wrote a letter which shows the life of Japanese winter.

エ People have known that snow becomes dry and light when the weather condition is wet.

オ Studying about snow more precisely is important to get along with it.

カ If you have beautiful snow crystals, you will receive a romantic letter.

解き方のヒント

(3)主語と動詞，目的語の組み合わせを考える。
》p.110

(4)選択肢に含まれる lord, the 1800s, Edo periodといった語句から，本文のどこを見ればよいか見当をつける。

(5)それぞれの選択肢に含まれるのと同様の表現が，本文のどこで使われているかを探すことが，手がかりになる。

英作文問題

あとの各問いに答えなさい。〔三重県〕

(1) 次のような状況において，あとの①～③のとき，あなたならどのように英語で表しますか。それぞれ5語以上の英文を書きなさい。ただし，I'm などの短縮形は1語として数え，コンマ(,)，ピリオド(.)などは語数に入れません。

【状況】

> オーストラリアから来た留学生の Lucy が，あなたの家でホームステイをしています。あなたは，Lucy と話をしています。

① 昨日作ってくれた夕食はおいしかったと伝えるとき。

② 日本での学校生活はどうかと尋ねるとき。

③ 日本にいる間にしたいことを尋ねるとき。

①　_____

②　_____

③　_____

(2) Masato は，英語の授業で，大切な人について紹介することになり，祖父についてスピーチをすることにしました。あなたが Masato なら，①～③の内容をどのように英語で表しますか。それぞれ4語以上の英文を書き，下の原稿を完成させなさい。ただし，I'm などの短縮形は1語として数え，コンマ(,)，ピリオド(.)などは語数に入れません。

【原稿】

> Hello, everyone. Today I'm going to tell you about my grandfather.
> ① 祖父の家は学校の近くにあること。
> ② 祖父と私は一緒に彼の犬をしばしば散歩させること。
> ③ 祖父の家には彼の犬の写真がたくさんあること。
> Thank you.

①　_____

②　_____

③　_____

解き方のヒント

自分の知っている表現で表すことが重要。

英語を考えるときは適切な主語などを補う。

①「(あなたが) 昨日作ってくれた夕食」をひとかたまりとして考える。
≫p.138

⚠
おじいさんの飼っている犬は1匹でも複数でもよい。

①「～に近い」near ～ / be close to ～
②walk は「～を散歩させる」という動詞でも使えるし，go out for a walk「散歩に行く」のように，名詞としても使える。

1・2年の復習

現在の文　p.7〜9
❶ 1. We are, students　　2. Is, he is
　3. are not
❷ 1. live　　2. has　　3. watches
❸ 1. Do, want, do
　2. Does, study, he doesn't
　3. doesn't like

過去の文　p.10〜12
❶ 1. We were　　2. Was she, was
　3. You weren't
❷ 1. arrived　　2. carried　　3. sat
　4. knew
❸ 1. Did, try, did　　2. Did, come, she didn't
　3. didn't do

未来の文　p.13〜15
❶ 1. I'm going　　2. is going
❷ 1. Are you going　　2. not going to
❸ 1. will be　　2. will rain
❹ 1. Will, come, she will　　2. won't forget

進行形の文　p.16〜17
❶ 1. are making　　2. was running
❷ 1. Are, writing, I'm not
　2. Was, smiling, was　　3. wasn't

助動詞　p.18〜20
❶ 1. Can you, can't　　2. couldn't answer
❷ 1. May I, not　　2. may not
❸ 1. must not　　2. don't have to
　3. shouldn't go
❹ 1. Could [Would] you　　2. Would, like
　3. Shall we

There is 〜. の文　p.21
❶ 1. There were　　2. Are there
　3. There aren't

疑問詞の文　p.22〜24
❶ 1. What animal(s)　　2. What, buy
　3. Which is
❷ 1. Who took, did　　2. Whose, are

❸ 1. Where, from, from　　2. When, arrive
　3. Why are, To
❹ 1. How are　　2. How about
　3. How long

接続詞　p.25〜27
❶ 1. and, are　　2. Which, or　　3. so
　4. but
❷ 1. because　　2. When　　3. if, run
❸ 1. know that　　2. her that
　3. surprised that

不定詞と動名詞　p.28〜29
❶ 1. tried to stand　　2. to play
　3. sorry to hear　　4. places to visit
❷ 1. finished writing　　2. is teaching

比較の文　p.30〜32
❶ 1. wider, widest　　2. easier, easiest
　3. more important, most important
❷ 1. hotter than　　2. more interesting than
　3. better than
❸ 1. the earliest in　　2. the most, of
　3. the best in
❹ 1. as fast as　　2. isn't as beautiful

第1章　受け身の文　p.34〜44
❶ 1. are played　　2. is made
❷ 1. is liked by
❸ 1. was written　　2. were made
❹ 1. will be spoken　　2. can be seen
❺ 1. Are, cleaned, they aren't
　2. Were, invited, was
❻ 1. When was, held　　2. What, is played
❼ 1. weren't washed　　2. is not used
❽ 1. We were told　　2. The news was told
　3. are taught English
❾ 1. am called　　2. was named Nozomi
❿ 1. Are, interested in　　2. made of
　3. was surprised at

第2章　現在完了形　p.52〜66
❶ 1. has, left　　2. have just finished

❷ 1. has, read　　 2. have already bought
❸ 1. Have, read, yet, I have
　 2. Has, started yet, yet
❹ 1. haven't, done, yet
　 2. hasn't washed, yet
❺ 1. has, twice　　 2. I've eaten [had], times
❻ 1. been to
❼ 1. ever seen, have　　 2. Has, ever, hasn't
❽ 1. How many, have, four times
❾ 1. haven't swum　　 2. has never been
❿ 1. have been, for　　 2. has lived, since
⓫ 1. Has, been, for
　 2. Have, known, since
⓬ 1. How long, lived, for
⓭ 1. haven't been, since
　 2. hasn't played, for
⓮ 1. have been studying
　 2. has been sleeping

第3章 不定詞を用いた文　 p.74～87

❶ 1. you, read
❷ 1. us, study
❸ [1] 1. me, close　　 2. him to help
　 [2] 1. His parents want him to be a doctor.
　　　 2. My father told me to clean my room.
❹ 1. let, play　　　　 2. make, laugh
❺ 1. help, study
❻ 1. how to eat [have]
❼ 1. what, say　　　 2. where to wait
❽ 1. us how to　　　 2. how to use
❾ 1. It, to eat [have]　　 2. it, to make
❿ 1. It, for, to　　　　 2. for her to
　 3. for, to read
⓫ 1. too, to walk　　　 2. too hot to
⓬ 1. too, for, to　　 2. too difficult [hard] for
⓭ 1. enough to swim

第4章 文型を作る動詞　 p.96～104

❶ 1. They, friends　　 2. It, warm
　 3. girl, teacher

【訳】1. 彼らはいい友達になりました。
　　 2. 午後に暖かくなりました。
　　 3. その女の子は先生になりました。
❷ 1. look　　　 2. looks like
❸ 1. get　　　 2. sound　　 3. feel
❹ 1. give me, water　　 2. show you, bag
❺ 1. pictures to him　　 2. coffee for her
❻ 1. us that
❼ 1. flower lily　　 2. named, cat
❽ 1. you happy　　 2. made me
　 3. keep, open

第5章 いろいろな疑問文　 p.110～119

❶ 1. who you are　　　 2. what, she likes
❷ 1. what happened
❸ 1. where I can buy　　 2. when she left
❹ 1. how tall, is　　　 2. how you made
❺ 1. you what, is　　 2. you who will
❻ 1. Aren't they, Yes　 2. Weren't you, No
❼ 1. Doesn't he, No　　 2. Can't I, Yes
❽ 1. isn't it　　　　 2. weren't they
❾ 1. didn't you　　　 2. can't she
❿ 1. are you, No　　 2. did he, Yes

第6章 分詞の形容詞的用法　 p.126～129

❶ 1. wearing glasses　 2. dog running
❷ 1. running
❸ 1. book written　　 2. used, is
❹ 1. broken

第7章 関係代名詞　 p.134～141

❶ 1. who lives
❷ 1. friend who plays
❸ 1. which has　　 2. which is
❹ 1. book that [which]
　 2. friend that [who] lives
❺ 1. which he made　 2. which I read
❻ 1. that [which] I visited
　 2. that [which] he was
❼ 1. bike he wants

第8章 仮定法 p.148～150

❶ 1. knew, would   2. were, could
❷ 1. wish, lived   2. wish, were

第9章 前置詞 p.156～166

❶ 1. at, in   2. in, on   3. at, on
    4. on, in
❷ 1. to   2. for   3. to   4. of   5. for
❸ 1. by, with   2. with   3. by
❹ 1. around   2. near   3. across
    4. along
❺ 1. into   2. over   3. through
    4. between
❻ 1. since   2. until   3. during
    4. before   5. after
❼ 1. as   2. about   3. without

定期試験対策問題　解答・解説

第1章　受け身の文　p.48〜50

1 (1) used　(2) working
　(3) was　(4) Is

〈解説〉
(1)（英語は世界中で使われています。）「（主語は）〜され
ている」を表す受け身なので，〈be 動詞＋過去分詞〉
の形になる。use の過去分詞の used が正解。
(2)（多くの生徒がビーチで働いています。）「〜している
ところだ」を表す現在進行形〈be 動詞＋動詞の ing
形〉の文なので，work の ing 形の working が正解。
are worked では意味が通じない。
(3)（このビルは 50 年前に建てられました。）選択肢が
be 動詞であること，built という過去分詞と fifty
years ago が使われていることから，「〜された」
を表す過去の受け身の文だとわかる。be 動詞は主
語が This building なので，was を選ぶ。
(4)（この部屋は毎日掃除されますか。）「（主語は）〜され
ますか」という受け身の疑問文は〈be 動詞＋主語＋
過去分詞〜?〉の形になる。every day から，現在
の習慣を表していると考える。

2 (1) is read　(2) be sent　(3) was given
　(4) are sold　(5) be used

〈解説〉
　いずれも〈be 動詞＋過去分詞〉という受け身の形にす
る。be 動詞は主語と時に応じて使い分け，動詞は過去
分詞にする。
(1)（この本は今，若者たちに読まれています。）受け身の
基本的な形。
(2)（小包は明日送られるでしょう。）未来のことを表す受
け身の文は〈will be ＋過去分詞〉の形になる。send
「〜を送る」は send - sent - sent と変化する。
(3)（この CD は先月，姉［妹］から私に与えられました。）
SVOO の文型である My sister gave me this
CD last month. の，this CD を主語にした受け
身の文。give「〜を与える」は give - gave - given と
変化する。

(4)（このごろは多くのよいものがあの店で売られていま
す。）sell「〜を売る」は sell-sold-sold と変化する。
(5)（この道具は多くの学生によって使われるでしょう。）
未来のことを表す受け身の文は〈will be ＋過去分
詞〉の形になる。

3 (1) The car was washed last Sunday.
　(2) Is Yumi loved by her teammates?
　　— Yes, she is.
　(3) Who will be invited to the meeting?
　(4) When were these pictures drawn?
　(5) Japanese is not [isn't] allowed in our
　　English class.
　(6) What (language) is spoken in Mexico?

〈解説〉
(1)（その車は毎週日曜日に洗われます。→その車はこ
の前の日曜日に洗われました。）過去の文になるので
be 動詞 is を was にする。
(2)（ユミはチームメイトから愛されています。→ユミは
チームメイトから愛されていますか。—はい，愛され
ています。）受け身の疑問文は be 動詞を前に出して
〈be 動詞＋主語＋過去分詞〜?〉の形になり，答え
るときも be 動詞を使う。
(3)（マイがその会合に招待されるでしょう。→だれがそ
の会合に招待されるでしょうか。）「だれが〜」と疑問
詞を使って主語をたずね，未来のことを表す疑問文
は，〈Who will be＋過去分詞〜?〉の語順になる。
(4)（これらの絵は昨日描かれました。→これらの絵はい
つ描かれましたか。）疑問詞 when を使って「いつ」
とたずねる疑問文にする。when を文頭に置き，受
け身の疑問文の形を続ける。
(5)（日本語は私たちの英語のクラスで許されています。
→日本語は私たちの英語のクラスで許されていませ
ん。）allow は「〜を許す」の意味の動詞。
(6)（メキシコではスペイン語が話されています。→メキシ
コでは何（語）が話されていますか。）Spanish は「ス
ペイン語」なので，その部分をたずねる文は「何（語）
が話されていますか」となる。「何（語）」は what
(language) とする。主語をたずねる疑問文なので
〈What (language) ＋ be 動詞＋過去分詞〜?〉の

語順になる。

4 (1) This TV program is liked by many children.
(2) The students are taught math by Ms. Sato.
(3) English and French are spoken in Canada.
(4) He is called Ken by his friends.
(5) This window was broken (by someone) last night.
(6) This guitar was given (to) me by my father.
(7) The contest will be held by our school on Friday.

〈解説〉
(1) (たくさんの子どもたちがこのテレビ番組が好きです。→このテレビ番組はたくさんの子どもたちに好まれています。)目的語(this TV program)を主語にした受け身の文にする。
(2) (佐藤先生は生徒たちに数学を教えています。→生徒たちは佐藤先生に数学を教わっています。)目的語が2つあるSVOOの文の1つ目の目的語(the students)を主語にした受け身の文にする。動作主であるMs. Sato は by 〜で表す。
(3) (人々はカナダでは英語とフランス語を話します。→カナダでは英語とフランス語が話されています。)この文の people は「一般の人」を表すので,受け身の文では by people などと表す必要はない。speak「〜を話す」は speak – spoke – spoken と変化する。
(4) (彼の友達は彼をケンと呼びます。→彼は友達からケンと呼ばれています。)SVOCの文の目的語(him)を主語にした受け身の文にする。
(5) (だれかが昨夜この窓を壊しました。→この窓は昨夜(だれかに)壊されました。)目的語(this window)を主語にした受け身の文にする。過去の文なので,be 動詞は was とする。break「〜を壊す」は break – broke – broken と変化する。
(6) (父は私にこのギターを与えました。→このギターは

父から私に与えられました。)目的語が2つあるSVOOの文の2つ目の目的語(this guitar)を主語にした受け身の文にする。is given to me の前置詞 to は,代名詞が続くときにはつけないこともある。
(7) (私たちの学校は金曜日にコンテストを開催します。→コンテストは私たちの学校によって金曜日に開催されます。)hold「〜を開催する」は hold-held-held と変化する。

5 (1) they aren't [they're not]   (2) it was
(3) it is   (4) it won't

〈解説〉
(1) (これらの切手はポールによって収集されていますか。—いいえ,ちがいます。)these stamps を,答えの文では代名詞 they で言いかえる。be 動詞の疑問文には be 動詞を使って答える。
(2) (私たちの学校は80年前に建てられたのですか。—はい,建てられました。)our school を,答えの文では代名詞 it で言いかえる。
(3) (あの家は売られる予定でしょうか。—はい,売られる予定です。)be going to を使った受け身「〜される予定だ」の疑問文。that house を,答えの文では代名詞 it で言いかえる。
(4) (コンサートは中止されるでしょうか。—いいえ,されないでしょう。)助動詞 will を使った疑問文には will を使って答える。

6 (1) of   (2) in   (3) about   (4) to
(5) in   (6) with   (7) with

〈解説〉
(1) (このボートは紙でできています。)be made of 〜で「〜でできている」。
(2) (ボブは日本の歴史に興味があります。)be interested in 〜で「〜に興味がある」。
(3) (私たちはあなたの演技にわくわくしました。)be excited about 〜で「〜に[で]わくわくする」。
(4) (その小説は多くの人々に知られています。)be known to 〜で「〜に知られている」。
(5) (2人の人がその事故でけがをしました。)be injured in 〜で「(事故など)でけがをする」。

(6) （カップは牛乳でいっぱいです。）be filled with ～で「～でいっぱいである」。

(7) （その机はほこりでおおわれていました。）be covered with ～で「～でおおわれている」。

---

7 (1) Kyoto is visited by many foreign people.
 (2) Her car was not made in Japan.
 (3) What song was sung by Bob?
 (4) I was given this doll by my aunt.
 (5) This dog was named "Mamesuke" by my sister.
 (6) Young people were surprised at the news.
 (7) Are a lot of trees cut down every year?

〈解説〉

(1) 「京都は多くの外国人によって訪問されています」と考える。「外国人によって」は by ～を用いる。

(2) 「日本製」は「日本で作られた」と考える。「日本で作られる」は be made in Japan とする。

(3) 「何の歌がボブによって歌われましたか」と考える。主語をたずねる疑問文なので，What song was sung ～？の語順になる。

(4) 「私はこの人形をおばによって与えられました」と考える。「おばによって」は by ～で表す。この文は，能動態の文では My aunt gave me this doll. となり，SVOO の文である。

(5) 「…によって～と名づけられる」は be named ～ by ... の語順にする。この文は，能動態の文では My sister named this dog "Mamesuke". となり，SVOC の文である。

(6) 「～に驚く」は be surprised at ～で表す。

(7) 「切り倒す」は cut down なので，「切り倒される」は be cut down となる。受け身の疑問文は be 動詞を前に出す。

---

8 (1) was written in
 (2) When will, be
 (3) is not pleased

〈解説〉

(1) 「書かれていた」は過去の受け身の文で表す。write「～を書く」は write - wrote - written と変化する。「英語で」は in English。

(2) 「いつ」と時をたずねているので，疑問詞 when を文頭に置く。未来の文なので，〈will ＋主語＋ be ＋過去分詞〉をあとに続ける。

(3) 「母は～が気に入っている」は My mother is pleased with ～. となる。これを否定文にする。

第2章 現在完了形　p.70～72

1 (1) ア　　(2) ウ　　(3) イ

〈解説〉

(1) （トムはちょうど宿題を終えたところです。）この文と同じ〈完了〉を表すのはア「電車はまだ到着していません」。

(2) （私たちは何年間も神戸に住んでいます。）この文と同じ〈継続〉を表すのはウ「クミは昨日から忙しいです」。

(3) （彼女は一度もテレビゲームをしたことがありません。）この文と同じ〈経験〉を表すのはイ「あなたは今までにこの部屋を使ったことがありますか」。

2 (1) エ　　(2) イ　　(3) ア　　(4) ウ

〈解説〉

(1) （あなたは今までにシドニーに行ったことがありますか。―いいえ，私はオーストラリアに一度も行ったことがありません。）エの never「一度も～ない」は，〈経験〉の否定文でよく使われる。

(2) （みんなもう到着していますか。―まだです。私たちはサヤカとマックスを待っているところです。）yet（否定文で「まだ」，疑問文で「もう」）は〈完了〉の文でよく使われる。

(3) （トムはそのときから具合が悪いのですか。―はい，そうです。彼は病院に3日間入院しています。）「（ずっと）～している」という〈継続〉の文。アでは継続している期間を for ～で表している。

(4) （あなたは何回この映画を見たことがありますか。―何回もです！　私はそれが大好きなんです。）映画を

何回見たことがあるかという〈経験〉をたずねる疑問文への適切な答えは，ウである。

3 (1) Has Mike left home yet?
(2) Ami hasn't [has not] washed the dishes yet.
(3) Have you ever heard this news (before)?
(4) How long have you had a cold?
(5) They have been playing video games since three.
(6) How many times [How often] has Tom been to Hiroshima?
(7) I've [I have] listened to this song many times.

〈解説〉
(1) (マイクはもう家を出ました。→マイクはもう家を出ましたか。)〈完了〉の疑問文は have [has] を主語の前に出し，yet を文末に置く。
(2) (アミはもう皿洗いをしてしまいました。→アミはまだ皿洗いをしていません。)〈完了〉の否定文は〈has [have] not ＋過去分詞 ～ yet〉の形にする。
(3) (あなたは以前にこの知らせを聞いたことがあります。→あなたは今までにこの知らせを聞いたことがありますか。)現在までの経験をたずねる疑問文は〈Have ＋主語＋ ever ＋過去分詞～?〉の形にする。ever「今までに」は疑問文で用いられることが多い。
(4) (あなたは1週間かぜをひいています。→あなたはどのくらいの間かぜをひいていますか。)「どのくらい（長く）～しているか」と期間をたずねる疑問文は〈How long have [has] ＋主語＋過去分詞～?〉の形にする。
(5) (彼らはテレビゲームをしています。→彼らは3時からずっとテレビゲームをしています。)過去から現在までずっと継続している動作を「(今までずっと)～している」と表すときは，現在完了進行形〈have [has] been ＋動詞の ing 形〉を使う。
(6) (トムは広島に2回行ったことがあります。→トムは広島に何回行ったことがありますか。)これまでに経験した回数をたずねるときは How many times か How often のあとに現在完了形の疑問文を続

ける。
(7) (私はこの歌を聞きました。→私は何回もこの歌を聞いたことがあります。)「～した」という過去の文を，〈have [has]＋過去分詞〉の形を使い，「(今までに)～したことがある」を表す現在完了形の文にする。

4 (1) We have been good friends for ten years.
(2) I haven't seen you for a long time.
(3) He has not changed since he was a child.

〈解説〉
(1) 「10年の間ずっと親友だ」と考えて，〈継続〉を表す現在完了形にする。be 動詞 are を過去分詞 been に変えて，期間を for ～で表す。
(2) 「私はあなたに長い間会っていない」と考えて，〈継続〉を表す現在完了形の否定文〈have not ＋過去分詞〉にする。see を過去分詞 seen にする。
(3) 「子どものころから」を「彼が子どもだったとき以来」と考えて，現在完了形の否定文〈has not ＋過去分詞〉で表す。change を過去分詞 changed に変える。また，since ～「～して以来，～してからずっと」を接続詞として使い，あとに〈主語(he)＋動詞(was)～〉を続ける。

5 (1) has lived [been], since
(2) has, to, three
(3) been running for
(4) has gone to

〈解説〉
(1) (マークは2000年に日本に来ました。彼はまだ日本に住んでいます。→マークは2000年から日本に住んでいます。)過去に始まった状態が今も続いていることを現在完了形で表す。「～からずっと」は since ～を使う。「マークは2000年から日本にいます」と考えて，lived の代わりに been を使ってもよい。
(2) (リサはアメリカ合衆国に2015年，2017年と2020年に行きました。→リサはアメリカ合衆国に3回行ったことがあります。)「～に行ったことがある」は

has [have] been to ～で,「3回」は three times
で表す。
(3) (あの女の子は1時間前に走り始めました。彼女は
まだ走っています。→あの女の子は1時間ずっと走っ
ています。) 過去から現在までずっと継続している動
作は現在完了進行形 have [has] been ～ing の
形で表す。期間は for ～で表す。
(4) (ヒロシは横浜に行きました。彼は今，ここにいませ
ん。→ヒロシは横浜に行ってしまいました。)「～へ行っ
てしまった(今はここにいない)」は has [have]
gone to ～で表す。

6 (1) 私は一度も外国に行ったことがありません。
(2) 私の姉[妹]は高校を卒業してからずっと
ニューヨークに住んでいます。
(3) あなたはソウタを長いこと知っていますか。
(4) 私の父はまだヨーロッパから戻ってきていま
せん。

〈解説〉
(1) have been to ～は「～に行ったことがある」。
never は「一度も～ない」という否定の意味を表す。
(2) has lived は「(今までずっと)住んでいる」を表す。
since ～は「～以来，～からずっと」という意味。
(3) 「ソウタを長いこと知っている」という状態の〈継続〉
をたずねる疑問文。
(4) return from ～は「～から戻ってくる」。〈has [have]
not ＋過去分詞～ yet〉は「まだ～していない」の意
味。

7 (1) have just arrived
(2) I've already finished [eaten, had]
(3) has been, since
(4) Have, ever been

〈解説〉
(1) 「彼らはちょうど～したところだ」は〈They have
just ＋過去分詞～.〉で表す。
(2) 「私はもう～してしまった」は〈I have already ＋過
去分詞～.〉で表す。空所の数から I have を短縮形
I've にする。finish は「～を終える」，eat, have は
「～を食べる」の意味で，ここではどれを使うことも

できる。
(3) 「彼は～以来ずっと…である」は〈He has ＋過去分
詞 ... since ～.〉で表す。
(4) 「あなたは～に行ったことがある」は You have
been to ～.で表す。疑問文は主語の前に have を
出して作る。「今までに」は ever を使う。

8 (1) How long has Ms. Green stayed in this
town?
(2) Have you written (a letter) to Tom yet?
(3) Have you ever watched this TV
program?
(4) How many times [How often] has she
read this book?

〈解説〉
(1) 「グリーン先生はどのくらい (長く)～していますか」と
たずねる場合は，〈How long has Ms. Green
＋過去分詞～?〉となる。「～に滞在する」は stay in
～を使う。
(2) 「あなたはもう～してしまいましたか」は，疑問文
〈Have you ＋過去分詞～ yet?〉で表す。「～に手
紙を書く」は write (a letter) to ～とする。
(3) 「あなたは今までに～したことがありますか」は
〈Have you ever ＋過去分詞～?〉を使う。
(4) 「何回～したことがありますか」は〈How many
times [How often] has [have] ＋主語＋過去
分詞～?〉で表す。

第3章 不定詞を用いた文 p.91〜93

1 (1) him (2) play (3) to study
(4) for (5) It (6) where
(7) to go (8) laugh

〈解説〉
(1) (私は彼に野球の選手になってもらいたいです。)
〈want ＋人＋ to ＋動詞の原形〉の形で「(人)に～し
てもらいたい」の意味。人にあたる代名詞は目的格
の him で表す。
(2) (その女性はいつも自分の子どもたちを外で遊ばせ
ています。)〈let ＋人＋動詞の原形〉の形で「(人)に～

させる，〜するのを許す」の意味を表す。人のあとには動詞の原形がくることに注意。

(3) (父は私にもっと一生懸命勉強するように言いました。)〈tell ＋人＋ to ＋動詞の原形〉の形で「(人)に〜するように言う」の意味を表す。me のあとには不定詞〈to ＋動詞の原形〉がくる。

(4) (彼の言葉を理解するのは私には難しかったです。)〈It is ... for — to 〜.〉の形で「〜することは［〜するのは］—にとって…です」の意味を表す。〈for — to 〜〉の部分は「—が〜する」という意味上の〈主語—動詞〉の関係にある。

(5) (星を観察するのはおもしろいです。)〈It is ... to 〜.〉の形は「〜することは［〜するのは］…です」の意味を表す。形式的な主語 it を主語の位置に置き，本当の主語である〈to ＋動詞の原形〉は後ろに置く。

(6) (彼はどこから建物に入ったらよいかをたずねました。)〈where to ＋動詞の原形〉の形で「どこで〜したらよいか」という意味になる。enter は「〜に入る」。

(7) (私は来週には散歩に行けるくらい十分によくなるでしょう。)〈... enough to ＋動詞の原形〉の形で「〜するのに十分…」の意味を表す。enough のあとは不定詞〈to ＋動詞の原形〉が続く。

(8) (姉［妹］は私たちを笑わせるのが好きです。)〈like to ＋動詞の原形〉「〜することが好きだ」の文の〈to ＋動詞の原形〉の部分に，〈make ＋人＋動詞の原形〉「(人)に強制的に〜させる」の形がきている。人のあとは動詞の原形がくることに注意。

---

2 (1) My parents want my sister to be a lawyer.
(2) It is important for us to read books.
(3) His English was too fast for me to understand.
(4) Could you tell her to call me
(5) Akira helped me find my wallet.
(6) is kind of Hiromi to teach Tom Japanese
(7) didn't know how to use the Internet
(8) tell me where to put these books
(9) I've already decided when to leave

---

here.
(10) was big enough for my father to wear

〈解説〉
(1) 「(人)に〜してもらいたい」は〈want ＋人＋ to ＋動詞の原形〉で表す。
(2) 「〜することは［〜するのは］—にとって…です」は〈It is ... for — to 〜.〉で表す。意味上の主語を表す〈for —〉の位置に注意。
(3) 「…すぎて〜できない」は〈too ... to ＋動詞の原形〉で表す。
(4) 「〜していただけませんか」はていねいに依頼する表現で〈Could you ＋動詞の原形〜?〉を用いる。「(人)に〜するように言う」は〈tell ＋人＋ to ＋動詞の原形〉の語順。これを Could you 〜? のあとに続ける。
(5) 「(人)が〜するのを手伝う」は〈help ＋人＋動詞の原形〉の語順になる。
(6) 「〜するとは—は親切です」は〈It is ... of — to 〜.〉の形で表す。
(7) 「〜の使い方」は「どのように〜を使ったらよいか」と考えて，how to use 〜で表す。
(8) 「(人)にどこに〜したらよいかを教える」は〈tell ＋人＋ where to ＋動詞の原形〉で表す。
(9) 「〜してしまった」という〈完了〉を表す現在完了形〈have［has］＋過去分詞〉の文。「いつ〜するか［〜したらよいか］」〈when to ＋動詞の原形〉を，decided のあとに続ける。
(10) 「(人)が〜するのに十分…」の意味は〈... enough for ＋人＋ to ＋動詞の原形〉で表す。意味上の主語〈for ＋人〉の入る位置に注意。

---

3 (1) how to go [get] (2) asked, to stand
(3) It, to read (4) too, to get
(5) tells me to (6) enough for

〈解説〉
(1) (彼らは博物館へ行く道を知りませんでした。→彼らは博物館への行き方を知りませんでした。)「博物館へ行く道」を「博物館への行き方，博物館へどのように行くか」と考えて〈how to ＋動詞の原形〉で表す。
(2) (その女性は私に『どうぞ立ってください』と言いまし

た。→その女性は私に立つように頼みました。）「（人に）『～してください』と言う」は「（人）に～するように頼む」と考えて，〈ask ＋人＋ to ＋動詞の原形〉で表す。

(3) （英語の本を読むことは，私にとって簡単ではありません。）最初の文は Reading ～という動名詞が主語になっている。それを〈It isn't ... for — to ～.〉の形で表す。

(4) （私はとても疲れていたので早く起きることができませんでした。→私は疲れすぎて早く起きることができませんでした。）1文目の〈so tired that ＋人＋couldn't ～〉「とても疲れていたので（人）は～できなかった」の部分を，2文目では〈too tired to ＋動詞の原形〉「疲れすぎて～できなかった」で表す。

(5) （母はいつも私に，私は早く寝るべきだと言います。→母はいつも私に早く寝るように言います。）1文目の〈tell ＋人＋ that ～〉の内容を，2文目では〈tell ＋人＋ to ＋動詞の原形〉の形を使って表す。

(6) （彼の声はとても大きかったので，私たち全員に彼が歌うのが聞こえました。→彼の声は十分大きかったので，私たち全員に彼が歌うのが聞こえました。）1文目の〈so ... that ＋人＋ could ～〉「とても…なので（人）は～できた」の内容を，2文目では〈... enough ＋ for — to ＋動詞の原形〉「—が～するのに十分…」の形を使って表す。

---

4 (1) 妹[姉]は私が夕飯を作るのを手伝ってくれました。
  (2) 父は私に，そのようなことは言わないようにと言いました。
  (3) 私は彼女に，自分の気持ちを知ってもらいたいのですが。[私は彼女に，自分の気持ちを知ってもらいたいと思っています。]
  (4) その知らせは私に考えを変えさせました。[その知らせで私の考えは変わりました。]

〈解説〉
(1) 〈help ＋人＋動詞の原形〉で，「（人）が～するのを手伝う」の意味を表す。
(2) 〈tell ＋人＋ not to ＋動詞の原形〉は「（人）に～しないように言う」という否定の意味になる。
(3) 〈would like ＋人＋ to ～〉は〈want ＋人＋ to ＋動

詞の原形〉よりもていねいな表現。I'd は I would の短縮形。
(4) 〈make ＋人＋動詞の原形〉は「（人）に強制的に～させる」の意味を表す。「その知らせは私に～させました」は「その知らせで私は～しました」と訳すこともできる。

---

5 (1) what to do   (2) asked me to
  (3) for us to   (4) too, for, to
  (5) let me use   (6) us where to

〈解説〉
(1) 「何をするか，何をすればよいか」は〈what to ＋動詞の原形〉で表す。
(2) 「（人）に～するように頼む」は〈ask ＋人＋ to ＋動詞の原形〉で表す。
(3) 形式的な主語 It を使った〈It is ... for — to ～.〉の形にする。
(4) 「（人）が～するには…すぎる」を〈too ... for — to ～〉で表す。
(5) 〈let ＋人＋動詞の原形〉は「（人）に～させる，～するのを許す」の意味を表す。
(6) 「どこで～したらよいかを（人）に言う」を，〈tell ＋人＋ where to ＋動詞の原形〉で表す。

---

6 (1) He told me how to get [go] to his house.
  (2) It is very important to have [eat] breakfast.

〈解説〉
(1) how to が与えられているので，「（人）に～のしかたを教える」を，〈tell ＋人＋ how to ＋動詞の原形〉を使って表す。
(2) it が与えられているので，「～することは…です」を〈It is ... to ～.〉で表す。

1 (1) ウ　(2) ア　(3) オ　(4) イ　(5) エ

〈解説〉

(1) （ケンはみんなに自分の新しい自転車を見せました。）動詞のあとに2つの目的語（O）をとるSVOOの文。同じ文型なのはウ「ミホは私にクリスマスカードを送ってくれました」。

(2) （あなたはとても眠そうに見えます。）主語（S）と補語（C）がイコールの関係になるSVCの文。同じ文型はア「その少年は芸術家になりました」。

(3) （私の父はコーヒーをたくさん飲みます。）目的語が1つのSVOの文。同じ文型はオ「私はどうしたらよいかわかりませんでした」。what to do が know の目的語になっている。

(4) （私は自分の将来について両親と話し合いました。）主語（I）と動詞（talked）のあとに目的語も補語もないSVの文。イ「私たちは自転車で学校へ行きます」が同じ文型。

(5) （私たちは私たちのネコをタマと呼びます。）動詞のあとに目的語（O）と補語（C）がくるSVOCの文。同じ文型はエ「彼のやさしい言葉は彼女を幸せにしました」。

2 (1) The sunflowers have grown tall
　(2) Someone told me that the shop was closed.
　(3) The story always makes me sad.
　(4) I bought the concert tickets for my parents.

〈解説〉

(1) 「背が高くなった」は，〈grow ＋形容詞〉を現在完了形にして表す。

(2) 〈told ＋人〉のあとに「〜ということ」の意味の that 〜が続く形。that 〜では「その店は閉まっている」という内容を，過去の受け身の文で表す。

(3) 「その話は私を悲しくさせる」は，〈make ＋目的語（O）＋補語（C）〉「O を C にする」の形で表す。補語には形容詞 sad がくる。

(4) 〈buy ＋もの＋ for ＋人〉の形で「（人）に（もの）を買ってあげる」の意味を表す。

3 (1) to me　(2) for him　(3) call
　(4) told me that　(5) teaches us

〈解説〉

(1) （父は私に自分の腕時計をくれました。）〈give ＋人＋もの〉は〈give ＋もの＋ to ＋人〉で言いかえることができる。

(2) （彼女は彼にバースデーケーキを作ってあげました。）〈make ＋人＋もの〉は〈make ＋もの＋ for ＋人〉で言いかえることができる。

(3) （この花の名前は何ですか。→あなたたちはこの花を何と呼びますか。）「O を C と呼ぶ」を〈call ＋目的語（O）＋補語（C）〉で表す。疑問詞 what が補語となって文頭に出た形になっている。

(4) （医者は私にいくらか運動をするように言いました。→医者は，私がいくらか運動をしたほうがよいと私に言いました。）〈tell ＋人＋ to ＋動詞の原形〉は「（人）に〜するように言う」という意味。それと同じ内容を〈tell ＋人＋ that 〜〉の形を使って表せばよい。that 〜に「〜したほうがよい」という助言を表す助動詞 should が使われている。

(5) （グリーン先生は私たちの英語の先生です。→グリーン先生は私たちに英語を教えます。）〈teach ＋人＋もの〉「（人）に（もの）を教える」で表す。

4 (1) これらの葉は秋には赤くなるでしょう。
　(2) （私の）兄［弟］はすぐに元気になる［具合がよくなる］でしょう。
　(3) トムはだれに似ていますか。―彼は彼のお母さんに似ています。

〈解説〉

(1) 〈turn ＋形容詞〉で，「〜になる」の意味を表す。この文では形容詞 red が補語になっている。

(2) 〈get ＋形容詞〉で，「〜になる」の意味を表す。get well［better］は，「元気になる，具合がよくなる」の意味。

(3) look like 〜で「〜に似ている」の意味を表す。

5 (1) looked happy
　(2) sounds interesting
　(3) bought her beautiful flowers
　(4) keep, warm

〈解説〉
(1)「～に見える，～のようだ」は〈look＋形容詞〉で表す。
(2)「～に聞こえる，～のようだ」は〈sound＋形容詞〉で表す。3単現の s を忘れないようにする。
(3)「(人)に(もの)を買ってあげる」は〈buy＋人＋もの〉で表す。空所の数から，〈buy＋もの＋for＋人〉は使えない。
(4)「体を温かくしておくために」とあるので，to ～の部分は目的(～するために)を表す不定詞と考える。「O を C にしておく」は〈keep＋目的語(O)＋補語(C)〉の形で表す。

第5章　いろいろな疑問文　p.122～124

1 (1) what　　(2) when　　(3) you were
　(4) who ate　(5) didn't he　(6) are you

〈解説〉
(1)（私は彼らが何時に来るのか知りません。）すぐあとに time が続いているので，what を選び，what time とするのが適切。
(2)（あなたはケンの誕生日がいつか知っていますか。）「ケンの誕生日がいつか」と考えれば，意味が通じるので，when が正解。
(3)（私はあなたが昨日何を着ていたか覚えていません。）What were you wearing yesterday? という疑問文を文の一部に組み込んでいる間接疑問と考える。疑問詞のあとに肯定文の語順が続くので，you were が適切。
(4)（私はだれが私のケーキを食べたのか知りたいです。）Who ate my cake? という疑問文を文の一部に組み込んでいる間接疑問と考える。動作の主語を問う疑問文の場合は，間接疑問でも語順は変わらない。
(5)（彼は今日学校に行きましたね。）〈肯定文＋付加疑問〉「～しましたね」の形の文。肯定文には否定形の

付加疑問をつけるので，didn't he が正解。
(6)（あなたは間違っていないですね。）〈否定文＋付加疑問〉「～ではないですね」の形の文。否定文には肯定形の付加疑問をつけるので，are you が正解。

2 (1) aren't you　　(2) don't they
　(3) doesn't she　(4) didn't you
　(5) can't he　　 (6) hasn't she
　(7) did they

〈解説〉
付加疑問文の作り方は次のようになる。
① 肯定文には否定形の付加疑問を，否定文には肯定形の付加疑問をつける。
② be 動詞の文であれば be 動詞を，一般動詞の文であれば，do / does / did を，主語や時制に合わせた形で用いる。can などの助動詞の文では，その文で使われている助動詞を用いる。
③ 付加疑問の主語は，代名詞(you / he / she / it / they)を用いる。文の主語が代名詞ではない場合は，代名詞に置きかえて用いる。
(1)（あなたは今日，疲れていますね。）肯定文なので，否定形の付加疑問をつける。
(2)（あの女の子たちはこのクラブに所属していますね。）Those girls を they に置きかえる。belong to ～は「～に所属している」。
(3)（ナンシーはピアノを弾きますね。）付加疑問では，Nancy を she に置きかえる。
(4)（あなたはそのパーティーへ行きましたね。）一般動詞の過去の文なので，didn't を用いる。
(5)（グリーンさんは納豆を食べることができますね。）Mr. Green を he に置きかえる。
(6)（あなたの姉［妹］はオーストラリアに行ったことがありますね。）Your sister を she に置きかえる。
(7)（彼らはその会合に参加しませんでしたね。）否定文なので，肯定形の付加疑問をつける。

3 (1) where she works every day
　(2) who gave me this present
　(3) how long Ms. Brown has been in Japan
　(4) what time they left here

〈解説〉

　(1)～(4)はいずれも間接疑問なので，疑問詞のあとを肯定文の語順にする。次の各設問で解説している点に注意する。

(1) （彼女は毎日どこで働いていますか。→私は彼女が毎日どこで働いているかを知りません。）3単現の s を忘れずに works とする。

(2) （だれが私にこのプレゼントをくれましたか。→私は，だれが私にこのプレゼントをくれたのか覚えていません。）Who gave ～? のように，疑問詞が主語になっている文は，間接疑問でも語順は変わらない。

(3) （ブラウンさんはどのくらい日本にいますか。→ブラウンさんがどのくらい日本にいるのか，あなたは知っていますか。）how long のあとを肯定文の語順にする。

(4) （彼らは何時にここを出発しましたか。→私は彼らが何時にここを出発したか知りたいです。）leave は過去形の left にする。

---

4 (1) Aren't they soccer players?
　(2) Doesn't Ken help his parents?
　(3) Can't you swim?

〈解説〉

　否定疑問文「～ではない [～しない] のですか」は〈否定の短縮形＋主語～?〉で表す。

(1) （彼らはサッカー選手ではないのですか。）

(2) （ケンは両親の手伝いをしないのですか。）Ken helps を Doesn't Ken help にする。

(3) （あなたは泳げないのですか。）

---

5 (1) Do you know who that woman is?
　(2) Can you guess how old my grandmother is?
　(3) He told me who broke the window.
　(4) I don't know why my sister is crying.

〈解説〉

(1)(2) 間接疑問が〈疑問詞＋肯定文の語順〉になることに注意する。

(3) 〈主語＋動詞＋目的語＋目的語〉（SVOO）の文。2つ目の目的語に間接疑問 who ～がきている。主語

をたずねる疑問文 Who broke the window? の語順は間接疑問でも変わらない。

(4) 間接疑問が〈疑問詞＋肯定文の語順〉になることに注意。

---

6 (1) これはあなたの自転車ではないですね。―はい，それは私のではありません。

　(2) ユカはスキーができないのですか。―いいえ，できます。

　(3) 彼女は（彼女の）友達とどこに行くところだったか，あなたに言いましたか。

〈解説〉

(1) 〈否定文＋付加疑問〉は「～ではないですね」の意味になる。答えの文の No は，日本語では「はい」という意味になることに注意。

(2) 〈否定の短縮形＋主語～?〉は否定疑問文。ここでは「～できないのですか」の意味になる。答えの文の Yes は，日本語では「いいえ」という意味になることに注意。

(3) 〈主語(S)＋動詞(V)＋目的語(O)＋目的語(O)〉の文が疑問文になっている。2つ目の目的語に「彼女が（彼女の）友達とどこに行くところだったか」という間接疑問がきている。

---

7 (1) Didn't, see [watch], No
　(2) isn't, is it　　(3) likes, doesn't he
　(4) Can't, Yes, can　　(5) didn't, me who
　(6) won't he　　(7) what, said

〈解説〉

(1) 「～しなかったのですか」は否定疑問文〈否定の短縮形＋主語～?〉で表すので，文頭には Didn't が入る。答えの文が否定の内容なので，日本語では「はい」でも英語では No を用いる。

(2) 「～ではないですね」は〈否定文＋肯定形の付加疑問〉の形で表す。最初の空所には否定文にするために isn't を入れ，付加疑問は is it にする。

(3) 前半は肯定文なので likes が，あとには3単現の否定形の付加疑問 doesn't he が入る。

(4) 助動詞 can を用いた否定疑問文。文頭には Can't が入る。答えの文は肯定の内容なので，日本語では

「いいえ」でも英語では Yes を使う。

(5) 「なぜ〜しなかったのですか」という否定疑問文なので，Why didn't you 〜? の形にする。最初の空所には didn't が入る。また，この文は〈主語（S）＋動詞（V）＋目的語（O）＋目的語（O）〉の文型で，2つ目の目的語が「だれがあのケーキを作ったか」という間接疑問になっている。したがって，あとの2つの空所には，1つ目の目的語 me と，2つ目の目的語 who made that cake の who が入る。

(6) 「〜しますね」は〈肯定文＋否定形の付加疑問〉の形で表す。付加疑問は，will not の短縮形を使ってwon't he となる。

(7) catch の目的語にあたる部分が間接疑問で，「あなたが何を言ったか」が入る。第1文を間接疑問にした what you said が正解。

---

8 (1) Didn't you know her?
(2) Could [Would] you tell me when the next train will come?
(3) Your mother is a singer, isn't she?
(4) I know where Emi is.
(5) I don't remember when my father came home.
(6) I can't tell you how the machine works.

〈解説〉
(1) 一般動詞の過去の否定疑問文なので，Didn't you 〜? で表す。
(2) 人にていねいに依頼するときの表現 Could [Would] you 〜? を用いる。この文の「教える」には，「伝える」の意味の tell を使う。2つ目の目的語に，「次の電車がいつ来るか」の意味の間接疑問 when the next train will come を入れる。
(3) 「〜ですよね」は〈肯定文＋否定形の付加疑問〉の形を用いる。付加疑問の主語は Your mother を代名詞 she に置きかえる。
(4) know の目的語を間接疑問で表す。「エミはどこにいますか」という疑問文 Where is Emi? を間接疑問にすると，where Emi is となる。
(5) remember「覚えている」の目的語を間接疑問で表す。When did my father come home? という

疑問文を間接疑問にすると，when my father came home となる。
(6) 「私は〜をあなたに教えられません」は I can't tell you 〜. となる。この〜を間接疑問で表す。How does the machine work? という疑問文を間接疑問にすると，how the machine works となる。3単現の s を忘れないようにする。

第6章 分詞の形容詞的用法 p.131〜132

1 (1) left　　(2) working
(3) cooked　(4) playing

〈解説〉
(1) （あなたはテーブルの上に残されたメモを読みましたか。）「残されたメモ」となるように，過去分詞 left を選ぶ。note は「ノート（notebook）」ではなく「メモ」のこと。
(2) （今，働いている母親がたくさんいます。）「働いている[仕事を持っている]母親」となるように，現在分詞working を選ぶ。現在分詞1語で名詞を修飾するときは，名詞の前に置く。
(3) （ブラウンさんは調理された魚しか食べません。）「調理された魚」となるように，過去分詞 cooked を選ぶ。過去分詞1語で名詞を修飾するときは名詞の前に置く。
(4) （ギターを弾いているあの女の子は私の友達です。）「弾いている女の子」となるように，現在分詞playing を選ぶ。

2 (1) teaching　(2) written
(3) given　　(4) crying

〈解説〉
(1) （あのクラスで日本語を教えている女性はイトウさんです。）「教えている女性」となるように，現在分詞を用いる。The woman teaching Japanese in that class がこの文の主語。
(2) （私はトムから日本語で書かれた手紙を受け取りました。）「書かれた手紙」となるように，過去分詞を用いる。

(3) (おじが私にくれた[おじによって私に与えられた]イ
ヌはとてもかわいいです。)「与えられたイヌ」となる
ように, 過去分詞を用いる。The dog given to me
by my uncle がこの文の主語。

(4) (あの泣いている男の子を知っていますか。)「泣いて
いる男の子」となるように, 現在分詞を用いる。

3 (1) オ　(2) エ　(3) イ　(4) ウ

〈解説〉

　挿入する分詞が, 現在分詞「～している」なのか, 過去
分詞「～された」なのかを考えて, 文中のどの名詞と結び
つくかを考える。

(1) (私はパリに住んでいるおばに手紙を書きました。)
my aunt living in Paris とすれば「パリに住んで
いるおば」となって意味が通じる。

(2) (彼は私に, 司馬遼太郎によって書かれた本を貸し
てくれました。)a book written by Shiba
Ryotaro とすれば「司馬遼太郎によって書かれた
本」となって意味が通じる。

(3) (あの店では中古車を売っています。)used cars と
すれば「使われた車→中古車」となって意味が通じ
る。分詞1語で名詞を修飾するときは名詞の前に置
く。

(4) (その割れた窓に触れてはいけません。)the
broken window とすれば「割れた[割られた]窓」
となって意味が通じる。分詞1語で名詞を修飾する
ときは名詞の前に置く。

4 (1) The sun rising above the lake was
(2) told to me by my grandmother was
　　interesting
(3) Who is that girl helping Mr. Green?
(4) caught by my father was very big

〈解説〉

(1) 主語の「湖の上を昇ってくる太陽」は The sun
rising above the lake とする。

(2) 主語を「おばあちゃんによって私に話された話」と考
えて The story told to me by my grandmother
とする。

(3) まず Who is that girl? という疑問文を考える。こ

の that girl を修飾する helping Mr. Green を
後ろに置く。

(4) 「私の父によって捕まえられた魚」は The fish
caught by my father とする。この部分が主語に
なる。

5 (1) running　(2) taken by

〈解説〉

(1) (あなたはあの女の子たちを知っていますか。彼女た
ちは向こうで走っています。→あなたは向こうで走っ
ているあの女の子たちを知っていますか。) those
girls の後ろに現在分詞の修飾語句 running
over there が続く形。

(2) (これらは写真です。トムがカナダでそれらを撮りま
した。→これらはカナダでトムによって撮られた写真
です。)「トムが写真を撮った」から「トムによって撮ら
れた写真」と考える。pictures の後ろに過去分詞
の修飾語句 taken by Tom が続く形。

6 (1) キティと呼ばれるそのネコは私たちの家族の
　　一員です。
(2) 私は宇宙から見た地球の画像が好きです。
(3) この近くにクリスマス商品を売っている店はあ
　　りますか。

〈解説〉

(1) called Kitty「キティと呼ばれている」が, 後ろから
The cat を修飾している。

(2) seen from space「宇宙から見られた→宇宙から
見た」が, 後ろから the Earth を修飾している。
image はここでは「画像」の意味。

(3) selling Christmas goods「クリスマス商品を売っ
ている」が, 後ろから a store を修飾している。

7 (1) There are some people swimming in
　　the sea.
(2) Do you like the cake(s) made [baked]
　　by your grandmother?

〈解説〉

(1) 「～がいます」は There are ～. を用いて表す。「海
で泳いでいる人が何人か」は「海で泳いでいる何人

かの人が」と考えて，some people に修飾語句 swimming in the sea を続ける。

(2) 基本となる文の形は Do you like the cake(s)? になる。「おばあさんが作ってくれた」は the cake(s) のあとに made [baked] by your grandmother を続けて表す。

第7章 関係代名詞 p.144～146

1 (1) who (2) which
   (3) that (4) that

〈解説〉
先行詞が「人以外」のときは，関係代名詞は which か that，「人」のときは who か that を用いる。
(1) （あなたはバス停のところに立っている女の子を知っていますか。）先行詞は the girl なので who が正解。
(2) （これは私が誕生日のプレゼントとして彼にあげたペンです。）先行詞は the pen なので which が正解。
(3) （私が食べたケーキはとてもおいしかったです。）先行詞は The cake なので that が正解。
(4) （私は母が着てすてきに見えるシャツがほしいです。）先行詞は a shirt なので that が正解。

2 (1) Math is the subject which [that] she likes the best.
  (2) This is the smartphone which [that] I've wanted for a long time.
  (3) There were a lot of people who [that] came to see the famous singer.
  (4) The man who [that] we met at the party was Tom's father.
  (5) Do you remember the bike which [that] was here yesterday?
  (6) Where did you buy the flowers which [that] you bought for your mother?

〈解説〉
(1) （数学はその教科です。彼女はそれがいちばん好きです。→数学は彼女がいちばん好きな教科です。）the subject which [that] she likes the best

と，関係代名詞 which または that を用いて2文をつなげる。
(2) （これがそのスマートフォンです。私はそれを長い間ほしいと思っています。→これが，私が長い間ほしいと思っているスマートフォンです。）the smartphone which [that] I've wanted for a long time と，関係代名詞 which または that を用いて2文をつなげる。
(3) （たくさんの人々がいました。彼らはその有名な歌手を見るために来ました。→その有名な歌手を見るために来たたくさんの人々がいました。）a lot of people who [that] came to see the famous singer と，関係代名詞 who または that を用いて2文をつなげる。
(4) （その男の人はトムのお父さんでした。私たちはパーティーで彼に会いました。→私たちがパーティーで会った男の人はトムのお父さんでした。）The man who [that] we met at the party と，関係代名詞 who または that を用いて2文をつなげる。
(5) （あなたはその自転車を覚えていますか。それは昨日ここにありました。→あなたは昨日ここにあった自転車を覚えていますか。）the bike which [that] was here yesterday と，関係代名詞 which または that を用いて2文をつなげる。
(6) （あなたはその花をどこで買いましたか。あなたはそれらをお母さんに買ってあげました。→あなたがお母さんに買ってあげた花をあなたはどこで買いましたか。）the flowers which [that] you bought for your mother と，関係代名詞 which または that を用いて2文をつなげる。

3 イ，エ

〈解説〉
省略できるのは目的格の関係代名詞である。関係代名詞のあとに〈主語＋動詞〉が続くものを選ぶ。
ア （これが駅へ行く道です。）which は主格の関係代名詞。lead to ～は「～に通じる」の意味。
イ （私が昨日受けとった手紙は私を悲しくしました。）that は目的格の関係代名詞なので省略できる。
ウ （あちらはスピーチ・コンテストで優勝した女の子で

す。）who は主格の関係代名詞。

エ （私が昨夜見た夢は，とても奇妙でした。）which は目的格の関係代名詞なので省略できる。

オ （公園で走っている男の子とイヌを見てください。）that は主格の関係代名詞。

4 (1) who [that] has　(2) which [that] were
　(3) who [that] is

〈解説〉

(1) （あの長い髪の女の子を見てください。→長い髪を持っているあの女の子を見てください。）「長い髪を持っているあの女の子」の部分を〈that girl + who [that]（主格の関係代名詞）+ has long hair〉で表す。who のあとの動詞は，先行詞 that girl に対応して3単現の has にする。

(2) （これらはケンがカナダで撮った写真です。→これらはケンによってカナダで撮られた写真です。）1文目は名詞のあとに〈主語+動詞〉が続く接触節を使った文。2文目では taken by Ken に注目し，「ケンによって撮られた写真」と言いかえる。

(3) （向こうで泳いでいる男の子はユミのお兄さん[弟さん]です。）1文目は現在分詞の形容詞的用法を使った文。

5 (1) I have a car which was made in Germany.
　(2) There is a problem we have to solve.
　(3) The woman that I introduced to you is a scientist.
　(4) That's all I want to say.
　(5) I am looking for a person who can speak Chinese.
　(6) Where is the dictionary which was on the table?
　(7) Have you found the bag which you lost last week?

〈解説〉

(1) 「ドイツ製の車」は「ドイツで作られた車」と考えて，a car which was made in Germany とする。

(2) 「～があります」は There is ～. で表し，～に「私た

ちが解決しなければならない問題」を入れる。関係代名詞がないので，接触節を使って，a problem we have to solve とする。

(3) 「～は科学者です」は～ is a scientist で表し，この～ に「私があなたに紹介した女の人」= the woman that I introduced to you を入れる。introduce ～ to ... で「～を…に紹介する」。

(4) 「それが，私が言いたいすべてです」と考える。「それが～です」は That's ～. で表し，～に「私が言いたい全部」が入る。関係代名詞がないので，接触節を使って，all I want to say とする。

(5) I am looking for ～. 「私は～を探しています」の～ に「中国語が話せる人」= a person who can speak Chinese を入れる。

(6) Where is ～? 「～はどこにありますか」の～に，「テーブルの上にあった辞書」= the dictionary which was on the table を入れる。

(7) Have you found ～? 「あなたは～を見つけましたか」の～に，「（あなたが）先週なくしたかばん」= the bag which you lost last week を入れる。なお，この which は省略できる。

6 (1) これは彼が私にくれた電話番号です。
　(2) あなたは何かわからないことがありますか。
　(3) 私が駅で会った女性はフランス出身でした。
　(4) 私にはコンピュータについてたくさんのことを知っている友人がいます。

〈解説〉

(1) the telephone number を he gave me が後ろから修飾している。the telephone number which [that] he gave me のように関係代名詞（目的格）を補って考えてもよい。

(2) There is ～. 「～があります」の疑問文。anything を you don't understand が後ろから修飾している。anything that you don't understand のように関係代名詞（目的格）を補って考えてもよい。

(3) The woman was from France. という文の The woman を，I saw at the station が後ろから修飾している。

(4) a friend を，who knows a lot about

computers が後ろから修飾している。

7 (1) who [that] goes
  (2) she told me
  (3) who [that] works
  (4) friend you

〈解説〉
(1) 「あなたと同じ学校に通う学生」の部分を a student who [that] goes to the same school as you と関係代名詞（主格）を使って表す。
(2) 「彼女が私に教えてくれたすべてのこと」の部分は空所の数から関係代名詞は使わずに，接触節を使って Everything she told me で表す。
(3) 「図書館で働く人」の部分を a person who [that] works in a library と関係代名詞（主格）を使って表す。
(4) 「あなたは，あなたが信頼できる友達を持っていますか」と考える。空所の数から関係代名詞は使わずに，接触節を使って，a friend you can trust で表す。

8 (1) Is this the bus which [that] goes to the station?
  (2) The book which [that] I'm reading now is very interesting. [The book I'm reading now is very interesting.]
  (3) Do you know the woman who [that] lives in this old house? [Do you know the woman living in this old house?]
  (4) Did she buy the hat which [that] she wanted? [Did she buy the hat she wanted?]

〈解説〉
(1) 「これは～ですか」は Is this ～? で表す。「駅に行くバス」は，関係代名詞を用いて the bus which [that] goes to the station と表す。which と that のどちらを使ってもよい。
(2) 「～はとてもおもしろい」は～ is very interesting. と表す。～に入れる主語「私が今読んでいる本」は，The book which [that] I'm reading now と表す。which と that のどちらを使ってもよい。また，この which [that] は目的格なので省略できる（その場合は接触節とも言える）。
(3) 「あなたは～を知っていますか」は Do you know ～? で表す。～に入れる「この古い家に住んでいる女性」は，関係代名詞を使って the woman who [that] lives in this old house と表す。who と that のどちらを使ってもよい。また，現在分詞の形容詞的用法を使って，the woman living in this old house としてもよい。
(4) 「彼女は～を買いましたか」は Did she buy ～? で表す。～に入れる「彼女がほしがっていたぼうし」は，the hat which [that] she wanted で表す。which と that のどちらを使ってもよい。また，この which [that] は目的格なので省略できる（その場合は接触節とも言える）。

第8章 仮定法　p.152～153

1 イ，エ，オ

〈解説〉
　現実に反することを仮定して述べる仮定法の文は，1. If ～「もし～なら」の部分に動詞の過去形を使い，「…だろうに」の部分には〈助動詞の過去形＋動詞の原形〉を使うか，2.「～ならいいのに」と現実に反する願望を表すときは，〈I wish ＋主語＋過去形～.〉の形を使う。
ア　（もしあなたがそれをほしければ，それを持っていてもいいですよ。）現実にありうることを表した文。
イ　（もし私が彼女の住所を知っていれば，彼女に手紙を書くでしょうに。）現実に反することを述べた仮定法の文。現実は「彼女の住所を知らない」。
ウ　（もしあなたが今出発するのなら，私はあなたといっしょに行きます。）現実にありうることを表した文。
エ　（たくさんのお金を持っていればなあ。）現実に反することを述べた仮定法の文。現実は「私はたくさんのお金を持っていない」。
オ　（もし彼がここにいれば，これらの美しい花を見ることができるでしょうに。）現実に反することを述べた仮定法の文。現実は「彼はここにいない」。

カ　（私はあなたが私のプレゼントを気に入ってくれると
　　いいなと思っています。）現実にありうることを表した
　　文。

〈解説〉

　　いずれも現実に反することを仮定して述べた仮定法
の文。

(1) （もし私にたくさんの時間があれば，1日中本を読む
　　でしょうに。）仮定法の文では，If ～（もし～なら）の
　　部分に動詞の過去形を使う。

(2) （もし私があなたなら，私は同じことをするでしょう。）
　　if のあとの主語が I でも，was の代わりに were
　　を使う。

(3) （もし彼女が急げば，彼女はバスに乗れるでしょう
　　に。）仮定法の文の「…だろうに」の部分には〈助動詞
　　の過去形＋動詞の原形〉を使う。

(4) （あなたといっしょに行ければなあ。）〈I wish ＋主語
　　＋過去形～.〉の文。I wish のあとの仮定法の部分
　　には〈助動詞の過去形＋動詞の原形〉がくることもあ
　　る。

〈解説〉

(1) 〈I wish ＋主語＋過去形～.〉で「～ならいいのに」と
　　現実に反する願望を表した文。助動詞 can を過去
　　形の could にする。

(2) 仮定法の文では，If ～の部分に動詞の過去形を，「…
　　だろうに」の部分には〈助動詞の過去形＋動詞の原
　　形〉を使う。

(3) 仮定法の文では，If ～の部分に動詞の過去形を，「…
　　だろうに」の部分には〈助動詞の過去形＋動詞の原
　　形〉を使う。仮定法の文では，主語が I でも，be 動
　　詞に were を使う。

〈解説〉

(1) （私は忙しいので，友達と外に出かけることができま

せん。→もし私が忙しくなければ，友達と外に出か
けることができるでしょうに。）現実のことを述べて
いる文と同じ内容を，現実に反する仮定法の文で表
す。If ～の部分には動詞の過去形を，「…だろうに」
の部分には〈助動詞の過去形＋動詞の原形〉を使う。

(2) （彼は絶好調ではないので，この試合に勝たないで
　　しょう。→もし彼が絶好調なら，彼はこの試合に勝
　　つでしょうに。）

〈解説〉

(1) 「～ならいいのに」は〈I wish ＋主語＋過去形～.〉の
　　形で表す。「～する必要がない」の部分は，don't
　　have to を過去形にした didn't have to を使う。

(2) 仮定法の文では，If ～「もし～なら」の部分には動詞
　　の過去形を使う。

(3) 〈I wish ＋主語＋過去形～.〉の I を he にして，〈He
　　wishes ＋主語＋過去形～.〉とした形。「～を取り消
　　す」は take ～ back。

(4) 「まるで～かのように」も仮定法の表現で，〈as if ＋
　　主語＋過去形～〉で表す。

〈解説〉

(1) 〈I wish ＋主語＋過去形～.〉「～ならいいのに」の文。

(2) 仮定法「もし～なら…だろうに」の文。cheer ～ up
　　で「～を元気づける」。

(3) 仮定法「もし～なら…だろうに」の文。be proud of
　　～で「～を誇りに思う」。

buy some food. [I would buy some food if that store were open now.]
- (2) If I had time, I could help you. [I could help you if I had time.]
- (3) I wish I could speak English well.

〈解説〉
- (1) 「もし～なら…だろうに」は If ～の部分に動詞の過去形を,「…だろうに」の部分には〈助動詞の過去形＋動詞の原形〉を使う。
- (2) 「もし～なら…だろうに」は If ～の部分に動詞の過去形を,「…だろうに」の部分には〈助動詞の過去形＋動詞の原形〉を使う。could help は, would be able to help とすることもできる。
- (3) 「～ならいいのに」は〈I wish ＋主語＋過去形～.〉の形で表す。

リスニング問題 p.192〜193

1 (1) 4 　　(2) 3 　　(3) 1

〈解説〉

(1) ポールの最後の質問 What did you do at the lake? という質問に, 過去形で答えている 4. We walked around the lake and ate lunch. が正解。他は時制が合わない。

(2) ポールの最後の質問 How long have you practiced the piano? は, 現在完了形の文で, 継続の期間をたずねている。同様に現在完了形で答えている 3. I've practiced the piano since I was four. が正解。since 〜は継続が開始した時点を表す。

(3) ポールが開始時間をたずねた What time shall we start? に対して,「〜時にしましょう」と直接的に答えたものは選択肢にはない。しかし, 文脈から「(いっしょにテニスをする) リカとあとで話そう」と提案した 1. Let's talk about it with Rika later. が適切。3. は開始時間のことを言っているが, 時制が合わない。

〈読まれた英文・訳〉

(1) *Paul:* Yuki, tell me about your family trip to Hokkaido.

Yuki: Sure, Paul. Look at this picture of us. We had a good time at a beautiful lake.

Paul: Oh, you look happy in the picture. What did you do at the lake?

Yuki: (チャイム)

ポール：ユキ, 北海道への家族旅行について私に話してよ。

ユキ：いいよ, ポール。この私たちの写真を見て。私たちは美しい湖で楽しい時間を過ごしたの。

ポール：ああ, あなたは写真の中でうれしそうだね。湖では何をしたの?

選択肢：1.「私たちはまたその湖を訪れたいよ。」

2.「私たちは北海道のその湖に一度も行ったこと

がないよ。」　3.「私たちは湖の周囲で鳥を見るよ。」　4.「私たちは湖の周囲を歩いて昼食を食べたよ。」

(2) *Paul:* You are good at playing the piano, Yuki.

Yuki: Thank you, Paul. I take piano lessons every Friday.

Paul: That's nice! How long have you practiced the piano?

Yuki: (チャイム)

ポール：ユキ, あなたはピアノを弾くのがじょうずだね。

ユキ：ありがとう, ポール。私は毎週金曜日にピアノのレッスンを受けているの。

ポール：それはいいね。どのくらいピアノの練習を続けているの?

選択肢：1.「私はピアノの練習を1時間するよ。」

2.「私はピアノの練習を毎週金曜日にするよ。」

3.「私は4歳のときからピアノの練習をしているよ。」　4.「私は今日の午後, ピアノの練習をするつもりだよ。」

(3) *Paul:* Yuki, I hear you will play tennis with Rika this Saturday. Can I join you?

Yuki: Sure. I know your brother also likes tennis. Ask him to join us.

Paul: OK. A group of four will be perfect for playing tennis! What time shall we start?

Yuki: (チャイム)

ポール：ユキ, 私はあなたとリカがこの土曜日にいっしょにテニスをすると聞いているよ。私も参加してもいい?

ユキ：もちろん。あなたのお兄さんもテニスが好きなのを知っているよ。彼に参加するよう頼んでよ。

ポール：いいよ。4人グループはテニスをするのにぴったりだね。何時に始めようか。

選択肢：1.「それについてあとでリカと話そう。」

2.「私たちは3回テニスをしたことがあるよ。」

3.「私たちは10時にテニスを始めたよ。」　4.「4人グループはテニスをするのにいいね。」

2(1)イ　(2)イ

〈解説〉

(1) ケンが最終的に学校にどのようにして行ったのかを選択肢の絵から選ぶ。usually や yesterday morningといった頻度や時を表す表現に注意して，出来事の流れをしっかりつかむこと。「ふだんは自転車で学校へ行く→昨日の朝，自転車が壊れた→母親に車で連れて行ってと頼んだがだめだった→バスで行った」という順になる。ケンがバスに乗っている様子を表したイが正解。

(2) 表が3つの地点の午前と午後の天気を示したものであることをすばやく把握してから音声に集中する。「午前中は3地点とも晴れ」だから，まずアは除外できる。「午後は東京と福岡がくもり，大阪は雨になる」と述べているので，それに一致するイが正解となる。

〈読まれた英文・訳〉

(1) Ken usually goes to school by bike, but his bike was broken yesterday morning. He asked his mother to take him to school by car. But she was busy, so he took the bus to school.

ケンは，ふだんは学校に自転車で行きますが，昨日の朝，彼の自転車が壊れました。彼は母親に車で学校へ連れて行ってくれるように頼みました。しかし，彼女は忙しかったので，彼はバスで学校に行きました。

(2) Look at today's weather. You can enjoy a sunny morning in Tokyo, Osaka, and Fukuoka. But in the afternoon, it'll be cloudy in Tokyo and Fukuoka, and you'll need an umbrella in Osaka.

本日の天気をご覧ください。東京，大阪，そして福岡ではよく晴れた朝が楽しめます。しかし午後には，東京と福岡はくもりになり，そして大阪ではかさが必要になるでしょう。

3(1)エ
(2) They will talk about (their) (favorite) (books).

〈解説〉

(1) 「本を借りたいとき」については第2段落第2文で触れている。エの Desk B. が正解。

(2) 3種類のイベントについて第3段落で述べられている。第2〜4文で説明されている「ブック・トーク・デイ」では You will talk about your favorite books「自分のお気に入りの本について話す」とある。空所に入れる際は，質問文の主語に合わせて代名詞を your favorite books から their favorite books に変える必要があることに注意する。

〈読まれた英文・訳〉

Welcome to the City Library. We're going to tell you about our library. When you borrow books, you need a library card. You can make your library card at Desk A.

You can borrow books for two weeks. When you want to borrow books, please bring them to Desk B and show your card.

We have many wonderful events, for example, "Book Talk Day," "Movie Day," and "Special Day." On "Book Talk Day," people who join the event bring their favorite books. You will talk about your favorite books and find new interesting books. "Book Talk Day" is held in the Study Room. On "Movie Day," you can watch famous movies in the Hall. On "Special Day," we have different kinds of activities every month. In April you can enjoy singing songs with children in the Music Room.

Please enjoy the books and events at our City Library.

市立図書館へようこそ。私たちはあなたに私たちの図書館についてお話しします。あなたが本を借りるときは，図書館カードが必要です。デスクAで図書館カードを作ることができます。

あなたは本を2週間借りることができます。本を借りたいときは，本をデスクBに持ってきて，あなたのカードを見せてください。

こちらではたくさんのすばらしいイベントを開催します。例えば、「ブック・トーク・デイ」「ムービー・デイ」や「スペシャル・デイ」です。「ブック・トーク・デイ」では、イベントに参加する人が自分のお気に入りの本を持ってきます。あなたは、自分のお気に入りの本について話したり、新しい興味深い本を見つけたりするでしょう。「ブック・トーク・デイ」は自習室で開催されます。「ムービー・デイ」には、ホールで有名な映画を見ることができます。「スペシャル・デイ」には、毎月違う種類の活動をします。4月は、音楽室で子どもたちと歌を歌うのを楽しむことができます。

私たちの市立図書館で、本とイベントを楽しんでください。

(1) 本を借りたいとき、裕太はどこに本を持っていけばいいですか。

選択肢：ア「事務所。」 イ「自習室。」 ウ「デスクA。」 エ「デスクB。」

(2) 「ブック・トーク・デイ」に参加するとき、何について話すでしょうか。

彼ら[彼女たち]は自分たちのお気に入りの本について話すでしょう。

4 Part 1	ア drama	イ station	ウ tea
Part 2	(1) ア	(2) イ	

〈解説〉

読まれる英文は長いが、問われるのは基本的な内容なので落ち着いて聞くこと。

Part 1

音声では、English Day について Group One から Group Three まで順番に説明があるので、表を見て情報を整理しながら聞くとよい。Group One の説明は第2段落にあり、第2文の You will practice a short music drama in English .... から、アには drama が入る。Group Two は第3段落で説明されており、最終文で Please meet at the station to go to the castle. と述べられているので、イには station が入る。Group Three の説明は第4段落にあり、第3文に Later that day, you will enjoy making tea for the other students. とあることから、ウには tea が入る。

Part 2

(1) ユミの最初の発言の第3文 I'm a little worried because I'm not good at English. から、正解はアとわかる。

(2) ユミが3つ目の発言でどのグループに参加するつもりかと質問し、それに答えて、カルロスは I'm going to visit the castle. と言っていることから、イの「グループ2」が正解とわかる。

〈読まれた英文・訳〉

Part 1

Good morning, everyone. English Day is going to be held next week. On English Day, three groups will do different activities in English. I will tell you about them. So please choose which group you want to join.

Group One is for music lovers. You will practice a short music drama in English and show it to the other students at the end of the day. Please meet at the school theater if you would like to join Group One.

If you like history, you should choose Group Two. In this group, you will visit our famous castle and have a tour with an English guide. After the tour, you will come back to school, make an English guidebook of the castle, and give the guidebook to the other students. Please meet at the station to go to the castle.

Group Three is also a lot of fun. In this group, you will learn about English culture and drink some English tea. Later that day, you will enjoy making tea for the other students. Please meet at the school cafeteria to join Group Three.

I hope you will all enjoy English Day. Please remember: don't speak Japanese during the activities and don't be afraid of speaking English!

パート1

みなさん、おはようございます。来週、イングリッシュ・

デイが開かれる予定です。イングリッシュ・デイでは，3つのグループが英語で異なった活動をします。私はあなたたちに，それらについてお話しします。ですから，あなたたちが参加したいグループを選んでください。

グループ1は音楽好きの人たちのためのものです。英語で短い音楽劇を練習して，その日の終わりに，それをほかの生徒に見せます。グループ1に参加したければ，学校の講堂に集合してください。

あなたがもし歴史好きなら，グループ2を選ぶべきです。このグループでは，私たちの有名なお城を訪ね，英語のガイドといっしょに見学します。見学のあと，学校に戻ってきて，お城の英語ガイドブックを作り，そしてそれをほかの生徒にあげます。お城に行くには，駅で集合してください。

グループ3もとても楽しいですよ。このグループでは，イングランドの文化について学び，イングランドの紅茶を飲みます。その日のあとのほうで，ほかの生徒のために紅茶をいれて楽しみます。グループ3に参加するには，学校のカフェテリアに集合してください。

私は，あなたたちが全員，イングリッシュ・デイを楽しむことを願っています。覚えておいてほしいことは，活動中には日本語を話してはいけないことと，英語を話すのを恐れないことです。

	グループ1	グループ2	グループ3
すること	音楽劇を練習して，ほかの生徒に見せる	お城を訪ねて，ガイドブックを作る	イングランドの文化について学び，ほかの生徒のためにイングランドの紅茶をいれる
集合場所	学校の講堂	駅	学校のカフェテリア

Part 2

Carlos: Hi, Yumi. Isn't it exciting to speak only English during our activities on English Day?

Yumi: Hi, Carlos. Yeah, I think you are excited because you speak English very well. I'm a little worried because I'm not good at English. But I hope I will enjoy it.

Carlos: I'm sure you will. Which group are you going to join?

Yumi: I don't know yet. I like to listen to music, so the music drama may be fun, but I'm not a good singer ....

Carlos: You worry too much about everything!

Yumi: I know .... By the way, which group are you going to join?

Carlos: I'm going to visit the castle. I love Japanese castles, so the tour will be a lot of fun.

Yumi: Great! You can learn a lot about Japanese history. Well, I think I will join the music drama group, and learn how to speak English and sing better.

Carlos: Good luck, Yumi! I'm sure your English will get better!

Question:

(1) Why is Yumi worried about English Day?
Answer:
ア. Because she is not good at English.
イ. Because she does not like English.
ウ. Because she does not like music.

(2) Which group is Carlos going to join?
Answer:
ア. Group One.
イ. Group Two.
ウ. Group Three.

カルロス：やあ，ユミ。イングリッシュ・デイの活動中に英語だけ話すことはわくわくしないかい？

ユミ：こんにちは，カルロス。そうだね，あなたは英語がとてもじょうずに話せるから，わくわくするのだと思うよ。私は英語が得意でないから，少し心配なんだ。でも楽しめるといいなと思ってる。

カルロス：きっと楽しめるよ。あなたはどのグループに参加するの？

ユミ：まだわからない。音楽を聞くのが好きだから，音

楽劇は楽しいかもしれないけど，私は歌がじょうずではないし…。

カルロス：あなたはすべてのことに対して心配しすぎだよ！

ユミ：わかってるよ…。ところで，あなたはどのグループに参加するつもり？

カルロス：私はお城を訪ねるつもりだよ。私は日本のお城が大好きだから，見学もすごく楽しいだろうね。

ユミ：すばらしい！　あなたは日本の歴史についてたくさん学ぶことができるね。ええと，私は音楽劇のグループに参加して，もっとじょうずに英語を話したり，歌ったりする方法を学ぶことにするよ。

カルロス：幸運を祈るよ，ユミ！　あなたの英語はきっともっとうまくなるよ！

質問：

(1) ユミはなぜイングリッシュ・デイについて心配なのですか。

　ア「彼女は英語が得意でないから。」　イ「彼女は英語が好きでないから。」　ウ「彼女は音楽が好きでないから。」

(2) カルロスはどのグループに参加するつもりですか。

　ア「グループ1。」　イ「グループ2。」　ウ「グループ3。」

文法・語法問題　p.194～196

1 （ア）traditional　　（イ）dictionary
　（ウ）useful

〈解説〉

（ア）空所に入るのは Japanese events を修飾する形容詞と考える。この部分の「節分やひな祭りといった日本の（　）行事」という表現や，直後のエリの発言「あなたは長い歴史のある行事について話すつもり」から，t で始まる traditional「伝統的な」が適切。

（イ）直前に冠詞 a があることから，空所に入るのは名詞だとわかる。すぐ前の文の「いくつかの日本語の単語がどんな意味を表すのかを知りたい」から，単語の意味を調べるために使う dictionary「辞書」が適切である。

（ウ）be very（　）to finish というつながりで，直前に very「とても」があり，直後に名詞もないことから，空所には形容詞が入ると推測できる。辞書を借りたアレックスが，その辞書について，「これは宿題を終わらせるのにとても（　）でしょう」と言っているので，u で始まる useful「有用な，役に立つ」が適切である。

〈訳〉

エリ：こんにちは，アレックス。あなたは今，何をしているの？

アレックス：こんにちは，エリ。私は宿題をやっているところだよ。来週のスピーチのために，節分やひな祭りのような日本の伝統的な行事について学んでいるんだ。

エリ：ああ，あなたは長い歴史のある行事について話すつもりなんだね。

アレックス：そうだよ。ええと，私はいくつかの日本語の単語がどんな意味を表すのかを知りたいと思っているんだ。あなたは辞書を持っているかな。

エリ：うん。はい，どうぞ。

アレックス：ありがとう。これは宿題を終わらせるのにとても役立つよ。私は今日，これを家で使ってもいいかな。

エリ：もちろん。それがあなたの助けになるといいね。がんばってね，アレックス。

2 (1) 1　　(2) 2　　(3) 1　　(4) 4

〈解説〉

(1)（私が昨日買った鳥のうちの1羽が，今，さえずっています。）進行形（be 動詞＋ing 形）の be 動詞を選択する問題。主語が単数か複数か，時制は現在か過去かに注意する。One of the birds I bought yesterday が文の主語にあたる。I bought yesterday は，the birds を後ろから修飾する接触節の形になっている。one of ～は～に複数形の名詞がきて，「～のうちの1つ[1人]」の意味を表すので，主語は単数。また，空所のあとに singing now と now があるので，時制は現在だとわかる。したがって，主語が単数で現在を表す1.の is が正解。

(2) (そのネコはいつ, 母親と同じくらいの大きさになったのですか。)〈as ～ as ...〉「…と同じくらい～」という形を見抜くことができたら, 答えを選ぶのは簡単。become big「大きくなる」に〈as ～ as ...〉が組み合わさって, become as big as its mother (その母親と同じくらいの大きさになる)となる。2. が正解。

(3) (タクヤは10歳のとき, 有名なサッカー選手によって書かれた本を読みました。)適切な時制の動詞を選ぶ問題。When Takuya のあとの was から, 過去の文とわかるので, 空所にも過去時制の動詞が入ると推測できる。When ～は過去の決まった時点を表すので, 現在完了形の4. has read といっしょには使えないことに注意する。

(4) (その市は, 2月の有名なお祭りの間に, 多くの人によって訪問されます。)空所のあとに名詞が続き, 動詞がないことから, 前置詞が入ると推測でき, 特定の期間を表す4. during「～の間」が正解となる。1.の when は接続詞で, あとに〈主語＋動詞〉が続くので, 不適切。

3	(1) イ	(2) エ	(3) ア
	(4) ア	(5) エ	(6) ウ

〈解説〉

(1) 冒頭に Yesterday とあるので, 過去形のイ made が正解。

(2) 直前の文で「私はクラスのみんなの前で英語でスピーチをしました」とあり, 空所のある文は「□□は私の2回目でした」という意味なので, 「クラスのみんなの前で英語でスピーチをすること」という内容を指すエの代名詞 It が適切。

(3) 「私は少し□□でした」の空所に入る形容詞を選ぶ問題。直後の but は, 前に述べた内容に対立することを表すときに用いる接続詞。but ～で「前回よりもじょうずにできた」と言っているので, アの nervous「緊張して, 不安で」を入れれば, 「緊張していたが, 前回よりもじょうずにできた」となり, 意味が通る。

(4) decide は〈decide to ＋動詞の原形〉で「～することを決める」という意味になる。不定詞の形のア to

talk が正解。

(5) 選択肢に live が使われていることから, ここは, 「ドイツに住んでいる友達」という意味になると考えられる。空所にエの living を入れると, my friend living in Germany となり, 現在分詞句 living in Germany が後ろから my friend を修飾する形になる。

(6) 直後に目的語 Japan をとる動詞を選ぶ。「(場所)を訪れた」という意味のウ visited が正解。ほかのア・イはあとに前置詞 to, エは前置詞 at [in] が必要なので, 不適切である。

〈訳〉

こんにちは, レオン。

元気ですか。メールをありがとう。

昨日, 私はクラスのみんなの前で英語でスピーチをしました。それは2回目でした。私は少し緊張しましたが, 前回よりもじょうずにすることができました。私はドイツに住んでいる私の友達について話そうと決めました。彼は月曜日から金曜日まで, 放課後に柔道の練習をします。彼はこの前の夏に日本を訪れて, 私の家に2週間滞在しました。彼はだれでしょうか。そう, あなたのことです！ 近いうちにお便りください。

あなたの友達の
タカシより

4	(ア) meet	(イ) stayed
	(ウ) asking	(エ) built
	(オ) take	

〈解説〉

選択肢はすべて動詞で, それを適切な形にして空所に入れる。

(ア) メールを書いているデイビッドは, これからヒロキの家にホームステイする予定であり, 2人はもうすぐ「(お互いに)会う」ので, 使う語は meet が適切である。ここは〈be going to ＋動詞の原形〉「～する予定だ, ～しそうだ」の形なので, 空所には meet の原形がそのまま入る。

(イ) デイビッドが2年前に日本を訪れたときのことを述べた文。「私は東京に(　　)しました」の空所に入る動詞は, 直後の in という前置詞を必要とする stay

233

が適切。また，「2年前」のことなので，過去形の stayed にする。stay in ~で「~に滞在する」という意味。

（ウ）Thank you for（　　）.で「（　　）してくれてありがとう」の意味になる。動詞が前置詞の目的語になるときは，動名詞（動詞の ing 形）にする必要がある。デイビッドのメールの最後に「群馬について教えてくれませんか」とあり，これは群馬についてたずねる(ask)文である。したがって，ウには ask を動名詞にした asking を入れ，Thank you for asking me about Gunma ...「…群馬について私にたずねてくれてありがとう」という文にする。

（エ）空所のある文の主語 It は，前文の Tomioka Silk Mill を指しており，be 動詞が続いていることから，この文は受け身の文であることが推測できる。文脈から「それ（富岡製糸場）は1872年に建設されました」という意味の文にするのが適切である。したがってエに入るのは，build の過去分詞 built となる。

（オ）助動詞 will のあとにくるのは動詞の原形である。ヒロキは群馬の有名な場所について紹介したあと，「私はこれらの場所のいくつかに，あなたを（　　）しましょう」と言っていることから，空所に入る動詞として適切なのは take「連れて行く」である。take ~ to ...で「~を…へ連れて行く」という意味。

〈訳〉
こんにちは，ヒロキ
私たちは，もうすぐ会いますね。私はとてもうれしいです。これで日本を訪れるのは2度目になります。2年前に日本を訪れたときは，私は東京に滞在しました。今では東京のことは少し知っていますが，群馬については何も知りません。私に群馬について教えてもらえませんか。
デイビッド

こんにちは，デイビッド
メールで群馬について私にたずねてくれてありがとう。群馬には，たくさんの人々が訪れる有名な山々や温泉があります。また，富岡製糸場も有名です。それは1872年に建設されました。2014年には世界遺産になりました。私はこれらの場所のいくつかにあなたを連れて行きましょう。あなたが群馬を気に入ってくれるとい

いなと思っています。
ヒロキ

5	(1) エイアウ	(2) エウイア
	(3) エウイア	(4) ウイアエ
	(5) イエアウ	

〈解説〉

(1) 直後に Here you are. と相手に何かを手渡すときの文があるのがヒントになる。主語 I のあとには動詞 have がくると考え，目的語を残りの語で組み立てる。I (have something to give) you. の語順が適切。something to give you は to give you が後ろから something を修飾する形容詞的用法の不定詞である。

(2) That を「それ」ととると，A の「トムが子どもを救ったこと」を指す代名詞とも解釈できるが，ここでは「その~」の意味で That news「その知らせ」と考える。すると，That (news made me happy). と並べることができる。made me happy は〈make＋目的語(O)＋補語(C)〉の形で「O を C にする」の意味を表す。

(3) 文頭が There で始まっていることと，語句の中に a flower shop と be 動詞 is があることから，There is ~.「~がある」の文になることが推測できる。front から in front of ~「~の前に」にすると考え，There (is a flower shop in front) of the station. という文ができあがる。

(4) A からテニスに誘われた B が，I'm sorry, I can't. と断っていることから，続く文でその理由を述べていることが推測できる。〈have to ＋動詞の原形〉「~しなければならない」と take care of ~「~の世話をする」を組み合わせて，I have (to take care of) my brother. が正解となる。

(5) A は2文目で「手伝ってもらえますか」と相手に依頼しているので，1文目では手伝ってもらいたい具体的な内容を述べていると推測できる。carry と this box に着目し，〈want ＋人＋ to ＋動詞の原形〉「(人）に~してもらいたい」の形を用いて，I (want you to carry) this box with me. とする。

〈訳〉
(1) A: 私はあなたにあげるものがあります。これをどうぞ。
　　B: わあ、ありがとう。開けてもいいですか。
　　A: もちろんです。
(2) A: トムが子どもを救ったということをあなたは聞きましたか。
　　B: はい。その知らせを聞いて私はうれしくなりました[その知らせは私を幸せにしました]。
(3) A: 私は母の誕生日に何か買いたいと思っています。
　　B: 駅の前に花屋がありますよ。そこできれいな花を買うことができます。
　　A: それはいい考えですね。
(4) A: 今日の午後テニスをしましょう。
　　B: ごめんなさい、できないんです。弟の世話をしなければならないのです。
(5) A: 私はあなたに、私といっしょにこの箱を運んでほしいんです。手伝ってもらえますか。
　　B: もちろんです。

読解問題　p.197〜206

1 (1) Ⓐ　イ　　Ⓑ　ア
　(2) ①　He wanted to fly to it (in space, like a bird).
　　　②　ウ
　(3) ①　エ　　②　イ

〈解説〉
(1) Ⓐ　英語の "I" という言葉をめぐって、第1段落最終文で「『私自身』を意味する重要な単語なので、大文字の "I" が使われると言う人もいる」と述べられている。このあとに第2段落の第1文「しかし（　　）は別の話を私たちに教えてくれます。」がきている。第2段落では a long time ago「昔」や At that time「当時」といった語句が使われており、すべて過去の文になっていることなどから、Ⓐに入るのはイの history「歴史」が適切。他の選択肢の意味は、ア「将来」、ウ「宿題」、エ「命、人生」。
　Ⓑ　空所Ⓑのある文は、〈it is＋形容詞＋to＋動詞の原形.〉「〜することは…です」の形になっており、「これらの単語は小さかったので、文の中でこれらの単語を（　　）ことが難しかったのです」の意味に

なる。「これらの単語」とは前文にある ic や ik のこと。小文字で書かれていて小さいから find「見つける」のが難しかったと考えるのが自然。したがって正解はア。他の選択肢の意味は、イ「聞こえる」、ウ「話す」、エ「働く」。
(2) ①　質問は「少年は新しい小惑星を発見したとき、何を思いましたか」という意味。少年が小惑星を発見したことは第2段落の第1文で述べられている。第2文の At that time「そのとき」は第1文の出来事の時点を指しており、「何を思ったか」はそれに続く he wanted to fly to the asteroid in space, like a bird.「彼は鳥のように宇宙を小惑星まで飛んで行きたいと思いました。」で述べられているので、この部分を答える。
　②　題名は、文章全体の内容を表すかぎとなる言葉を使ってつけられることが多い。この文章は、第1段落が「小惑星を発見した人はそれに名前をつけることができる」、第2段落が「少年が自分が発見した小惑星に鳥の名前をつける」という内容である。したがって適切な題名は、ウの Naming asteroids「小惑星に名前をつけること」である。他の選択肢の意味は、ア「地球、太陽、そして小惑星」、イ「千葉の人たちはなぜうれしかったのか」、エ「ホオジロを最初に見つけたのはだれか」で、どれも文章全体の内容を表しているとは言えない。
(3) ①　質問は「なぜこのカードは送られましたか」という意味。ロザリンダズという店から送られてきたギフトカードから読み取る。カードの左側の6、7行目に We are happy to send you a special gift. とあり、中央に £10 off「10ポンド引き」とあるので、このカードは「割引券の贈り物」と考えられる。したがって、エ「会員にプレゼントを贈るため」が正解。アの「新しい人（客）を招待するため」は、このカードが会員に送られている（左側4、5行目 You have been our member for one year.）ことから不適切。イ「新しい商品を見せるため」はカードに書かれていない。また、ウ「インターネット（購入）での割引をするため」については、右側上段第2段落第2文 You cannot use it when you buy our products on the Internet. から不適切と判断

できる。

② 右側上段第1段落にYou can use this discount ... for any clothes (not shoes, sorry!) at Rosalinda's. とあり、割引券は服のみに使えるので、イ「カオリは店で服のみにこのカードを使うことができる」が正解。ア「カオリは3月か4月のいつでもこの割引を受けることができる」は、カード右側上段第1段落第1文に「3月1日から4月15日まで」とあることから、期間が間違っているので不適切。ウの「カオリは次の来店の際に送料無料にしてもらうことができる」にある「送料無料」に関しては、右側上段第2段落最終文に、インターネット上の店（オンラインショッピング）に適用されると書かれているので、不適切。エの「カオリはロンドンおよびインターネット上の店でこのカードを使うことができる」については、インターネット上の購入では割引は使えないと右側上段第2段落第2文にあるので、不適切となる。

〈訳〉
(1) 私たちはふつう、英語の文の最初の文字には大文字を使います。そしてまた、"I" という単語が常に大文字で書かれるのはなぜでしょうか。「私自身」を意味する重要な単語なので、大文字の "I" が使われると言う人もいます。
　しかし、歴史は別の話を私たちに教えてくれます。昔は、小文字の "i" が英語の文の中で使われていました。当時、小文字を使うことが一般的で、人々は "I" を意味する "ic" や "ik" を使いました。しかしながら、これらの単語は小さかったので、文の中で見つけることが難しかったのです。それで、英語を話す国々の人々は、大文字の "I" を使い始めました。
(2) あなたが科学が得意でなくても、地球が太陽の周りを回る8つの惑星の1つであることを知っていることでしょう。また、太陽の周りを、小惑星と呼ばれるたくさんの小さな物体も回っています。あなたは、小惑星に名前をつけることができることを知っていますか。実際、新しい小惑星を見つけた最初の人は、それに名前を与えることができるのです。次の話はまだ起こっていないことですが、想像してみましょう。

　ある日、千葉の少年が自分の望遠鏡で新しい小惑星を発見しました。そのとき、彼は鳥のように宇宙を小惑星まで飛んで行きたいと思いました。数日後、彼は鳥の名前をその小惑星につけるという夢を持ちました。彼は千葉の鳥であるホオジロから名前をとりました。ついに5年後、彼の夢がかないました。千葉の人たちはそのニュースを聞いてとても幸せでした。そのうちの1人は、「ホオジロが宇宙を永遠に飛ぶと感じます」と話しました。
　この話のように、あなたは将来、小惑星に名前をつける機会があるかもしれません。

(3)

ワタナベカオリ様　No.54321 ロザリンダズでお買い上げいただき 感謝申し上げます。 当店の会員になられて1年です。私どもは特別な贈り物をすることができてうれしく思います。 40ポンド以上のお買い上げで10ポンド引きとなります。 ロザリンダズ 女の子の服と靴 （123）555-2212	この割引は3月1日から4月15日まで、ロザリンダズにて、服を対象に（靴は対象外です、すみません！）1度のみお使いいただけます。 　この贈り物をお使いになりたいときは、このカードをお見せください。インターネットで私どもの商品をお買い上げになるときにはお使いいただけません。でもインターネットの店で、送料無料となります。 次のご来店をお待ちしております。 229　イエローハウスストリート ロンドン、英国

2(1)① ア ② イ (2) イ

〈解説〉
(1) ① マイクの買い物がショッピングセンターのどこでできるかを答える問題。マイクは最初の発言で「そばを買いたい」と言っており、地図の中で食品（Food）を売っているのは Building A なので、アが正解。
② 健が2つ目の発言で、写真の載っている本を買ってはどうかと提案し、マイクはそれに対して Sounds good. と答えている。健の3つ目の発言の Let's go and look for one ... にある one は写真の載っている本を言いかえたものなので、2

人はまず本を探しに行くということがわかる。地図の中で本（Books）を売っているのは Building B なので，イが正解。

(2) 地図下の INFORMATION の「⑦」マークの説明に，We have wheelchairs you can use. とあるので，イ「必要であれば，あなたは車いすを求めることができる」が正解。ア「すべての店舗とレストランは午前10時に開店する」は表中の情報（開店は店舗が午前10時，レストランが午前11時）より誤り。ウ「信州ショッピングセンターにはペットを連れて行ってはいけない」は「⑦」の下の欄に You may use the Dog Run. とあることから不適切とわかる。エ「信州ショッピングセンターは信州駅からとても遠い」も，最終行にある 1-minute walk from Shinshu Station から，遠いとは言えないので不適切。

〈訳〉

健：マイク，あなたは何が買いたいですか。

マイク：そばです。私は家族にそばを食べてみてもらいたいと思っています。それは私のお気に入りの日本食なんです。どこで買えますか。

健：あなたはそれをビル A か，日本食のレストランで買うことができます。でも，写真のある本はどうですか。

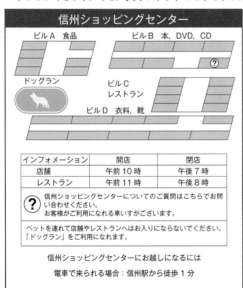

それは山や川のような長野にあるものについてあなたに多くを教えてくれますよ。

マイク：よさそうですね。1冊買いたいです。私が訪ねた場所を家族に見せるのはすてきだと思います。

健：わかりました。最初にビル B で1冊探しに行き，それから昼食を食べましょう。

マイク：いいですね。

3 (1) ア　　(2) ウ　　(3) エ

〈解説〉

(1) 空所のある文の前で，ISS では日本食の宇宙食が提供されていなかったという内容が述べられているので，「だから，日本人宇宙飛行士は宇宙で（日本食を食べることができませんでした）。」となるアが正解。イ「ほかの宇宙飛行士と一生懸命に働くことができた」と，ウ「より長く滞在することを楽しむことができた」は本文では述べられていない。エ「アメリカで作られた宇宙食を見つけることはできなかった」は，第1段落第4〜5文から誤りである。

(2) 表は，2003年と2007年で，何種類の宇宙食がどこの国で作られたかを示している。これに関して述べた文を順に見ていくと，2003年に日本食は ISS のメニューにはなかった（第1段落）が，2007年には28種類になった（第2段落最終文）ことがわかる。また，第3段落では，2003年と2007年を比べると「アメリカの数字が大きくなった」（第1文），「ロシアの数字は変わらなかった」（第2文）と述べられている。これらの内容と表を見比べていけば，該当する表はウに絞られる。

(3) 第3段落の最後の2文の内容に合うエ「真紀は，将来，たくさんの外国人宇宙飛行士に，より多くの種類の日本食の宇宙食を楽しんでもらいたいと思っている」が正解。ア「真紀は，2003年と2007年に ISS で何人の宇宙飛行士が働いたかについて話した」真紀は ISS について話したが，宇宙飛行士の人数がテーマではないので不適切。イ「JAXA が始めたプロジェクトで日本食の宇宙食を作ることは簡単だった」第2段落第3文に making Japanese space foods was very difficult とあるので不適切。ウ「日本食の宇宙食は宇宙飛行

士の健康によいが，外国人宇宙飛行士の間では人気がない」第3段落第5文にある Japanese space foods are very popular among foreign astronauts と合わない。

〈訳〉

異なる国から来た多くの宇宙飛行士が国際宇宙ステーション(ISS)でいっしょに働いてきました。私は，彼らがそこで食べた宇宙食に興味を持ちました。表を見てください。2003年，宇宙食は2か国だけで作られていました。アメリカとロシアです。アメリカでは181種類の宇宙食が作られました。ロシアでは115種類の宇宙食が作られました。日本で作られた宇宙食は1つもなく，ISS のメニューに日本食はありませんでした。だから，日本人宇宙飛行士は宇宙で日本食を食べることができませんでした。

JAXA(宇宙航空研究開発機構)は，宇宙で日本人宇宙飛行士に日本食を楽しんでリラックスしてもらいたいと思っていました。そこで JAXA は，日本人宇宙飛行士のために日本食の宇宙食を作るプロジェクトを始めることを決めました。しかし，日本食の宇宙食を作ることは非常に困難でした。JAXA はその宇宙食が食べるのに安全であり，宇宙飛行士の健康によいことを証明しなければなりませんでした。JAXA は全力を尽くし，そしてついに，2007年，ISS のメニューに28種類の日本食の宇宙食が載りました。

表の中の2003年と2007年の数字を見てみると，アメリカの数字が大きくなったことがわかります。ロシアの数字は変わりませんでした。日本の数字は，2007年ではまだとても小さかったです。しかし，2018年には，JAXA には33種類の日本食の宇宙食があったと聞いています。また，日本食の宇宙食はとてもおいしく，健康によいので，外国の宇宙飛行士たちの間でとても人気があるとも聞いています。将来，もっと多くの種類の日本食の宇宙食が ISS のメニューに載ることを願っています。そうすれば，ほかの国出身のたくさんの宇宙飛行士たちが，宇宙でもっと多くの日本食を楽しむことができます。

4 (1) イ　(2) イ

〈解説〉

(1) ルミとケンが自分の得意でない教科や好きなことを話しているので，その内容を時間割と照らし合わせていけば，どの日について話しているのかがわかる。空所 A はルミがいちばん大変な日と言っており，それは3つ目の発言から数学，理科，英語が午前中にある日だとわかるので，水曜日が正解。ケンは3つ目の発言で「絵を描くことと歴史が好き」，「放課後はより長くクラブ活動が楽しめる」と言っている。絵を描くのは Art「美術」，歴史を学ぶのは Social studies「社会科」で，この両方があるのは月曜日と木曜日だが，授業が早めに終わってクラブ活動が長くできるのは木曜日。以上に当てはまるのはイである。

(2) ユンホは第4文で「歌がすばらしかった」と言い，ダイスケは第4文で「音楽が印象的だった」と評価しているので，正解はイ「ユンホとダイスケは音楽を楽しんだ」となる。Yun-ho の感想にある songs が，選択肢では music と言いかえられていることに注意。したがって，エ「ユンホは音楽を楽しんだが，ダイスケは音楽を楽しまなかった」は誤り。ア「ユンホとダイスケはストーリーを楽しんだ」は，ダイスケが第2文で it was boring と述べていることから誤り。ウ「ユンホは物語を楽しまなかったが，ダイスケはストーリーを楽しんだ」も，2人の感想とは内容が逆なので誤りである。

〈訳〉

(1) ルミ：これが今週の予定です。

ケン：どんなふうですか。

ルミ：ええと，水曜日が私にとっていちばん大変な日です。

	月曜日	火曜日	水曜日	木曜日	金曜日
1	社会	英語	英語	社会	理科
2	体育	音楽	数学	国語	社会
3	国語	数学	理科	数学	数学
4	理科	社会	体育	美術	国語
	昼食時間				
5	英語	理科	音楽	体育	英語
6	美術		国語		道徳

ケン：どういう意味ですか。

ルミ：数学と理科，そして英語が午前中にあります。私はこの3つの教科が得意でないのです。

ケン：なるほど。ぼくは木曜日が楽しみです。ぼくは絵を描くことや，歴史を勉強することが好きです。それから，ぼくたちは放課後のクラブ活動をより長く楽しむことができます。

(2)

> ユンホ　友情はすばらしい！　★★★★☆ 4.0
> この映画は，異なる文化を持つ2人の学生の友情についてのものです。最初それほどよくありませんでした。でも，2人が友達になったあと，おもしろくなりました。映画の中で2人がいっしょに歌った歌もすばらしかったです。今ではこれは，私のお気に入りの映画の1つです！

> ダイスケ　この映画を見る必要はありません！！
> ★★☆☆☆ 2.0
> たくさんの人がこの話はおもしろかったと言います。実際はつまらなかったです。ストーリーに新しいところはありませんでした。でも，映画の中で使われた音楽は印象的でした。家に帰る途中で私はCDを買いました。

5 (1) lived　　(2) エ
(3) (Later in his book, he) showed 86 different shapes of snow crystals and how he caught them(.)
(4) ア　　(5) イ, オ

〈解説〉

(1) 空所Aを含む文の主語People thereのthereは，直前の文で述べられているa snowy region「雪の多い地域」のことを指している。雪国の人々が雪とともにしてきたことを表すには，live「暮らす，生きる」が適切である。また，空所Aの直前にhaveがあることから，現在完了形〈have＋過去分詞〉の形が使われると推測できるので，liveを過去分詞のlivedにする。

(2) 第2段落の最終文は，第3段落への橋渡しとなる文となっている。第2段落では，人々が経験から知っ

ている雪や顕微鏡で観察できる雪の結晶について述べられている。空所①を含む文の後半は but most of them do not know that　①　「しかしほとんどの人は　①　ということを知らない」と，ここまでの内容とは反対に「人々の知らないこと」を述べようとしている。したがって，次の第3段落で述べられている内容と一致するエ「日本において雪が長らく研究されてきた」が正解。他の選択肢ア「雪は水からできている」，イ「雪はさまざまな状態で降る」，ウ「雪の結晶を観察するために顕微鏡を使うことができる」は，いずれも第2段落に書かれている「人々が知っていること」である。

(3) 雪の結晶を研究した殿様が自分の本で示した内容がくると推測できる。動詞はshowedとcaught (them) の2つがあるが，代名詞themはすでに述べられた名詞の言いかえになるので，その名詞が出たあとに使うと見当をつける。そこで主語heのあとにshowedを置き，適切な目的語を続けると，he【showed 86 different shapes of snow crystals】となる。ここで，残った主語heと動詞caught themをandとhowに続けると，how he caught them「彼がどのようにしてそれらをとらえたか」という間接疑問の形ができる。この間接疑問もshowedの目的語となっている。

(4) 選択肢に含まれるa lord, the 1800s, the Edo periodといった語句から，第3段落の内容と関連しているとわかる。ア「日本の殿様は1800年代に顕微鏡を使って雪の結晶を観察した」が正解。イ「殿様は，自分の顕微鏡は雪の結晶を冷やすのに布切れほど役に立たないと考えた」は第3段落で述べられている殿様の顕微鏡の使い方と合わない。ウ「江戸時代の人々は，雪の結晶の形にまったく興味がなかった」は第3段落最終文と合わない。エ「人工的な雪の結晶は，日本で1800年代に，殿様によって最初に作られた」については，人工的な雪の結晶が作られたのは第4段落第1文にあるとおり1936年のことなので，誤りとなる。

(5) 第4段落第3文に合致するイ「雪雲の状態は，私たちが地上で目にする雪の結晶の形に影響する」と，第5段落の内容に合致するオ「雪をより正確に研究

することは，それとうまくやっていくためには重要なことである」が正解。ア「雪のない地域に住む人々のほとんどは，冬のスポーツをするのが好きだ」，ウ「江戸時代，ある殿様が日本の冬の生活を示す手紙を書いた」，カ「もしあなたが美しい雪の結晶を持っていたら，ロマンチックな手紙を受け取るだろう」は，いずれも本文に述べられていない。また，エ「天候状態が湿り気のあるときには，雪は乾いて軽いということを，人々は知っていた」は，第2段落第3～4文の内容と合わないので誤り。

〈訳〉

あなたはどのようにして冬を過ごしますか。スキーやスノーボードをして楽しみますか。あなたは今までに雪や氷で遊ぶのを楽しんだことがありますか。もしあなたが雪のそれほど多くない地域に住んでいたら，雪は，冬の間に数回見るものか，テレビのニュースや本を通して経験するものかもしれません。もしあなたが雪の多い地域に住んでいたら，雪は生活の重要な部分です。そこの人々は雪とともに生きてきたのです。

雪が降るとき，それは最後には溶けて水になります。だから人々は経験から，雪が水でできているということを知っています。そして，雪はさまざまな状態で降るということも知っています。例えば，乾いていて軽い種類の雪もあれば，湿っていて重い種類の雪もあります。顕微鏡で雪を観察すると，雪の結晶を見ることができます。人は雪の結晶について知っていますが，日本において雪が長らく研究されてきたことをほとんどの人は知りません。

1800年代，雪は日本で顕微鏡を使って観察されました。徳川幕府に仕えていた殿様が，雪の結晶の美しさにひきつけられました。彼は冷やした布切れで雪の結晶をとって，それらを顕微鏡の下に置きました。それから彼はそれらの絵を描きました。これは，雪に関する日本で最初の科学的な研究かもしれません。のちに自分の本の中で，彼は，86種類の異なった雪の結晶と，どのようにしてそれをとったかを示しました。江戸時代，その美しい形は人々の間でとても人気になり，衣服や道具にそのデザインを使いました。

1936年，日本人の科学者が人工的な雪の結晶を世界で初めて作り出しました。機械の中で，彼は水を沸騰させ，蒸気を冷やし，雪の結晶をとりました。彼の研究のおかげで，私たちは，雪雲の状態とその雲の下の温度が，私たちが地上で見つける雪の結晶の形に影響するということを知っています。

彼は，「雪は天からの手紙である」というメッセージを残しました。これはとてもロマンチックに聞こえるかもしれませんが，彼は雪についてより正確に研究することの重要性も私たちに教えてくれています。雪は美しいですが，コントロールできなくなると，とても危険です。私たちが冬の空について知っていれば，私たちは雪とうまくやっていくことができるのです。

英作文問題　p.207

(1) 解答例

① The dinner you made yesterday was delicious. /
I liked the dinner you cooked for me yesterday. /
I enjoyed the meal you prepared for dinner yesterday.

② How's your school life here? /
Is your school life in Japan all right? /
Do you have any problems at school in Japan?

③ What do you want to do while you are here? /
What would you like to do during your stay in Japan? /
Can you tell me what you want to try in Japan?

(2) 解答例

① His house is near our school. /
He lives near here. /
My grandfather's house is close to this school.

② My grandfather and I often walk his dog. /
We often walk his dog together. /
I often go out for a walk with him and

〈解説〉

　文のもとになる日本語にはない主語や目的語などを補ったり，日本語の意図をとらえて自分の知っている英語で表現したりすることが重要。難しい英語を使う必要はない。主語に合った動詞の形になっていることや，コンマ・ピリオドが適切についていること，大文字・小文字が使い分けられていること，正しいつづりになっていることなどに注意する。最後に必ず見直して点検する。

(1) ① 　「おいしい」を delicious / good で表すほか，I liked [enjoyed] ～. のように「～が気に入った[～を楽しんだ]」と表すこともできる。～に入る「昨日あなたが作ってくれた夕食」の部分は，関係代名詞や接触節を用いて the dinner（which [that]）you made [cooked, prepared]（for me）yesterday などと表すことができる。

② 　「～はどうですか」は How is ～? を使うことができる。また，「あなたの日本での学校生活はうまくいっているか」（Is your school life in Japan all right?）や，「あなたは問題を抱えていないか」（Do you have any problems ～?）という問いかけでも意図を伝えることができる。英語表現が思いつかないときは，もとになる日本語の意図をくみ取り，自分の知っている英語で表現できないかを考える。

③ 　相手に何をしたいかをたずねる表現で基本となるのは What do you want to do? である。ていねいに What would you like to do? としてもよい。「あなたが何をやってみたいのか私に教えてくれますか」という間接疑問を使った言い回し Can you tell me what you want to try? もある。「日本（ここ）にいる間に」は〈接続詞＋主語＋動詞〉の形

の while you are here や，「日本でのあなたの滞在中に」during your stay in Japan，あるいは単に「日本で」in Japan などで表すことができる。

(2) ① 　「～の近くにある」なら be near [close to] ～ でよい。「家が～の近くにある」を「～の近くに住んでいる」と考えて，live near ～で表すこともできる。また，英語の授業は学校で行われているから，「学校」の代わりに「ここ」（here）と言っても意味は通じる。

② 　祖父が犬を何匹飼っているかは問題からはわからないので，犬を単数・複数どちらにしてもよい。walk を「～を散歩させる」という意味で使う場合は目的語が必要になることに注意する。「～を散歩させる」を「～といっしょに散歩に行く」と考えれば，go out for a walk with ～も使える。

③ 　「～がある」は There is [are] ～. で表せばよいが，ほかにも，「～を持っている」と考えて has を用いることもできる。「彼の犬の写真」は of を用いて pictures [photos] of his [the] dog(s) などとする。

〈訳〉

(2) こんにちは，みなさん。今日私は，祖父について話します。

　　　　　　　　　　　…

ありがとうございました。

初版
第 1 刷　1972 年 2 月 1 日　発行
新指導要領準拠版
第 1 刷　2021 年 3 月 1 日　発行
第 2 刷　2024 年 2 月 1 日　発行

●カバー・本文デザイン
　有限会社 アーク・ビジュアル・ワークス（落合あや子）

| 編　者　数研出版編集部 | 原稿執筆　増見 誠一 |
| 発行者　　星野 泰也 | イラスト　hail |

ISBN978-4-410-15175-0

チャート式®シリーズ　中学英語　3 年

発行所　**数研出版株式会社**

〒 101-0052　東京都千代田区神田小川町 2 丁目 3 番地 3
　　　　〔振替〕00140-4-118431
〒 604-0861　京都市中京区烏丸通竹屋町上る大倉町 205 番地
　　　　〔電話〕代表（075）231-0161
ホームページ　https://www.chart.co.jp
印刷　株式会社 加藤文明社

第7章　関係代名詞

p.133〜146

60	I have an uncle **who** lives in Kobe.	私には神戸に住んでいるおじがいます。
61	That's the boy **who** was with Kate yesterday.	あれは，昨日ケイトといっしょにいた男の子です。
62	Take the bus **which** goes to the station.	駅へ行くバスに乗ってください。
63	This is a song **that** is loved by young people.	これは若い人々に愛されている歌です。
64	This is the bag **which** I bought in Kyoto.	これが私が京都で買ったかばんです。
65	I found the pen **that** I lost yesterday.	私は昨日なくしたペンを見つけました。
66	These are the pictures I **took** in Hawaii.	これらは私がハワイで撮った写真です。

第8章　仮定法

p.147〜154

67	**If** you **are** hungry, I **will** make lunch for you.	もしあなたが空腹なら，私があなたのためにお昼ご飯を作りましょう。
68	**If** I **had** wings, I **would fly** home.	もし羽があれば，私は家へ飛んで帰るだろうに。
69	**I wish** I **had** more time.	もっと時間があればいいのに。